U0064950

古典文獻研究輯刊

十三編

潘美月・杜潔祥 主編

第15冊

周穆王時代銅器研究（下）

鄭憲仁 著

國家圖書館出版品預行編目資料

周穆王時代銅器研究（下）／鄭憲仁 著 — 初版 — 新北市：
花木蘭文化出版社，2011〔民100〕
目 2+270 面；19×26 公分
（古典文獻研究輯刊 十三編；第15冊）
ISBN：978-986-254-636-9（精裝）
1. 青銅器 2. 西周
011.08 100015560

ISBN-978-986-254-636-9

9789862546369

古典文獻研究輯刊
十三編 第十五冊 ISBN：978-986-254-636-9

周穆王時代銅器研究（下）

作　　者　鄭憲仁
主　　編　潘美月　杜潔祥
總 編 輯　杜潔祥
企劃出版　北京大學文化資源研究中心
出　　版　花木蘭文化出版社
發 行 所　花木蘭文化出版社
發 行 人　高小娟
聯絡地址　新北市永和區中正路五九五號七樓
　　　　　電話：02-2923-1455／傳眞：02-2923-1452
網　　址　http://www.huamulan.tw 信箱 sut81518@gmail.com
印　　刷　普羅文化出版廣告事業
初　　版　2011年9月
定　　價　十三編20冊（精裝）新台幣31,000元

周穆王時代銅器研究（下）

鄭憲仁　著

目次

下　冊

第六章　銅器分組探討

在前一章，已對學者們所提及的穆王時代銅器做了初步地分組，接下來便要對這二十一組加以探究，由銘文、器形、紋飾等方面切入，將每個器依其證據的充足與否，予以分級。

第一節　毛班組器

器名	各家斷代意見											
	郭沫若	吳其昌	容庚	陳夢家	唐蘭	黃盛璋	李學勤	高明	銘文選	吳鎮烽	劉啟益	殷周金文集成
班段 04341—2855	成王	成王	成王	成王	穆王	昭王	穆王	成王	穆王	穆王	穆王	西周中期
毛公肇鼎 02724—1217		成王			穆王				中期		昭王	西周早期
孟段 04162—2696 04163—2697 04164—〼	成王				穆王		穆王		懿王	穆王	穆王	西周中期
窄段 02755—1262					恭王					穆王	恭王	西周中期
呂白段 03979—〼		成王									穆王	西周中期

《穆天子傳》及今本《竹書紀年》皆記載了毛公班的事，今本《竹書紀

年》穆王十二年提到了毛公班和共公利（或作井公利）、逢公固帥師從王征犬戎；另一條記錄是穆王三十五年，荊人入徐，毛伯遷帥師征伐荊人。此外，恭王九年，王使內史良錫毛伯遷命。如果這些記錄屬實，那麼毛伯遷在恭王九年的錫命可能是任新職的冊命之禮。在本文第四章「穆王標準器以外的文獻中所載穆王之探索」提到《竹書紀年》穆王三十七年事時，就「毛公班」和「毛伯遷」是否是一人的問題提出看法，班和遷在古韻上同爲元部，音理可通，毛公稱毛伯也有銘文例證；再者，〈班設〉征伐瘠戎據學者們的研究是對東方用兵（後詳），而今本《竹書紀年》提到的毛伯遷對東南用兵，這二事是否爲一事，不可不辨。至於《穆天子傳》也記錄了毛班和井利等事。

〈班設〉銘文除了提到毛公班之外，尙有吳白和呂白二人，本文將〈呂白設〉也歸入此組討論；〈孟設〉提到了毛公和趞中同征無霙，〈穷鼎〉也提到趞中，所以將〈穷鼎〉列入此組，這組器中〈班設〉處於關鍵性的地位。〈班設〉的時代定了，與其相關的「靜組器」也就較易處理。下面就各器時代相關的部分一一討論：

一、〈班設〉

〈班設〉〔附圖一〕的著錄最早見於《西清古鑑》卷十三〔附圖二〕，但是後來佚失，由於《西清古鑑》所著錄的紋飾失眞，以致學者曾對此器眞僞產生懷疑。1972 年 6 月間，北京市物資回收公司有色金屬供應站在廢銅中檢選了〈班設〉的殘餘，原器四足已全折毀，器身也毀去過半，幸於器口、腹部、耳等部分仍有殘存〔附圖三〕，故可以按圖復原，器內腹底的銘文也大部分地保存下來，雖然這件器和《西清古鑑》所著錄的不是同一件，但是古人鑄設常爲偶數，故《西清古鑑》所著錄的銘文正好可以補殘銘的不足。修復後器高 22.5 公分、口徑 25.7 公分。〔註 1〕斂口卷唇，垂腹，腹有四耳，鉤狀之珥延伸成四足，以承全器，腹下有矮圈足；在紋飾方面：口下有二道弦紋，其中飾以冏紋，腹飾獸面紋，無地紋。這件器造型特殊，尤其四珥爲四象鼻狀足，甚爲罕見，所以在時代的判斷上，銘文正是重要的關鍵。銘文一共是二十行，一百九十五字（重文二：王、子），其文如下：

隹〔唯〕八月初吉，才〔在〕宗周。甲戌，

〔註 1〕《中國青銅器全集・西周 1》（北京：文物出版社，1996 年 7 月），「圖版說明」頁 17。

王令毛白〔伯〕更虢䡆〔城〕公服，甹〔屏〕
王立〔位〕，乍〔作〕亖〔四〕方亟〔極〕，秉緐、蜀、巢
令，易〔錫〕鈴、鋚，咸。王令毛公㠯
邦冢君、土馭〔馭〕、或人，伐東或〔國〕
痟〔註2〕戎，咸。王令吳白〔伯〕曰：「㠯乃
𠂤右〔左〕比毛父。」王令呂白〔伯〕曰：
「㠯乃𠂤古〔右〕比毛父。」遣令曰：
「㠯乃族從父征，𢓊䡆〔城〕衛父
身。」三年靜東或〔域〕，亡不成[illegible]，
天畏否畀屯陟。公告氒事
于上：「隹〔唯〕民亡𢓊才〔哉〕！彝炁〔昧〕天
令〔命〕，故亡，允才〔哉〕顯，隹〔唯〕苟德，亡
逌違。」班拜䭬首曰：「烏虖！不
伓丮皇公受京宗懿釐，毓
文王=姛聖孫，隥〔登〕于大服，廣
成氒工，文王孫亡弗褱〔懷〕井〔型〕，
亡克競氒剌〔烈〕，班非敢覓，隹〔唯〕
乍〔作〕卲〔昭〕考爽，益曰大政。」子=孫
多世其永寶。

此銘文中的「毛公、毛白、毛父」爲一人，自清以來較無爭議，但是與「班」是否是一人，就有不同的看法了。這直接關係到此器的時代。自清代學者劉心源到民國于省吾、楊樹達等幾位先生都認爲班即銘文的「毛公、毛白和毛父」，馬承源先生主編的《商周青銅器銘文選》也持這樣的意見：

毛公，即班，原稱毛白，班爲其名，更號成公服後則稱公。〔註3〕

這是第一種看法；第二種看法以郭沫若先生爲代表，他認爲「毛公、毛白、毛父」與「班」非一人，他主張班是趞的部屬，「虢䡆公趞是毛伯的叔輩，班爲趞

〔註2〕此字《西清古鑑》作[illegible]，肉形上似爲[illegible]，而 1972 年發現的〈班毀〉銘文此字雖有裂跡，但仍可見从[illegible]，所以學者們或隸定爲痟、瘠、瘠、瘠等皆與字形有別，既然从[illegible]，就姑且先隸定爲痟。

〔註3〕馬承源主編，陳佩芬、潘建明、陳建敏、濮茅左等編撰《商周青銅器銘文選》第三冊（北京：文物出版社，1988 年），頁 109。

的孫輩，故對班而言稱毛伯為父」。〔註4〕他自己較早的看法是認為毛公「殆即伯懋父也」〔註5〕，後來才改說是「文王子毛叔鄭」，為成王的叔父。〔註6〕陳夢家先生亦認為此銘文中的「毛公、毛白、毛父」與班不同人，但他認為毛公是《尚書・顧命》的毛公：

> 此器之毛白、毛公、毛父是一人：王令毛白更虢城公以後，乃稱毛公，王命邦冢君吳白、呂白左右毛公出征，對吳、呂二伯言，故稱毛父。遣令班「从父征」，則班是毛白、毛公的子輩。此器之「公」、「皇公」、「邵考」、「文王孫」都是班所以稱其父輩毛公。毛公是文王之孫，則他不可能是文王子、武王弟的毛叔鄭，而應是〈顧命〉的毛公。……城在河南鄭地，是屬於「東」的範圍，故此毛伯可能是《逸周書・作雒篇》「俾中旄父建於東」之中旄父。〔註7〕

郭、陳二位先生對於毛公是何人有不同的見解，但他們一致認為〈班毀〉的時代在成王。

同樣認為班是毛公（毛伯、毛父）子輩的有黃盛璋及李學勤兩位先生，黃先生的意見如下：

> 時班在城，故王遣人命令他「出城衛父身」，兩「父」字均指毛公，故班與毛公的關係，銘文實已指明。王令吳伯與呂伯都是以乃𠂤（師）左、右比毛父，惟獨遣令班「以乃族从父征」，這也證明班與毛公同族，應是毛公的近衛軍。「从父征」，保衛父身，毛公應是班的諸父。〔註8〕

由銘文來看，班確實為毛公的子輩，李學勤先生認為班即是毛公之子。〔註9〕

第三個重要的說法是唐蘭先生提出來的，他認為毛伯為毛公的長子，也就是說他不同意前人將「毛公、毛伯、毛父」認為是一人的看法，唐先生的說法如下：

〔註4〕郭沫若〈班毀的再發現〉，《文物》1972年第9期，頁7。
〔註5〕郭沫若《兩周金文辭大系》（東京：文求堂書店，1932年1月），頁19。
〔註6〕郭沫若《兩周金文辭大系考釋》（臺北：臺灣大通書局，出版年月不詳），頁21。又〈班毀的再發現〉，《文物》1972年第9期，頁4。
〔註7〕陳夢家〈西周銅器斷代（二）〉，《考古學報》第十冊：1955年12月，頁71。
〔註8〕黃盛璋〈班簋的年代、地理與歷史問題〉，《考古與文物》1981年第1期，頁77。
〔註9〕李學勤〈班簋續考〉，《古文字研究》第十三輯（北京：中華書局，1986年6月），頁183。

毛伯當是下文毛公的長子。……《書·顧命》記成王死時，「乃國太保奭、芮伯、彤伯、畢公、衛侯、毛公」此時距離武王克殷將四十年，除召公老壽外，此外已非克殷時舊人，則此毛公當是毛叔鄭之子襲爵者，與成王爲同輩。但由成王顧命時到穆王初年又經過五十年，則也已不是毛叔鄭之子了。從銘中看，毛伯班稱毛公爲昭考，而王稱毛公爲毛父，則此毛公應爲毛叔鄭的曾孫，與昭王爲同輩了。由於毛國別爲小宗，以毛叔鄭爲祖，則成王顧命時之毛公爲昭，其子爲穆，當康王時，其孫又爲昭，當昭王時，而由穆王言則正是父輩。依此，毛伯班實與穆王同輩，爲毛叔鄭的五世孫。〔註10〕

唐先生的意見很清楚，他認爲「毛伯」和「班」爲一人，而與「毛公」爲二人，是父子關係。從銘文來看，毛公和毛伯、毛父應是一人，唐先生這樣的看法是有問題的。

本文認爲班爲「毛公、毛伯、毛父」之子，从征之時班尚未可稱爲毛公、毛白，細審銘文內容：

△遣令曰：「吕乃族從父征，𢓊𩫏〔城〕衛父身。」

△班拜頶首曰：「烏虖！不孙丮皇公受京宗懿釐，毓文王=姛聖孫，隥〔登〕于大服……班非敢覓，隹乍〔作〕卲〔昭〕考爽，益曰大政。……」

這二段內容正說明了班稱毛公爲父考，在第一段文句中班尚未襲位爲毛公，而第二段明顯其父毛公已逝世，故稱爲考，這個時侯毛班若由王冊命則可稱爲毛公、毛白。〈班毁〉整個銘文實含蓋了兩個時空，一個是追述其父伐痡戎，而呂伯、吳伯、毛班自己都參與此役；第二個時空是作器時，此時毛班可能已繼承其父之爵位。

至於另一個焦點：痡戎爲何族？其地在何處？亦是關鍵要題。文獻提供了毛伯班伐犬戎（西北）、荊紓（東南）之事，而穆王時代亦有徐戎犯洛的問題，若設想毛伯班曾參與討伐徐戎之役，並不爲過，但是應留意的是〈班毁〉的「痡戎」是否可以說成是徐戎？

唐蘭先生就《禮記·檀弓》所載容居言徐駒王之事，結合文字聲韻，將「痡戎」說成「徐戎」：

〔註10〕唐蘭《西周青銅器銘文分代史徵》（北京：中華書局，1986年12月），頁349。

晉張華《博物志》卷八引《徐偃王志》說「偃王既其國，仁義著聞，欲舟行上國，乃通溝陳蔡間，得朱弓矢以己得天瑞，遂因名爲弓，自稱徐偃王……」這一段大致上是《後漢書》所本，但說徐偃王「遂因名爲弓」，「弓」的聲音和「駒」通，古書「句吳」，金文作「工盧」或「攻敔」、「攻吳」。《方言》：「車溝簍」，注：「即車弓也。」可以爲證。那末，「徐偃王」就是「徐駒王」。〔註 11〕

㾓當是從疒胃聲，讀如猒，猒字也是從犬胃聲，《說文》作從甘肰聲是錯的。㾓字疑與偃通，偃戎即徐戎，《書．費誓》說：「淮夷徐戎並興」，可見徐是戎。傳說徐偃王當穆王時，當由徐戎又稱偃戎，所以稱偃王。徐又稱偃，如荊又稱楚，吳又稱邗之類。〔註 12〕

另一個應留意的說法是黃盛璋先生提出來的：

銘文「㾓」字从「甘」、「月」，「厭」字亦从此。儘管金文中寫法不很一樣，但所从之「胃」聲應同。舊釋此字爲「厭」是可从的。但㾓戎不見記載，確地何在，無以考查，僅能從相關的銅器銘文中尋找線索。1961 年西安張家坡出土之〈孟簋〉銘云：「孟曰：朕文考罕毛公，遣仲征無需，毛公錫朕文考臣」，此毛公就是本銘的毛公，所征伐的對象唐蘭先生釋爲「無需」是正確的，與本銘應爲同一戰役。無需與㾓戎應在同一地區，相去不過遠。……厭次故城在今山東陽信縣東……厭次似與周初之「㾓戎」即厭國有關，其地已靠近渤海灣。〈小臣謎簋〉之「伐海眉」，所指就是今山東沿渤海灣一帶，兩者的戰役也可能是有關的。〔註 13〕

黃先生的說法亦由文字的考釋出發，他同意將㾓字釋爲厭，並由〈孟𣪕〉所載伐「無需」之事，考證㾓戎在山東一帶。這樣的說法有兩點是應留意的，首先〈孟𣪕〉所載與毛公同出征的爲「趞仲」，而〈班𣪕〉的「趞」是否是人名仍有爭議，可否就此等同便値得考量；其次㾓字从疒从口从肉，是否能說成从甘，這一點也不能不加以分辨。

李學勤先生則認爲此字从骨，當隸定爲⿸疒骨字，並且就銘文的內容推測此

〔註 11〕唐蘭〈西周銅器斷代中的「康宮」問題〉，《考古學報》1962 年第 1 期；又收於北京．故宮博物院編《唐蘭先生金文論集》（北京：紫禁城出版社，1995 年 10 月），此處引文出自後者頁 157。

〔註 12〕唐蘭《西周青銅器銘文分代史徵》，頁 351。

〔註 13〕黃盛璋〈班簋的年代、地理與歷史問題〉，頁 81～82。

次戰爭的地點：

> 「瘠」字見《玉篇》。戰國鈢有此字，形與簋銘相同。「瘠讀爲滑或猾。《小爾雅・廣言》：「滑，亂也。」故「瘠戎」猶云亂戎。毛公率諸侯東伐，吳都江蘇無錫，在其左方；呂在河南南陽，在其右方。這是王命兩國以本國之配合毛公的原因。由此可推想所謂東國亂戎當在江、淮之間。〔註 14〕

對於李先生的第一個意見，在字形仍可再研究，本文同意第二個意見，戰事在江、淮之間。由銘文「三年靜東或」得知這場戰爭持續了三年，是一場極大的動亂，瘠戎在文獻中不見記載，但由此戰事來看，瘠戎應有一定的勢力，學者們認爲瘠戎指徐戎，雖沒有堅強的證據，然而也不是沒有道理的。

第三個爭議處爲「趞」是人名或爲動詞。這個問題直接影響到與其他器的繫聯，〈孟毀〉銘文中的「趞仲」是否是此器的「趞」呢？如果是，那樣〈孟毀〉與〈班毀〉便是同時代的器，而且其銘文所提到征「無需」之事也可能和伐「瘠戎」有關；如果不是，那麼〈班毀〉的「趞」做動詞解釋是否能成立？

郭沫若先生認爲趞即虢融公，並舉相關器爲論證：

> 虢融公即「趞令曰」之趞，別有〈融虢趞生毀〉可爲互證。其文云：「融虢趞生作旅毀，其萬年子孫永寶用。」又有〈融虢仲毀〉者出土於鳳翔，乃古西虢之地（《漢書・地理志》「西虢在雍」）是知融虢即西虢。融乃虢地，故融虢亦稱虢城。用知〈趞尊〉、〈謎毀〉之趞即虢城公。本器之班乃虢城公之臣屬。〔註 15〕

郭先生的說法引來唐蘭先生的反對，唐先生認爲趞字是動詞，在他的論證過程對於郭說也做了批評：

> 三族組成三軍，中軍是毛公本族的，左軍是吳伯，右軍是呂伯，三軍的成員命令完了以後，又發布「遣令」說：「以乃族从父征造城，衛父身。」這個「遣」字跟〈小臣謎簋〉「遣自嚣師，述東阩，伐海眉」，〈明公簋〉「遣三族伐東國」的意義相同，是臨出征以前派遣的命令。郭沫若同志把「趞」當做人名，說虢城公就是「趞」，那末，毛公本是繼承虢城公的「服」的，現在反而要倒過來，把虢城公作

〔註 14〕李學勤〈班簋續考〉，頁 183。
〔註 15〕郭沫若《兩周金文辭大系》（東京：文求堂書店，1932 年 1 月），頁 19。

> 爲毛公部下，還要稱毛公爲毛父了。這怎麼講得通呢？郭氏又引〈轅虢遣生毁〉來證明虢城公就是「遣」，但〈遣尊〉、〈遣卣〉、〈班簋〉等的文字都很古，例如「寶」字所從的「貝」，都還是象形，而〈轅虢遣生簋〉的「寶」字，所從的「貝」已經和小篆一樣，上目下八了。可見這個簋的時代很晚，無論對〈遣尊〉、〈遣卣〉的「遣」或〈班簋〉的「虢城公」，都是毫無關涉的。〔註 16〕

郭說虢䡅公爲遣，恐怕是不能成立的，但是唐先生說「遣」爲「遣」，也缺少文例的支持，因爲他所舉的例子作遣令、派遣的銘文都是用「遣」字而不是「遣」字，李學勤先生就指出了這一現象：

> 「遣」，據長安張家坡所出〈孟簋〉云：「孟曰：朕文考罪毛公、遣仲征，無忝，毛公錫朕文考臣自厥工（功）。……」應即遣仲。……「遣」也不能讀爲動詞的「遣」，因爲西周前期金文常見「遣」，都未見寫作从「走」的。「遣命曰」不能理解爲遣受命，所命爲班，郭沫若同志已指出。〔註 17〕

作動詞的遣，或从臼从自，或从辵臼从自，而从走者多爲人名、氏名，所以〈班毁〉的「遣令曰」就很可能如李學勤先生所說是遣令班从毛公征。然而遣是否是遣仲，亦有可商之處。劉啓益先生就認爲「遣令遣仲」而不是「遣仲令班」，他說：

> 「遣」不是「遣仲」，「仲」是老二，「遣仲」很可能是虢䡅公遣的兄弟，從〈孟簋〉銘文知道他與毛公共征無耍，我們頗懷疑〈班簋〉銘文中的「遣令曰」就是遣對遣仲所下達的命令，是遣仲率其族人參與了東征痡戎之役。〔註 18〕

本文同意劉先生遣不是遣仲的意見，但對於受命者是遣仲則仍採取保留的態度，就銘文文理來看，受命者應是班，這一點很多學者都指出來了。至於遣有沒有可能在〈班毁〉這裡做動詞呢？由於前面本文已指出這是缺乏其他文例支持的，所以即使做派遣解釋就整個文理而言是較順暢的，但也只能是假設。

〔註 16〕唐蘭〈西周銅器斷代中的「康宮」問題〉，收於《唐蘭先生金文論集》，頁 151～152。

〔註 17〕李學勤〈班簋續考〉，頁 183。

〔註 18〕劉啓益〈西周穆王時期銅器的初步清理〉，《古文字研究》第十八輯（北京：中華書局，1992 年 8 月），頁 351。

由以上的討論本文歸納如下：銘文中的「毛公、毛白、毛父」是毛班之父；所征痟戎是不是徐戎仍未敢定論；另外，銘文中提到了的人物有「毛公」、「吳白」、「呂白」、「毛班」與「趞」。

在〈班段〉的作器時代方面，有三說：自清人劉心源以來，于省吾、楊樹達、唐蘭、李學勤、劉啓益、馬承源等幾位先生皆持穆王時代說；郭沫若、吳其昌、容庚和陳夢家四位先生則是主張成王時代的說法；黃盛璋先生力排眾議，認爲〈班段〉作於昭王時代。

「穆王時代說」的主要證據在《穆天子傳》中記錄了毛公班之事，此外，唐蘭先生又指出：

> 從形制來看，周初通行方座簋，昭王以後才有新發展，此器展長的四足，一望而知已是西周中期器了。〔註19〕

唐先生也由〈靜段〉字形比較，做爲佐證。李學勤先生也對器形及文例做了說明，他認爲：

> 簋四耳垂珥，下延成爲四足，這種型式有較早的，但都顯粗重。像〈班段〉這樣耳、足纖細的（足是復原的，但由耳下殘存的基部可知直徑），有圈足下加足的〈肅簋〉，係昭王末年器。〈班簋〉的字體和文例，也是時代的證據。銘末云：「子子孫多世其永寶」，就是穆王以下西周中期銘文流行的一類格式。〔註20〕

主張「成王時代說」的學者郭沫若先生則將「痟」釋爲「奄」，陳夢家先生就器形和紋飾爲說，但證據顯然是不足的。主張「昭王時代說」的僅有黃盛璋先生，他認爲班在穆王世，而伐痟戎事在昭王年間，故定其器爲昭王前期，他的說法如下：

> 銘文中班爲毛公子輩，所以穆王說全失依據。周公、毛公之後都可稱周公、毛公，文獻與金文所見甚多。毛公與毛班都是文王的後孫，那麼班後來成爲穆王左右近臣，亦稱毛公，是合乎事理的。所以，可以認爲班即《穆天子傳》中的毛班、毛公。只是作〈班段〉的時候，周室重臣是他父輩毛公，他最初還在城，并不在王的左右，所以〈班簋〉中的王至少比穆王早一個王世。花了三年時間并不算短，看來這次東國的反叛也是比較嚴重的，而征伐的結果雖然不像昭王

〔註19〕唐蘭《西周青銅器銘文分代史徵》，頁355。
〔註20〕李學勤〈班簋續考〉，頁185。

晚期那樣，但也絕不能像康王二十五年北伐鬼方那樣大俘、大捷，
所以我們把「伐東國痟戎」和〈班簋〉的制作年代訂爲昭王早期，
比置於康王晚期要有證據一些。〔註21〕

黃先生的說法認爲當時毛班尚未爲重臣，這一點是正確的，但是作器時，身爲重臣的毛公（班之父）已經逝世了，這時毛班是否已繼承其父爲王之近臣雖未可言，但這樣並不足以說〈班毀〉的時代不在穆王時期。毛班是穆王時代的人物，其父可能是昭王時代的人物，而且也應跨在穆王世，所以征痟戎之事不能排除於穆王時代，而作器更在戰事之後，所以爲穆王時代的可能性就更大了。據以上所論，本文將此器定爲穆王時代三級器。

二、〈毛公肇鼎〉

唐蘭先生將〈毛公肇鼎〉定爲穆王時代器，但並未說明其由〔註22〕，或許是因爲銘文中有毛公而將其與〈班毀〉聯繫起來。此器現藏於上海博物館，器高 22.5 公分、口縱徑 15.3 公分、口橫徑 19.3 公分〔註23〕，重 3.5 公斤；〔註24〕其銘文六行，三十一字〔附圖四〕：

毛公肇鼎亦
隹〔唯〕毀。我用𩚬厚
眔我友𩚁。其
用咎，亦引唯
考〔孝〕。肄毋〔毋〕又弗
𩏂〔順〕，是用壽老。〔註25〕

唐先生懷疑此器銘的前半在蓋上，已失，不無可能。劉啓益先生認爲本器之毛公爲〈班毀〉之毛公。〔註26〕本文認爲這器由銘文尚不足以定其精細年代，就算此毛公與〈班毀〉之毛公爲同一人，也不能說一定在昭王或穆王

〔註21〕黃盛璋〈班簋的年代、地理與歷史問題〉，頁78。

〔註22〕唐蘭《西周青銅器銘文分代史徵》，頁344。

〔註23〕馬承源主編，陳佩芬、潘建明、陳建敏、濮茅左等編撰《商周青銅器銘文選》第三冊（北京：文物出版社，1988年），頁253。

〔註24〕唐復年《西周青銅器銘文分代史徵器影集》（北京：中華書局，1993年8月），「圖版說明」頁7。

〔註25〕此處參考張振林〈毛公肇鼎考釋〉（《容庚先生百年誕辰紀念文集》，廣州：廣東人民出版社，1998年）一文之斷句。

〔註26〕劉啓益〈西周穆王時期銅器的初步清理〉，頁351。

時代，再者是否爲同一毛公仍是有疑問的，劉先生雖然就器形做了比對，然而這樣只能就大的時代分期提供可能性，也不足以做出其時代爲西周某一位王的結論來。

若就字體風格來看，可能是西周中期器。

三、〈孟毀〉

〈孟毀〉〔附圖五〕出土於 1961 年 10 月 30 日，地點在陝西省長安縣張家坡一窖藏，共出五十三件銅器，〈孟毀〉凡三件，通高 24.5 公分、口徑 23.4 公分、腹深 10.5 公分；有方座，長寬均爲 22.5 公分、高 8.3 公分。〔註 27〕腹內銘文五行四十二字（重文二字：子、孫）：

孟曰：「朕文考眔毛公、
遣中〔仲〕征無雯，毛公易〔錫〕
朕文考臣，自乓工〔功〕，對
揚〔揚〕朕考易〔錫〕休，用宣絲〔茲〕
彝，作乓子=孫=其並〔永〕寶。

最早對此銘做研究的是郭沫若先生，他認爲〈班毀〉「人物毛公，又稱毛公遣，當即此毛公遣仲。」〔註 28〕不過郭先生恐難解釋他在〈班毀〉考釋時的不同看法，不管是 1932 年的《兩周金文辭大系》或者在 1972 年〈班毀的再發現〉一文中，對於該器「遣」字都認爲是「虢畞公」的名字，〈孟毀〉此處考釋卻說是毛公的名字，此文作於 1962 年，卻前後四十年說法反反覆覆，馬承源先生主編的《商周青銅器銘文選》也認爲：

毛公遣仲，毛是封國，毛叔鄭之後，公爲尊號，遣仲乃其名。〔註 29〕

持與郭說相同的看法。唐蘭先生則認爲毛公與遣仲「似是兩人」〔註 30〕，李學勤先生也持如此的意見，而他又認爲「遣」與〈遣尊〉、〈遣卣〉的遣是同一人，皆昭王時代的人物。〔註 31〕

〔註 27〕郭沫若〈長安縣張家坡銅器群銘文彙釋〉，《考古學報》1962 年第 1 期，附錄「關於長安縣張家坡器群出土情況的說明」，頁 12。

〔註 28〕郭沫若〈長安縣張家坡銅器群銘文彙釋〉，《考古學報》1962 年第 1 期，頁 2。

〔註 29〕馬承源主編《商周青銅器銘文選》第三冊（北京：文物出版社，1988 年），頁 191。

〔註 30〕唐蘭《西周青銅器銘文分代史徵》，頁 356。

〔註 31〕李學勤〈西周中期青銅器的重要標尺——周原莊白、強家兩處青銅器窖藏的

本文認爲毛公和趞仲是兩個人，趞仲不是毛公的名字。至於這個毛公是不是毛公班與〈班毀〉的毛公，實無明確的證據。征無需和征痛戎也沒有證據說是同一件事，不少學者由〈孟毀〉的毛公及征無需之事和〈班毀〉的毛公與征痛戎之事聯想，認爲二器的時代必然相同。郭沫若先生就認爲二器皆在成王，其說法如下：

此器形制甚古，當在周初。成王時器有〈班毀〉，有「三年靜東國」之語。人物毛公，又稱毛公遣，當即此毛公遣仲。此與〈班毀〉均當爲成王時器。〔註 32〕

郭說以外，唐蘭先生也是由〈班毀〉來定〈孟毀〉的時代，不同的是他定此器爲穆王。《商周青銅器銘文選》定〈孟毀〉時代爲懿王：

（遣仲）見於恭王十二年之〈永盂〉。遣仲與孟的父輩相當，孟當是懿王時人。〔註 33〕

〈永盂〉爲恭王時代器，其銘文記載了趞仲，很有可能與〈孟毀〉的趞仲同一人，以此推之，〈孟毀〉的時代可能在穆恭時期。

在器形方面：侈口、垂腹、圈足下連方座、兩耳有珥，就器腹來看，應在西周早期偏晚以後，甚至較可能的時代在西周中期。紋飾上最重要的是大鳳鳥紋，其冠爲花冠下垂至地，尾部與鳥身分離，這已是明顯的周人紋飾風格，其時代應在昭穆以後到西周中期。

就〈孟毀〉整個分析，本文將其定爲穆王時代四級器。

四、〈窅鼎〉

吳鎮烽先生認爲〈窅鼎〉是穆王時代器〔註 34〕，但沒有舉出很明確的證據。〈窅鼎〉〔附圖六〕銘文六行四十字（重文二字：孫、子）：

隹〔唯〕王九月既望乙
子〔巳〕，趞中〔仲〕令窅[illegible]
嗣奠〔鄭〕田。窅捧韻首
對曩〔揚〕趞中〔仲〕休，用乍〔作〕

綜合研究〉，《中國歷史博物館館刊》1979 年第 1 期；又收於李學勤《新出青銅器研究》（北京：文物出版社，1990 年 6 月）；此處引自後者，頁 90。
〔註 32〕郭沫若〈長安縣張家坡銅器群銘文彙釋〉，頁 2。
〔註 33〕馬承源主編《商周青銅器銘文選》第三冊，頁 191。
〔註 34〕吳鎮烽《陝西金文彙編》（西安：三秦出版社，1989 年 9 月），頁 856。

朕文考釐弔〔叔〕障

鼎〔鼎〕，其孫=子=其永寶。

銘文中提到趞中，因此本器時代應在穆恭時期，就器形來看，與〈剌鼎〉近似，此器時代可定在穆恭時期，亦列爲四級器。

五、〈呂白段〉

劉啓益先生將〈呂白段〉定爲穆王時代器。〔註 35〕此器最早著錄於《西清古鑑》卷二十七，頁十一〔附圖七〕，此器銘文三行十九字：

呂白〔伯〕乍氒宮

室寶障彝

段大牢，其萬年祀氒祖考。

劉先生斷定此器年代的意見主要是器形及銘文中的呂伯，本文認爲呂伯爲呂國國君，不只是穆王時代才有呂伯，所以這器實沒有足夠證據定在穆王時期。

第二節　靜組器

器　名	各家斷代意見								
	郭沫若	吳其昌	容庚	陳夢家	唐蘭	高明	銘文選	劉啟益	殷周金文集成
靜段 04273—2788	穆王	厲王	穆王		穆王	穆王	穆王	穆王	西周中期
小臣靜彝 ⍁—2655	穆王	厲王		成康	穆王		穆王	穆王	
靜卣 05408—5487	穆王	厲王	穆王		穆王		穆王	穆王	西周中期

靜組器包含了〈靜段〉、〈小臣靜彝〉、〈靜卣〉三件器，其中〈小臣靜彝〉的器類定名至今尚無定說，唐蘭先生稱爲「段」，陳夢家先生及《商周青銅器銘文選》、劉啓益先生皆稱爲「卣」，由於此器器形今不可見，前人亦未著錄，

〔註 35〕劉啓益〈西周穆王時期銅器的初步清理〉，頁 352。

清人稱此器爲「彝」，是亦不知其器類也，稱卣與稱毀，皆無明確的證據，因此本文姑且依舊名稱爲〈小臣靜彝〉。

靜組器斷定時代的關鍵在於〈靜毀〉，其他兩件器則由作器人「靜」作聯繫而來。

一、〈靜毀〉

〈靜毀〉〔附圖八〕現流藏於美國，關於器的大小則僅知器高 15.8 公分；銘文八行九十字（重文二：子、孫），隸定如下：

> 隹〔唯〕六月初吉，王才〔在〕蒼京。丁卯，
> 王令靜嗣射學宮，小子眔服
> 眔小臣眔尸僕學射。雩八月
> 初吉庚寅，王㠯吳𢦚、呂剛〔剛〕𠨕
> 𢻹蓋𠂤、邦周射于大沱〔池〕。靜學
> 無𢎗〔咒〕，王易〔錫〕靜鞞剢，靜敢拜𩒨
> 首，對䄅〔揚〕天子不〔丕〕顯休，用乍〔作〕文
> 母外姞隣，子=孫=其萬年用。

此器的斷代先後主要有三說：清人吳大澂首先提出厲王說，吳其昌先生又以曆朔佐證其說；郭沫若繼而提出穆王說，多爲學者贊同；陳夢家認爲是康王時代之器。

吳大澂由作器人名「靜」與《竹書紀年》載宣王名靖，爲其說法的支點，又由古籍論證「習射於澤宮，太子之事也。」認爲〈靜毀〉爲宣王太子時爲其母所作。吳其昌先生又承吳大澂的說法，加以曆算推之，認爲此器作於厲王二十年。〔註 36〕這一種說法在取證上是不足爲憑的，首先由「靜」與「靖」的同音現象，就認爲二者是一人名字的不同寫法，本來就值得商議，凡以古音爲證，必須其他有力的證據支撐才能成立，通假現象只能做輔助證據。其次者，此銘字體仍存有西周早期的一些現象，如「王」字末筆的肥筆上曲，當然就字體整個風格來看，更適宜定在西周中期，因爲「其」字上面的兩筆作斜筆、「隣」字「酉」上有二斜筆作八字形等現象，都是西周中期才有的情況，此器字體兼具有早期及中期的現象，在推測時代上，可以考慮西周中期

〔註 36〕吳其昌《金文厤朔疏證》二（國立武漢大學叢書，上海：商務印書館，1936 年 12 月），頁 22～25。吳大澂說亦引自此。

偏早，就書法風格來看，這樣的推測也能相容，二吳的說法皆失之過晚，且銘文語氣也不似太子身分。陳夢家定〈小臣靜彝〉爲成康時代，並認爲「與〈靜卣〉、〈靜設〉之靜可能是同一人，靜器應在康王時。」〔註 37〕則又失之過早，因爲就器形及花紋、銘文風格來看，這器都不應早至康王，最早也只有可能推到昭王中晚期。

郭沫若先生提出穆王說，首先對宣王說做了批評，其主要證據在於字體與紋飾：

> 此與下〈靜卣〉，舊以宣王名靜，遂擬爲宣王爲太子時器。今案此說不確，宣王爲太子，不得遽言子孫也。字體與〈遹設〉如出一人手筆。器制全身施雷鳳紋，與〈庚嬴卣〉同，絕非屬宣時所有器，故今改隸于此。〔註 38〕

之後唐蘭先生考定〈班設〉爲穆世器，再由〈班設〉銘文中的呂伯和吳白與〈靜設〉的呂剛、吳𡱆繫聯，斷定〈靜設〉的時代也應在穆王時期，另外也比對了〈遹設〉，認爲「此與〈遹設〉相似，定是穆王時無疑」。〔註 39〕主穆王說的學者所持的證據大都如郭、唐二位先生的意見。這個說法其實有一個問題，那就是呂剛和吳𡱆是否一定是〈班設〉的呂伯與吳伯呢？對於這個問題，本文認爲銘文中「井白」、「毛公」等任天子中央官職的時代跨得較長，可能爲「累世公卿」，而呂伯與吳伯同時在天子身旁任職的情況較少，所以〈班設〉和〈靜設〉同時代的可能性就高了些，再者就器形與紋飾來看，〈靜設〉器形與〈鮮設〉相似，主要紋飾和〈孟設〉同爲大鳳鳥紋，花冠下垂至地，尾部與鳥身分離，因此定穆王時代雖不能百分之百肯定，但可能性是很大的，本文將此列爲穆王時代四級器。

二、〈靜卣〉與〈小臣靜彝〉

〈靜卣〉〔附圖九〕現藏於臺北故宮博物院，據容庚先生的說法，認爲此器銘眞器僞，容先生的意見如下：

> 原器後只殘存有銘之一片。估人以補入器，僞作器銘，故與《古鑑》

〔註 37〕陳夢家〈西周銅器斷代（三）〉，《考古學報》1956 年第 1 期，頁 83。

〔註 38〕郭沫若《兩周金文辭大系考釋》（臺北：臺灣大通書局，出版年月不詳），頁 56。

〔註 39〕唐蘭《西周青銅器銘文分代史徵》，頁 359、361。

不合。〔註 40〕

因此對於此器的探討本文只能專就銘文來看，銘文四行三十六行：

隹〔唯〕☰〔四〕月初吉丙寅，

王才〔在〕葊京，王易〔錫〕靜弓，靜摓

韻首，敢對䚄〔揚〕王休，用乍〔作〕

宗彝，其子=孫=永寶用。

由王易靜弓這點來看，和〈靜𣪘〉的嗣射學宮是可以找到相同點的，〈靜𣪘〉銘文中記載王賞賜鞞㔸，也與賜弓所得之物同性質，蓋與靜之職司有關。此二器應是同一作器人，學者們的意見是正確的。

關於〈小臣靜彝〉〔附圖十〕，流傳下來的資料爲銘文五行三十一字：

隹〔唯〕十又三月，王

宛〔饔〕葊京，小臣靜

即事，王易〔錫〕貝五十朋〔合文〕，

䚄〔揚〕天子休，用作

父丁寶障彝。

此器因爲器形、拓片已不可得，只可見銘文摹本，所以在時代斷代定能提供的線索不多，就摹本字體來看，王字、障字乃具有西周早期與穆王初期的風格，學者斷定此器的時代爲穆王，可以相容，不過前面說過學者們最主要的依據在作器人靜與〈靜𣪘〉爲一人的論題上，這一點雖然論證上存有可移動的空間，但以其同在葊京，而〈靜卣〉又受賜弓，與〈靜𣪘〉嗣射之事來看，這三件是同人所作的可能性極大。

本文將這三件器皆定爲穆王時代四級器。

另外，日本出光美術館收藏一件〈靜方鼎〉，李學勤、徐天進、張懋鎔、王占奎四位先生皆撰文考釋，〔註 41〕時代皆定在昭王，本文大致同意這樣的看法，至於是否與「靜組器」爲同一作器人，因銘文看不出〈靜方鼎〉與「靜組器」的關聯，而亦不能排除二人同名的可能性，所以不收入穆王器中。

〔註 40〕容庚《商周彝器通考》（臺北：文史哲出版社，1985 年 1 月），頁 50。

〔註 41〕李學勤〈靜方鼎考釋〉（《第三屆國際中國古文字學研討會論文集》，香港：香港中文大學，1997 年；徐天進〈日本出光美術館收藏的靜方鼎〉、張懋鎔〈靜方鼎小考〉、王占奎〈關於靜方鼎的幾點看法〉，三篇文章皆發表在《文物》1998 年第 5 期）。四位先生對於此器屬昭王何年有不同的看法，但王世斷定是一致的。

第三節　豐組器

器名	各家斷代意見							
	唐蘭	李學勤	高明	銘文選	吳鎮烽	劉士莪尹盛平	劉啟益	殷周金文集成
豐尊 05996—4871	穆王	穆王	穆王	穆王	穆王	穆王	穆王	西周中期
豐卣 05403—5480	穆王	穆王		穆王	穆王	穆王	穆王	西周中期
豐爵 09080—4178 09081—4179 09082—4180	穆王	穆王			穆王	穆王	穆王	西周中期
父辛爵 09060—4087					穆王	穆王	穆王	西周中期

豐組器出土於陝西省扶風縣法門鎮莊白村，1976 年 12 月 15 日發現了這個窖藏，同出銅器共一百零三件，引起學者們的高度重視，這個窖藏出土的銅器從西周早期到西周中晚期皆有，其中〈史牆盤〉更被學者推爲恭王時代的標準器，該器提供了世系與王世對應的資料，對銅器的斷代提供了重要的依據。

由〈史牆盤〉的記錄，其家族六代爲：

●高祖—烈祖—乙祖—亞祖祖辛—文考乙公—牆

而同墓所出的〈𤼈鐘〉則提到四代：

●高祖（辛公）—文祖（乙公）—皇考（丁公）—𤼈

因此可以比對出「牆」即「丁公」，「𤼈」爲「牆」之子，「豐」的器稱其父爲「父辛」，是「豐」爲「牆」所稱的「文考乙公」。劉士莪與尹盛平兩位先生依各器所稱父考日名，推其七世爲：

●高祖（丁公）—烈祖商（甲公）—乙祖䀠（乙公）—亞祖旂—豐（乙公）—牆（丁公）—𤼈〔註 42〕

這樣的世系排列及人名配對大致可從。

牆的時代到了恭王，而〈史牆盤〉記錄烈祖是武王時人，學者們推豐的

〔註 42〕劉士莪、尹盛平《微氏家族青銅器研究》（北京：文物出版社，1992 年 6 月），頁 71、72。

時代為穆王，如李學勤先生〔註43〕（又見本文二章「研究回顧」）及伍仕謙先生〔註44〕，另外，黃盛璋先生推其上限可到昭王。〔註45〕由於穆王在位年數甚長，所以豐在昭王年代活動的時間應不會太長，其主要活動的時期應在穆王時代，故其所做器雖不能排除在昭王晚年，但最大的可能性是在穆王前期。下面先對這幾件加以說明：

一、〈豐尊〉

此器通高16.8公分、腹深14.6公分、口徑16.8公分、重1.7公斤。〔註46〕腹底鑄有銘文五行，若將族徽「木羊冊」視作一字，則為三十一字（重文二：大、矩）〔附圖十一〕，隸定如下：

隹六月既生霸

乙卯，王才成周，

令豐殷大=矩=，〔大矩〕易〔賜〕

豐金、貝，用乍父辛

寶隮彝。木羊冊。

紋飾方面：口下飾長尾鳥紋，尾向前垂過頭胸，兩兩相對；頸飾一道垂冠長尾鳥紋，冠垂至地，尾亦垂至也，且與身分離，二鳥首相對處飾浮雕獸首；腹飾以垂冠長尾鳥紋，比起頸部的鳥紋更為華麗，冠部三條，最上一條上揚，作花冠形，第二條最長，下垂至地，亦作花冠狀，最下一條則向鳥頸部捲曲。尾部由翅膀上方開始，向身後垂捲，亦長垂至地。口下、頸、腹的鳥紋均不相同，地紋皆為細雷紋。紋飾相當精巧細緻。圈足則光亮無紋。

就銘文風格來看，王、父、金、令字等皆保有西周早期特色，波磔與肥

〔註43〕李學勤〈西周中期青銅器的重要標尺——周原莊白、強家兩處青銅器窖藏的綜合研究〉，《中國歷史博物館館刊》1979年第1期；亦收入劉士莪、尹盛平《微氏家族青銅器研究》（北京：文物出版社，1992年6月）一書「附錄」；此引自後者，頁174。

〔註44〕伍仕謙〈微氏家族銅器群年代初探〉，《古文字研究》第五輯；亦收入劉士莪、尹盛平《微氏家族青銅器研究》（北京：文物出版社，1992年6月）一書「附錄」；此引自後者，頁195，以為在穆王前期。

〔註45〕黃盛璋〈西周微家族窖藏銅器群初步研究〉，《社會科學戰線》1978年第3期；亦收入劉士莪、尹盛平《微氏家族青銅器研究》（北京：文物出版社，1992年6月）一書「附錄」；此引自後者，頁145。

〔註46〕劉士莪、尹盛平《微氏家族青銅器研究》，頁15。

筆現象清楚可見，寶字、𣪘字的宀字之交角為尖角，因此就銘文風格來看，可以推為穆王早期器。

二、〈豐卣〉

〈豐卣〉〔附圖十二〕器通高 21 公分、口縱徑 11.2 公分、口橫徑 7.8 公分、腹深 12 公分，重 2.5 公斤。〔註 47〕器蓋同銘，與〈豐尊〉銘文內容相同，唯蓋銘之行款稍異。

器作橢圓形，有蓋，上有圓形捉手、器頸兩側有提梁、下腹鼓出、有圈足。紋飾方面亦以鳥紋為主：器蓋飾有八隻長冠鳥，首皆回顧，尾向前垂過頭胸，至地，尾的前端在翅上方，成三黑圓點，形似蛇首，故學者或稱為「鳥蛇盤交紋」；〔註 48〕器頸一道鳥紋，亦八隻，皆長冠長尾，皆垂至地，與〈豐尊〉頸飾的鳥紋相同，浮雕獸首亦同；腹飾以垂冠長尾鳥紋，最為華麗，冠部三條，尾部亦三條，造形和〈豐尊〉腹部亦同。提梁的紋飾為蟬紋，兩側飾浮雕獸首。〈豐卣〉的時代應和〈豐尊〉是一致的，皆定為穆王早期器，在分級上為三級器。

三、〈豐爵〉與〈父辛爵〉

〈豐爵〉三件〔附圖十三〕：銘文、紋飾皆同，可知是一組器。三件大小有異，編號分別是 91、87、90，其大小依次是：91 號爵通高 21.4 公分、腹深 10.1 公分、重 0.75 公斤；87 號爵通高 21 公分、腹深 10.1 公分、重 0.77 公斤；90 號爵通高 19.7 公分、腹深 9.3 公分、重 0.75 公斤。其銘文皆在流口外沿，二行六字（族徽只算一字）：

豐乍（作）父辛

寶。木羊冊。

第 91 號爵的銘文較不清楚。器形方面：圜底，流甚寬，柱作菌狀、立於流折與鋬之間，三足作尖刀狀。紋飾方面：腹飾鳥紋一周，鋬有浮雕獸首。

〈父辛爵〉一件〔附圖十四〕：由於銘文載此爵乃為「父辛」所作，故亦當為豐組器。通高 22.3 公分、腹深 9.8 公分、重 1.05 公斤。〔註 49〕其銘文鑄

〔註 47〕同上註，頁 16。

〔註 48〕同上註。

〔註 49〕同上註，頁 18。

於與鋬同側的柱之外側：

乍〔作〕父辛。木羊𠕁。

在同出四件鑄有「父辛」銘文的爵中，唯此件銘文與紋飾與其他三件不同，而爲四器中最華麗者。器形上：寬流、兩柱作菌狀立於流與鋬之間的口沿上、有鋬、圜底、腹下部微鼓、三足作刀狀。紋飾方面：腹飾以直條紋，其上下各飾以長尾鳥紋一周，口沿下飾以花冠鳳鳥紋，造形完全配合口流，尾及柱下口部皆飾以蕉葉變形獸紋，並以雷紋襯底、鋬有浮雕獸首，整個器看起來十分華麗。

關於這些爵的時代器，黃盛璋先生提出的意見認爲「紋飾長鳥紋，比較簡單，或較〈豐卣〉、〈豐尊〉稍早，上限可到昭王」〔註 50〕，而多數學者認爲是穆王時代器，本文認爲就豐的時代來推算乃在昭王到穆王，而豐主要的活動在穆王時期，所以這四件爵，本文皆定爲穆王時代三級器。

四、其他各器

另有貫耳壺一件、鳥紋爵一件、鳥紋觚二件、鳥紋觶二件、〈𦍩觶〉一件，此七器於《西周微氏家族青銅器群研究》亦定爲豐器。〔註 51〕

上列諸器，僅〈𦍩觶〉有族徽「𦍩」（羊𠕁）字，其他器在斷代上無銘文可提供依據，只能就器形和紋飾來看，但這樣的判定較難有確切的定論，尤其兩世之間，很難絕對區分。

鳥紋爵〔附圖十五〕可以由〈豐爵〉做比對：在紋飾及造形上，鳥紋爵和三件〈豐爵〉相同，而其大小尺寸「通高 22、腹深 9.6 公分、重 0.95 公斤」〔註 52〕，除了稍重之外，大小和三件〈豐爵〉是相近同的，如此的近同而又爲同一批出土文物，本文認爲鳥紋爵很可能是穆王時代的銅器，本文定爲三級器。

其他六件器，因爲較難定爲某一王世之器，所以本文認爲其時代可能早到昭王，或較寬地定其時代在西周早期，當然其中的貫耳壺〔附圖十七〕在穆王時代是較流行的，這類壺在西周早期出現，在穆王時期成熟，恭王以後

〔註 50〕黃盛璋〈西周微家族窖藏銅器群初步研究〉，《社會科學戰線》1978 年第 3 期；亦收入劉士莪、尹盛平《微氏家族青銅器研究》（北京：文物出版社，1992 年 6 月）一書「附錄」；此引自後者，頁 145。

〔註 51〕同上註，頁 16～20。

〔註 52〕同上註，頁 18。

少見，而壺的腹部更爲下垂鼓出，所以這件貫耳壺是很有可能是穆王時代的器（但不能說一定是豐的器，也有可能是𤼈的器），其他器（鳥紋觚、觶、〈鱻觶〉〔附圖十六〕）的鳥紋和〈豐爵〉亦近似，所以這些器本文定爲穆王時代可能器，即四級器。

第四節　臤組器（含彔組器）

器　名	各家斷代意見								
	郭沫若	吳其昌	容庚	唐蘭	李學勤	銘文選	吳鎮烽	劉啟益	殷周金文集成
彔卣 05419—5499 05420—5498	穆王	宣王	成王	穆王	穆王	穆王	穆王	穆王	西周中期
彔段一 04122—2660	穆王	宣王	成王	穆王	穆王	穆王	穆王	穆王	西周中期
彔段二 03863—2455	穆王		成王	穆王					西周早期
彔段三 03702—2323			成王						西周中期
彔白臤段 04302—2816	穆王	宣王	成王	穆王	穆王	穆王	穆王	穆王	西周中期
白臤段 04115—2658	穆王	宣王	成王	穆王	穆王	穆王	穆王	穆王	西周中期
臤方鼎一* 02789—1285				穆王	穆王	穆王	穆王	穆王	西周中期
臤方鼎二* 02824—1316				穆王	穆王	穆王	穆王	穆王	西周中期
臤段一* 04322—2836			成王	穆王	穆王	穆王	穆王	穆王	西周中期
臤段二 03865—□					穆王	穆王	穆王		西周中期
臤鼎* 02074—0734					穆王		穆王	穆王	西周中期
臤甗* 00837—1588					穆王		穆王	穆王	西周中期

白𢦏乍旅毁* 03489—2142					穆王		穆王		西周中期
白𢦏飲壺* ▨—5672 ▨—▨					穆王		穆王	穆王	西周中期

𢦏諸器在各家著錄頗不一致，一來是因爲有些專著著重考釋，所以收器有所選擇，不在齊全；另外，因爲銅器命名分歧，常在比對上造成困難，本文就各家所列所論之𢦏諸器做同異比較，得十六件，有些器是同名而不同銘，所以在上表中不列於同一列，這十六件有的是 1975 年 3 月在陝西扶風縣出土的（在上面表格器名後打＊符號），有的是更早出土的或傳世器，在討論上，先討論 1975 年出土的那一整批器群，其他的器則列在後頭討論。

◎1975 年出土器群部分

1975 年 3 月 15 日，扶風縣法門公社莊白大隊白家生產隊社員在村的西邊約 250 多米處犁地時，發現一批西周銅器，其中多器銘文記錄著「𢦏」、「伯𢦏」等人名，本文將這些器稱爲「𢦏組器」。

依考古報告指出這次出土了三鼎（二方鼎）、二毁、一甗、二飲壺、一貫耳壺、二爵、一觶、一盉、一盤、工兵器四。〔註 53〕其中有銘文者可分成四組：

第一組爲「𢦏組器」：銘文中提到𢦏的三鼎、二毁、一甗、二飲壺，凡八器。

第二組爲「孓組器」：銘文中提到「孓」的二爵。

第三組爲「白雒父組器」：銘文中提到「白〔伯〕雒〔雍〕父」的盤一件。

第四組爲「𩱛父組器」：銘文中提到「𩱛父」的盉一件。

貫耳壺、觶及工兵器皆無銘文，無法知其作器人。在時代上，報告認爲：

> 這組銅器，除爵、觶稍早外，大都作於穆王之世。〔註 54〕

「𢦏組器」是本文目前要討論的，而〈白雒父盤〉在下文的「師雒父組器」（師雒父即白雒父）中討論、〈𩱛父盉〉在「其他組」討論，此暫不提及。至於工兵器因無銘文，是否是穆王世乃可再商討。

〔註 53〕羅西章、吳鎮烽、雒忠如〈陝西扶風出土西周伯𢦏諸器〉，《文物》1976 年 6 月，頁 51～55。

〔註 54〕同上註，〈陝西扶風出土西周伯𢦏諸器〉頁 55。

「㦰組器」則自郭沫若先生以來，多數學者都同意定在穆王時代，吳其昌和容庚兩先生意見雖有不同，但其說法成立的可能性都不高了，吳先生由曆朔以推爲宣王，然就器形和紋飾風格來看，二者相距甚大，而容先生定爲成王器又失之過早，所以二人的意見已不爲學術界採用。

這裡的八件㦰器以鼎和設的銘文最長，先就其銘文、器形、紋飾陳述之，再及於甗與飲壺：

一、鼎

鼎有三件，其中二件爲方鼎，在區分上，考古報告先介紹銘文較短的方鼎，而學者習稱此鼎爲〈㦰方鼎一〉；另一件銘文較長的爲〈㦰方鼎二〉；圓鼎稱爲〈㦰鼎〉，此稱法尚爲一致，故本文仍襲此稱。

〈㦰方鼎一〉〔附圖十八〕：通高 27.5 公分、口縱徑 17 公分、口橫徑 26 公分、腹深 15.5 公分、耳高 4 公分、蓋扉 4.5 公分、重 6.5 公斤。〔註 55〕器內壁和蓋內皆有銘文，器蓋同銘，八行六十五字（重文二：子、孫）：

隹〔唯〕九月既望乙丑，才〔在〕
𡨦𠂤，王俎姜吏〔使〕內史
友員易〔賜〕㦰玄衣朱襮
裣。㦰拜䭫首，對䚄〔揚〕王
俎姜休，用乍〔作〕寶𩰫
䵼〔尊〕鼎，其用夙〔夙〕夜亯孝
于氒文且〔祖〕乙公、于文
妣〔妣〕日戊，其子=孫=永寶。

這銘文中提到了兩個人名：王俎姜與內史友員，但在繫聯上，目前未有更明確的器。

器形上：立耳，平蓋，蓋兩端留有長方孔以套接立耳，蓋上有四扉，可倒置爲足，蓋中央有圓形環鈕，器身爲橢方形，垂腹，四柱足不長、微向內彎曲；造形新穎，與西周早期方鼎常見的形式明顯有別，這類橢方形而器壁

〔註 55〕〈陝西扶風出土西周伯㦰諸器〉，頁 51 的口縱徑與橫徑的記載可能有誤，因爲據其記錄此鼎當接近正方形的鼎口（縱：橫＝16：17），但由照片看來當是長方形的鼎口才是，本文依據陝西省考古研究所、陝西省文物管理委員會等合編的《陝西出土商周青銅器》（二）（北京：文物出版社，1980 年），圖版說明第九九號，頁 13，所列資料補正。

相交爲圓角造形的方鼎最早見於殷墟出土，西周早期的〈我方鼎〉也是這類的造形，但爲數不多。〈𢦚方鼎〉器腹和西周中期流行的圓鼎腹寬而下鼓的特色相同。紋飾方面：全器樸素，僅頸部飾顧首S形龍紋一周，龍首有角〔或稱花冠〕，無足，龍紋之下有弦紋一道。

〈𢦚方鼎二〉〔附圖十九〕：通高 22.5 公分、口縱徑 16 公分、口橫徑 21.2 公分、腹深 13.5 公分、重 3.9 公斤，〔註 56〕較方鼎一爲小。腹內壁鑄銘文十一行一百一十六字（重文三：穆、子、孫）：

> 𢦚曰：「烏〔嗚〕虖〔呼〕！王唯念𢦚辟剌〔烈〕
> 考甲公，王用肇吏〔使〕乃子𢦚
> 逹〔率〕虎臣御〔禦〕淮〔淮〕戎。」𢦚曰：「烏〔嗚〕虖〔呼〕！
> 朕文考甲公、文母日庚弋休，
> 𠟭〔則〕尚安永宕乃子𢦚心，安
> 永襲𢦚身，厥復亯于天子，
> 唯厥吏〔使〕乃子𢦚萬年辟事
> 天子，母〔毋〕又畀〔睪〕于厥身。」𢦚捧
> 韻首，對䰜〔揚〕王令〔命〕，用乍〔作〕文母
> 日庚寶隫鬻彝，用穆=夙〔夙〕夜隫〔尊〕
> 亯孝妥〔綏〕福，其子=孫=永寶茲剌〔烈〕。

這銘文最重要的是提供了𢦚率虎臣御淮戎之事，可見當是淮戎入侵，𢦚因防禦有功而受賜，這一點在時代的判定上是一個重要的訊息。

在器形方面，除了沒蓋與附耳外，與〈𢦚方鼎一〉大致是相同的，紋飾亦同。

就銘文內容來看，這和古籍所載穆王時徐戎（淮戎的一支）大舉入侵可以做聯想，當然沒有證據說百分之百是同一件事，但可能性是極高的。

〈𢦚鼎〉〔附圖二十〕：通高 22 公分、口徑 22.3 公分。〔註 57〕內壁鑄銘文五字：

> 𢦚乍〔作〕厥

〔註 56〕〈陝西扶風出土西周伯𢦚諸器〉，頁 52 的口縱徑與橫徑的記載可能顛倒，本文依據陝西省考古研究所、陝西省文物管理委員會等合編的《陝西出土商周青銅器》（二）（北京：文物出版社，1980 年），圖版說明第一〇〇號，頁 13，所列資料補正。

〔註 57〕〈陝西扶風出土西周伯𢦚諸器〉，頁 52。

隮鼒〔鼎〕。

器形：圓形，立耳，直口折沿，腹下部向外傾垂，三柱足，足下部的內側附鑄半圓形平臺，可能為托炭火的圓箄。鼎耳出土時斷，已修補。腹部的傾垂是西周中期鼎腹的特色。紋飾方面：頸飾顧首龍紋一周，龍首有角，且與兩件〈㦅方鼎〉的頸部紋飾大體相同，唯此器龍紋有足，而兩件方鼎是沒有的。

二、毀

毀有兩件，即上表之〈㦅毀一〉與〈白㦅作旅毀〉，以第一件最為重要：

〈㦅毀一〉〔附圖二十二〕：通高 21 公分、口徑 22 公分、腹深 12.5 公分〔註 58〕、重 5 公斤。〔註 59〕器蓋同銘，十一行每行十二字，行款工整，共一百三十四字（重文二字：子、孫）：

隹〔唯〕六月初吉乙酉，才〔在〕𡨄自，戎伐
[illegible]，㦅達〔率〕有嗣、師氏奔追鄧〔襲〕〔註 60〕戎于
䚄林，博戎䑣。朕文母競〔競〕敏[illegible]行，
休宕氒心，永襲氒身，卑〔俾〕克氒啻〔敵〕，
隻〔獲〕馘首，執訊二夫，孚〔俘〕戎兵：㨘〔盾〕、矛、
戈、弓、備、矢、裨、冑，凡百又卅又五
叙；寽〔捋〕戎孚〔俘〕人百又十又亖〔四〕人。衣〔卒〕
博，無𣪘〔咒〕于㦅身。乃子㦅拜䭫首，
對䚄〔揚〕文母福剌〔烈〕，用乍〔作〕文母日庚
寶隮毀。卑〔俾〕乃子㦅萬年，用夙〔夙〕夜
隮〔尊〕亯孝于氒文母，其子=孫=永寶。

此銘可與〈㦅方鼎二〉參照看，〈㦅毀一〉銘文提供了兩處地名：𡨄自與䚄林，這兩個地名關係著此次戰爭是否和徐戎入侵有關。另外，䑣在此亦應為地名（有學者認為指戎，非地名，詳下文），這三地判定時代上是很重要的關鍵。

〔註 58〕〈陝西扶風出土西周伯㦅諸器〉，頁 53。

〔註 59〕陝西省考古研究所、陝西省文物管理委員會等合編的《陝西出土商周青銅器》（二）（北京：文物出版社，1980 年），圖版說明第一〇號，頁 14。

〔註 60〕此字从丝相連，从止从卩，故隸定為鄧字，多數學者認為即御字，裘錫圭師認為可能讀為襲，見於〈關於晉侯銅器銘文的幾個問題〉，《傳統文化與現代化》1994 年第 2 期。陳美蘭〈金文札記二則——「追鄧」、「淖淖列列」〉（《中國文字》新廿四期）一文中有詳細討論，故本文同意這樣的意見。

𩫡字，上半从京省，下半从定，此字考古報告隸爲「臺」字，通「堂」字〔註 61〕，唐蘭先生同意這樣的意見，也認爲此字是堂字。〔註 62〕劉釗先生考釋則認爲當釋作「定」：

> 按字从「亼」从「[illegible]」，「亼」應爲京字之省，金文〈小臣俞尊〉言「王省[illegible]亼」，「亼」即京字之省。「[illegible]」字从「[illegible]」从「止」。古文字中「尚」字在與其它形體組合成複合形體時，常常可省去所从之「口」，「[illegible]」即「尚」之省，「[illegible]」从尚从止，應釋爲迭加的聲符，《說文》堂字籀文作「[illegible]」，《說文》謂从「京省聲」。堂可从京聲，定自然也可从「京」聲。古音定在定鈕陽部，京在見紐陽部，古見系與舌音常可通轉，二字疊韻，故「定」可加「京」字爲聲符。〔註 63〕

劉先生考釋詳細，其意見可從。臺字从亼（京省）从定，本文認爲亼爲意符兼聲，亼和定同音。在臺的地理位置方面，主要有兩種說法：一說以爲臺在河南一帶，一說則以爲臺在秦地，這二說又牽涉到同一銘文中的另兩個地名：䟹林和𢦔的考釋：

䟹林一地，據唐蘭先生的意見，認爲即「棫林」，地在涇水西，也就是扶風寶雞一帶：

> 棫字原作𩰫，下从[illegible]，即周字。𩰫林即棫林，大概由於在周原一帶，所以从周。《左傳》襄公十四年記晉國伐秦，「濟涇而次……至於棫林」。是棫林在涇水之西。《漢書・地理志》右扶風雍縣有棫陽宮，昭王起。……或說在寶雞附近。棫陽宮的名稱，應與棫林有關。那末，棫林舊地當在今扶風寶雞一帶。當時秦國都在雍，在今鳳翔縣南，寶雞縣北，晉兵本想攻雍，而逗留在棫林，可證。〔註 64〕

唐先生的說法由文獻及文字作爲根據，盧連成、張亞初與高西省幾位先生贊同這樣的意見，高先生補充幾點看法：

〔註 61〕〈陝西扶風出土西周伯𢦔諸器〉，頁 53。

〔註 62〕唐蘭〈用青銅器銘文來研究西周史——綜論寶雞市近年發現的一批青銅器的重要歷史價值〉，《文物》1976 年第 6 期，附錄「伯𢦔三器銘文的譯文和考釋」，頁 38。

〔註 63〕劉釗《古文字構形研究》，吉林大學博士論文，1991 年，頁 134～135。

〔註 64〕唐蘭〈用青銅器銘文來研究西周史——綜論寶雞市近年發現的一批青銅器的重要歷史價值〉，附錄「伯𢦔三器銘文的譯文和考釋」，頁 39。

一九七八年陝西武功出土的〈誅叔誅姬簠〉銘曰：「作伯媿媵簠」，顯而易見，誅國確是媿姓，是鬼方之國。所以張亞初先生根據《穆天子傳》的記載認為，〈㦰簋〉銘中……棫林在秦地。戎胡不但分布在山西南部，也活動在陝西西部一帶。山西南部是鬼方的主要活動地區之一。所以戎胡很可能是鬼方中的一支。筆者贊同唐蘭等先生的意見。其實，如果我們仔細檢討一下同墓所出的一些兵器就不難得出這樣的結論。伯㦰墓除了出土一批禮器外還出土兵器四件，其中一件短胡一穿戈係周人常見的式樣無可非議，另外三件與周常見的兵器截然不同，頗具特色。這三件器為我、殳和管銎斧。他們在周文化中是非常罕見的。這類殳、管銎斧廣泛分布於北方青銅文化或鄰近地區……北方式青銅器在周文化中是極少見的，在關中西部西周遺存中僅五見，除白草坡M1 及寶雞強國墓地各一件外，餘三件均出土於伯㦰墓，顯然是有所本的。在關中西部西周墓葬中特別是昭穆時期墓中似還未發現北方式兵器。……這些北方式（或北方）青銅器的出土與其銘文的記載是相符的，即這些青銅兵器很可能是㦰率其部屬與戎胡戰爭交流的結果。〔註65〕

高先生由同墓所出兵器的分析，切入角度與眾不同，然而同墓所出之器就算得於戰爭，也不一定就是銘文中的該役，㦰即受王命出征，則是否也參加了其他戰役，是可以考量的，再者，殳、我未必定為北方兵器，也可能是南方兵器，這方面也值得商討。

另一個重要的說法是李學勤先生的意見，李先生認為𩁹林或誅皆在東南一帶，誅為安徽阜陽，他論證是結合了〈彔尊〉、〈彔卣〉、〈遇甗〉、〈遇鼎〉與〈彔簋〉加以探究，他將這些器中提到的人名「伯雍父」（白雒父）解釋為「㦰」的字，也就是同一個人，在這樣的解釋下，這些器就能串連起來：

讀這些銘文可知，當時淮夷侵周，穆王命伯㦰帶領成周的武裝戍防，在誅國遇敵搏戰，取得勝利。後來，伯㦰又為穆王先省道，到過誅國。這個誅國，就是文獻中歸姓的胡國，在今安徽阜陽，是自成周通往淮水的必經要地。〔註66〕

〔註65〕高西省〈論㦰簋〉，《故宮文物月刊》第14卷第6期（1996年9月），頁89～90。

〔註66〕李學勤〈從新出青銅器看長江下游文化的發展〉，《文物》1980年第8期：又

裘錫圭師表示同意，並認爲〈𢦚段〉的「摶戎𤞷」即「摶戎於𤞷」，對於棫林他說：

> 《左傳．襄公十六年》記晉以諸侯之師伐許，「夏六月，次于棫林，庚寅，伐許，次于函氏」。杜注：「棫林，函氏，皆許地。」當時許都於葉，在今河南葉縣。《春秋大事表．列國都邑表》認爲棫林在葉縣東北，大致可信。淮戎入侵所至的棫林，應該就是這個棫林。〔註67〕

裘師的意見十分正確，黃盛璋先生也提出相同的看法。〔註68〕事實上地名的命定常有不同地而同名的現象，棫林乃以植被命名，異地同名的可能性很高，何況裘師也舉出了古書爲佐證，此說可從。關於𤞷（胡），裘師的意見是：

> 西周金文中所見的𤞷（胡）國，其所在地自然也以定在郾城爲宜。郾城在葉縣之東，二地相距一百餘里。棫林故地也在葉縣之東，跟郾城相距更近。所以，我們對棫林和胡二地的考定，跟〈𢦚簋〉所說的𢦚戎于棫林摶戎于胡的情況完全相合。〔註69〕

依李先生、裘師及黃盛璋先生的意見，〈𢦚段〉的戰役在河南淮水地帶，和淮夷是有關的，本文接受這樣的看法。

器形方面：侈口，有蓋，蓋上有圓形捉手，束頸垂腹，有雙耳，作鳥形，珥即鳥足，鳥首有冠，底有圈足。這樣在侈口加上大蓋，在西周早期是較少見的。

紋飾方面：全器華麗生動，鳳鳥紋成爲佔據觀看者的全部視線，器蓋與器腹的大片鳳鳥紋是全器的裝飾特色，這樣的鳳鳥紋和〈豐尊〉、〈豐卣〉腹部的紋飾是相似的，冠及尾皆儘可能地作花式，曲繞迴轉，加上雷紋作地紋，將整個紋飾襯得精美細緻而高雅生動，兩耳也生動地刻畫了羽毛的紋路，極其用心。高西省先生說：

> 特別在紋飾上完全改變了早期花紋程式化的格局，富有新的生

收錄於其《新出青銅器研究》（北京：文物出版社，1990 年 6 月）。此處引自後者，頁 265。

〔註67〕裘錫圭師〈說𢦚簋的兩個地名——棫林和胡〉，《考古與文物叢刊》第二號《古文字論集》（一），1983 年；又收入其《古文字論集》（北京：中華書局，1992 年 8 月）；此處引自後者，頁 388。

〔註68〕黃盛璋〈彔伯𢦚銅器及其相關問題〉，《考古與文物》1983 年第 5 期，頁 47。

〔註69〕裘錫圭師〈說𢦚的兩個地名——棫林和胡〉，《考古與文物叢刊》第二號《古文字論集》（一），1983 年；又收入其《古文字論集》（北京：中華書局，1992 年 8 月）；此處引自後者，頁 390。

> 機。……就紋飾看，雖通體布滿紋樣，但完全改變了的西周早期那種神秘、凝重、肅穆的格調，雖也仍以纖細的雷雲雷紋填地，但總體紋樣布局活潑，形象親切、生動。〔註70〕

高先生的這段話清楚指出〈㲋毀〉造形與紋飾在西周銅器風格轉化上的重要指標，的確，「豐諸器」和「㲋諸器」在造形和紋飾上表現出周人的特色來，由鳥紋在裝飾地位的改變也可以感受到這樣的時代變化，西周之前的最盛行的是獸面紋，而鳥紋中的「小鳥紋」在裝飾上常居於副的地位，這時流行的大型鳥紋以齒冠和長冠爲多，到了西周早中期之交，鳥紋改以「鳳鳥紋」爲主流，是花冠垂尾的造型，較之早期，尾部變化更多，尾部長而披垂或向首部傾垂，長尾開始與器身分離，此時鳳鳥紋居於主紋的地位，很快地成爲一股風潮，將獸面紋的主流時代置換了，這一點由〈㲋毀〉紋飾的成熟精美可以得到深刻的體認。

既然銘文和征淮夷有關，而器形紋飾方面又合於穆王時代，那麼其時代定在穆王，是合宜的。

〈白㲋乍旅毀〉〔附圖二十一〕：通高 14 公分、口徑 34 公分、腹深 12.5 公分。〔註71〕腹內底鑄銘文一行五字：

> 白〔伯〕㲋乍〔作〕旅毀。

此器形似盂，而自名爲毀，侈口、附耳、圈足，頸飾長尾鳥紋，並以雷紋填地、腹飾瓦紋、圈足飾弦紋二。

三、甗

〈㲋甗〉〔附圖二十一〕爲鬲甑合體的甗，通高 43 公分、口徑 30.5 公分、耳高 5.5 公分。〔註72〕侈口、二立耳，口沿下有一道弦紋，鬲下有一層煙炱。甑內壁有銘文三字：「㲋乍（作）旅」。

四、飲壺

飲壺有兩件，兩件形制有別：

甲器〔附圖二十四〕自名爲「畬觳」，通高 11 公分、口徑 14.5 公分、腹深 12 公分、重 1.08 公斤。〔註73〕器呈橢方，口呈圓形而外侈，下腹微鼓，腹

〔註70〕高西省〈論㲋毀〉，《故宮文物月刊》第 14 卷第 6 期（1996 年 9 月），頁 90～91。

〔註71〕〈陝西扶風出土西周伯㲋諸器〉，頁 54。

〔註72〕〈陝西扶風出土西周伯㲋諸器〉，頁 54。

〔註73〕〈陝西扶風出土西周伯㲋諸器〉，頁 54 的通高與口徑的記載可能顚倒，本文

鼓處兩側有象鼻造型的鋬，且高出器口。紋飾以頸部為主，飾長尾鳥紋，以雷紋作地，象鼻鋬飾有雲紋。腹內底有銘文一行五字：

白〔伯〕𢦏乍〔作〕酓〔飲〕壺〔壺〕。

飲壺自名為首次發現，造形新穎，尤以兩象耳鋬為最大特色，應可作為周人創作器形的象徵。

乙器〔附圖二十五〕通高 16.5 公分、口徑 16 公分、腹深 15 公分、重 2.6 公斤。〔註 74〕侈口、束腰、垂腹鼓出、腹鼓處亦有二象鼻形鋬，與甲器相較：乙器口較侈敞，腹鼓出明顯，再者乙器有珥，甲器象鼻鋬高出器口，乙器則較器口為低。乙器亦飾長尾鳥紋，以雷紋為地紋，不同者為乙器飾有浮雕獸首。腹內底鑄銘文五字：

白〔伯〕𢦏乍〔作〕旅彝。

雖器形有別，自名不同，但以其皆飾象鼻形鋬，而紋飾亦大同小異，乙器亦為學者稱為飲壺。

西周中期，傳統的小酒器爵、觶等漸少，而周人在這方面有飲壺、杯〔附圖二十六〕等在造形上的變化與嘗試，是否有意創造自己文化風格的器類以代替殷人的傳統呢？雖然飲壺的發現數量極少，但這種創新的精神卻是不容忽視的。

這個墓出土的器物給人最深刻的印象莫過於「創新」，學者將此墓中的「𢦏組器」定為穆王時代是正確的，穆王時代正是歷史文化的「轉捩點」，周人的風格漸漸置換西周早期仍襲用的殷人風格，自信地表現出新的銅器文化。此墓的考古報告對於紋飾做了時代前後的聯繫說明：

> 從花紋上看，它們不同於西周早期的莊嚴典重，又與西周晚期趨於簡單化的作風有別。主要器物上沒有早期流行的饕餮紋和標準夔紋，也沒有晚期常見的竊曲紋和環帶紋，簋、壺等器上都是鳥紋，而鳥紋又可分小鳥、大鳥和長尾鳥三種。成對的小鳥和垂冠不分尾的大鳥盛行於商代後期和西周早期，長尾鳥出現於西周初期，康、

依據陝西省考古研究所、陝西省文物管理委員會等合編的《陝西出土商周青銅器》（二）（北京：文物出版社，1980 年），圖版說明第一〇五號，頁 14，所列資料補正。

〔註 74〕〈陝西扶風出土西周伯𢦏諸器〉，頁 54；陝西省考古研究所、陝西省文物管理委員會等合編的《陝西出土商周青銅器》（二）（北京：文物出版社，1980 年），圖版說明第一〇六號，頁 14。

昭時開始變化，鳥冠變長且垂於鳥首之前，鳥尾與鳥身逐漸分離。同時期的大鳥也受這種作風的影響。西周中期共王以後，小鳥紋和不垂冠不分尾的長鳥紋、不垂冠不分尾的大鳥紋逐漸絕迹，而流行垂冠分尾的長鳥和垂冠分尾大鳥紋。這組銅器同時存在著小鳥紋、長鳥紋和垂冠不分尾的大鳥紋，說明它們的時代當在鳥紋前後變化的交替階段，也就是說處在西周中期之初的穆王時。〔註75〕

此墓所出的㦰組器就銘文內容來看，很可能和文獻中伐淮夷（徐夷）之事有關；再者，不管是器形或是紋飾，乃至於文字風格都呈現西周早中期的交集現象，由這樣的情況來評估，最適宜的斷代是由早期轉向中期的穆王時代，學者們將此組器定在穆王時代，是很可信的。

◎傳世器

傳世的㦰諸器共八件：〈彔卣〉二件（附圖二十七，此器二舊稱〈彔㦰卣〉本文正名爲〈彔卣〉）、〈彔毁〉三件〔不同銘，附圖二十八、二十九、三十〕、〈彔白㦰毁〉〔附圖三十四〕一件、〈白㦰毁〉〔附圖三十二〕一件、〈㦰毁二〉〔附圖三十三〕一件。這八件中有器形可考者爲〈彔㦰卣〉、兩件〈彔毁〉及〈㦰毁〉，共四件。這組器可能不全是同一人所作（後詳），但之前研究的學者或將這些器認爲是同人所作，爲了討論方便，這裡先將它們歸爲一組。本文先將這八件器七篇銘文（因爲〈彔卣〉二件同銘），隸定如下，以便做人物事件相關的說明：

△〈彔卣〉二件，六行四十九字（合文一：十朋）

王令㦰曰：「叡！淮尸〔夷〕敢
伐內國，女〔汝〕其㠯成周
自〔師〕氏戍于𠭯〔由〕自。」白〔伯〕雝
父蔑彔曆，易〔錫〕貝十朋〔合文〕，彔
拜䭫首，對䚄〔揚〕白〔伯〕休，用
乍〔作〕文考乙公寶隮彝。

△〈彔毁一〉五行三十二字（重文二：子、孫）

白〔伯〕雝父來自㝬，

〔註75〕〈陝西扶風出土西周伯㦰諸器〉，頁55。

蔑彔曆，易〔錫；賜〕赤金，
對𩁹〔揚〕白〔伯〕休，用乍〔作〕
文且〔祖〕辛公寶𩰫
𣪘，其子=孫=永寶。
△〈彔𣪘二〉二行十七字（重文二：子、孫）
彔乍〔作〕氒文考乙公
寶障𣪘，子=孫=其永寶。
△〈彔𣪘三〉二行九字
彔乍〔作〕文考乙
公寶障𣪘。
△〈𢦚𣪘二〉三行十七字（重文二：子、孫）含族徽一
𢦚乍〔作〕且〔祖〕庚障
𣪘，子=孫=其萬
年永寶用。[illegible]
△〈彔白𢦚𣪘〉十一行一百一十三字（重文二：子、孫；合文一：亖匹）
隹〔唯〕王正月辰才〔在〕庚寅。王若
曰：「彔白〔伯〕𢦚，繇！自乃且〔祖〕考又〔有〕
爵于周邦，右〔佑〕闢亖〔四〕方，叀〔惠〕弘〔弘〕
天命，女〔汝〕肇不家〔墜〕，余易〔錫；賜〕女〔汝〕𩰪鬯
一卣、金車：𠦪𠱰較〔較〕、𠦪弘〔弘〕朱虢
靳、虎冟㝨裏、金甬、畫
聞〔輡〕、金厄〔軛〕、畫轉、馬亖〔四〕匹〔合文〕、鋚勒。」
彔白〔伯〕𢦚敢捧手韻首，對〔對〕䣄〔揚〕
天子不〔丕〕顯休，用乍〔作〕朕皇考
釐王寶障𣪘，余其永邁〔萬〕年
寶用，子=孫=其帥井〔型〕受丝〔茲〕休。
△〈白𢦚𣪘〉五行三十一字（重文二：子、孫）
白〔伯〕𢦚肇其乍〔作〕西
宮寶，隹〔唯〕用妥〔綏〕神
褱，𠱾〔唬；效〕前文人，秉
德共〔恭〕屯〔純〕，隹〔唯〕匄萬

年子=孫=永寶。

這些器銘文中，〈彔卣〉記錄四項重要訊息：1．淮夷伐內國、2．地名[illegible]自、3. 伯雒父對彔作了賞賜、4．彔的父親是乙公。這四點可以與三件〈彔𣪕〉連繫起來：

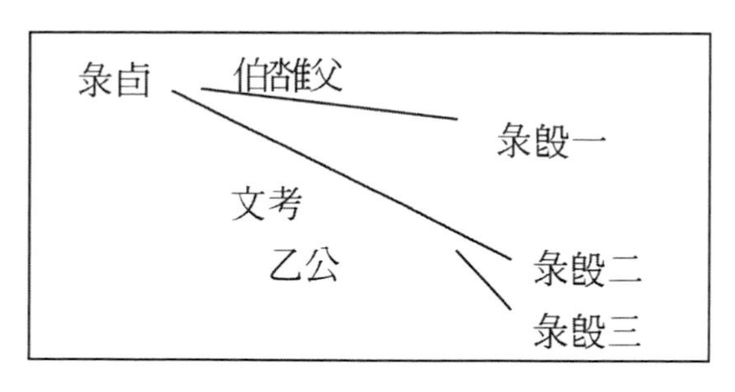

〈彔𣪕二〉稱其祖爲辛公，而〈戜𣪕二〉稱其祖的日名爲庚，兩者不同，再者〈戜方鼎一〉稱其祖爲乙公、〈戜方鼎二〉其父爲甲公，又〈彔白戜𣪕〉稱其父爲釐王（釐可能是美稱），不難看出戜諸器實包含四個作器人：

1. 父爲甲公、祖爲乙公的戜（伯戜）：1975 年扶風戜墓出土的〈戜方鼎一〉、〈戜方鼎二〉、〈戜鼎〉、〈戜𣪕一〉、〈白戜乍旅𣪕〉、〈戜甗〉、〈白戜飲壺一〉、〈白戜飲壺二〉八件。

2. 父爲乙公、祖爲辛公的彔：〈彔卣〉、〈彔𣪕一〉、〈彔𣪕二〉、〈彔𣪕三〉。

3. 祖日名爲庚的戜：〈戜𣪕二〉。

4. 稱其父爲釐王的彔伯戜：〈彔白戜𣪕〉。

另外〈白戜𣪕〉未提及父祖之名，可能是第一組的戜（又稱伯戜）所作，但未有明確的證據，所以暫不歸入第一組。

歷來研究戜諸器的時代的學者中，最早當推吳其昌及郭沫若兩位先生，吳先生因爲執著於曆朔，所論多不爲學者接受，他定〈彔卣〉（其文稱〈彔戜卣〉）、〈彔𣪕一〉、〈彔白戜𣪕〉、〈白戜𣪕〉爲宣王時器，便失之過晚，吳先生對器形、花紋留意不多，甚至很少以之爲斷代參考，他的錯誤既爲學術界論定，因此本文不再加以討論。郭沫若先生未見 1975 年戜諸器的出土，所以討論到的器皆爲傳世器，在《兩周金文辭大系》中，他列了〈彔卣〉（郭先生稱〈彔戜卣〉）、〈彔𣪕一〉（郭先生稱〈彔𣪕〉）、〈彔白戜𣪕〉、〈伯戜𣪕〉四件器，在考釋〈彔𣪕一〉時又提到〈彔𣪕二〉，所以他一共對五件戜諸器做了斷代的研究，他認爲時代都在穆王，並且認爲五器爲同人所作，在〈彔白戜𣪕〉的考釋中，他提到：

彔𢦚之考爲乙公，此復稱釐王，蓋乙公乃廟號，釐王乃生稱。〔註 76〕

郭沫若先生認爲「釐王」乃生稱，這一點應予說明，彔白𢦚作器時其父應已逝世，故稱考。又釐王是否即是〈彔毀〉銘文中的乙公，也可以再商討是否會將不同人誤合爲一人的問題。

唐蘭先生的《西周青銅器銘文分代史徵》舉列了八件𢦚諸器，但僅有隸定，未及注釋，故無法知道唐先生的意見。羅西章、吳鎭烽及雒忠如三位先生合撰的〈陝西扶風出土西周伯𢦚諸器〉一文對這組器中所載祖考日名的分歧現象做了以下的解釋：

這座墓葬的死者爲伯𢦚。過去出土的伯𢦚器，據《攈古錄》和《三代吉金文存》等書著錄的有〈彔𢦚卣〉、〈彔𢦚尊〉、〈彔簋〉、〈彔伯𢦚簋〉和〈伯𢦚簋〉等八件。有器形可考的三件與這次出土的伯𢦚器的花紋及造型作風相同，〈彔簋〉頸部及蓋沿飾長鳥紋，耳作豎冠鳥形，下腹向外傾垂，〈彔𢦚卣〉頸部和蓋上亦飾鳥紋，下腹向外傾垂，和此墓出土的伯𢦚器同一作風，銘文字體也如出一手。這兩批器物有相同的人名，除伯𢦚外還有伯雍父，這兩批器物記述的事件相同，都與伐淮夷有關。因此，我們認爲：這兩批器物的伯𢦚應是一人。不同之點是此墓伯𢦚稱其父爲文考甲公或烈考甲公，〈彔𢦚卣〉稱其父爲文考乙公；此墓伯𢦚稱其祖父爲文祖乙公；此墓伯𢦚稱其祖父爲文祖乙公，〈彔簋〉稱其祖父爲文祖辛公。這應作何解釋呢？我們知道，商周時人凡祖妣以上均稱祖妣，父輩均稱父，因此，「文祖乙公」和「文祖辛公」應同是𢦚的祖輩，「文考甲公」和「文考乙公」均爲𢦚的父輩，不必是一人。〔註 77〕

這樣的解釋，學者間有不同的意見，其中以李學勤先生的看法最值得留意，李先生認爲彔與𢦚是二人，這樣的意見是很具突破性的：

𢦚讀爲終，義爲盡、止，雍意爲閉塞，𢦚和雍是一名一字。伯雍父官職爲師氏，簡稱師，故又稱師雍父。〔註 78〕

〈彔尊〉、卣「王命𢦚曰：『𠭯，淮夷敢伐內國，汝其以成周師氏戍

〔註 76〕郭沫若《兩周金文辭大系》（臺北：臺灣大通書局），頁 54。

〔註 77〕〈陝西扶風出土西周伯𢦚諸器〉，頁 55、60。

〔註 78〕李學勤〈從新出青銅器看長江下游文化的發展〉，《文物》1980 年第 8 期；又收錄於其《新出青銅器研究》。此處引自後者，頁 265。

于古𠂤。』伯雍父蔑彔曆，……」䧹和伯雍父明爲一人，對王而言稱其名，對己而言稱其字。至於〈彔伯䧹簋〉，時代不同，應該是另一人所製。〔註 79〕

裘錫圭師也支持李先生的看法，〔註 80〕李先生的意見解決了〈彔卣〉銘文中「䧹」、「伯雍父（白雒父）」、「彔」的問題，如果䧹與白雒父非一人，那麼就很難解釋該銘中何以始記王對䧹的命令，而後就記白雒父對彔賜貝之事的突兀現象。既然䧹與彔非一人，這件器就應正名爲〈彔卣〉，而不應再沿用舊名。

現在本文所分出的四組中，傳世器占了三組，第二組（父爲乙公、祖爲辛公）的彔既然與䧹（白雒父）同銘出現，他們的時代是相同的。就器形及花紋來看，〈彔卣〉頸部飾長尾鳥紋，〈彔段一〉的蓋與器頸亦飾長尾鳥紋，這種紋飾和〈白䧹乍旅段〉及兩件〈白䧹飲壺〉所飾的紋飾可以連繫上，又〈彔段一〉的兩耳造形和〈䧹段〉是同樣設計理念的姊妹之作，這些現象更可說明䧹和彔的器是同一時代的。這些器在銘文的內容及器形、紋飾都適合定在穆王時期，本文將第一組（父名甲公、祖稱乙公的䧹所作器）及第二組（父稱乙公、祖稱辛公的彔所作器）皆定爲穆王時代三級器。

至於〈彔白䧹段〉，李學勤先生已指出是不同時代的作品，黃盛璋先生也認爲此器時代應更晚：

過去著錄彔䧹銅器中有一件〈彔伯䧹卣〉，銘文最長，字體也較晚，和上述兩組彔䧹銅器顯有不同〔註 81〕，特別是賞錫之物相當優厚，也具西周後期冊命賞錫的一些特點。〔註 82〕

由李、黃兩位先生的意見可知此器時代當在西周中期以下。

另外，〈白䧹段〉的時代本文不排除與䧹有關，由於此器非䧹墓所出器，變因較大，所以暫定爲穆王時代四級器。〈䧹段二〉就其字體寫法來看，障字酋上的兩筆作八字形，應在恭王以後，子孫二字的寫法也可能時代要晚於穆王，所以這幾件器本文不列入穆王時代器。

〔註 79〕同上註，頁 271。

〔註 80〕裘錫圭師〈說䧹簋的兩個地名——棫林和胡〉，《考古與文物叢刊》第二號《古文字論集》（一），1983 年；又收入其《古文字論集》（北京：中華書局，1992 年 8 月）；此處引自後者，頁 391。

〔註 81〕黃盛璋先生所說的兩組是將 1975 年出土的䧹器列爲一組及傳世器列爲另一組，故說兩組。

〔註 82〕黃盛璋〈彔伯䧹銅器及其相關問題〉，頁 48。

第五節　師雄父組器

器名	各家斷代意見								
	郭沫若	吳其昌	容庚	陳夢家	唐蘭	銘文選	吳鎮烽	劉啟益	殷周金文集成
䱷鼎一 02721－1222	穆王	宣王	成王		穆王	穆王	穆王	穆王	西周中期
䱷鼎二 01964－0612								穆王	早期或中期
遇甗 00948－1666	穆王	宣王	成王	康王	穆王	穆王	穆王	穆王	西周中期
寓卣 05381－5461								穆王	西周中期
作冊寓鼎 02756－1139						中期		穆王	早期或中期
稛卣 05411－5490	穆王	宣王	成王		穆王	穆王	穆王	穆王	西周中期
臤尊 06008－4884	穆王		成王		穆王	穆王	穆王	穆王	西周中期
白雄父盤 10074－6704						穆王	穆王	穆王	西周中期

在上一組（𢦏組器）中李學勤先生提出𢦏即白雄父（師雄父），因此在這一組的八件銅器的時代就應與𢦏組器相同，這一組的八件器銘文中提到師雄父的占了五件，其他三件作器人屬名爲「䱷」、「寓」，下面將銘文提及師雄父（白雄父）的器先以討論：

一、提及師雄父及成𣄰自、事㝬侯諸器

這些器共有五件，其銘文如下：

△〈䱷鼎一〉〔附圖三十五〕六行三十一字

佳〔唯〕十又一月，師

雄父衜〔省〕道至

于㝬，䱷從。其

父蔑䱷曆，易〔錫；賜〕

金。對揚〔揚〕其父
休，用乍〔作〕寶鼎。

△〈遇甗〉〔附圖三十六〕七行三十八字（重文一：侯）
隹〔唯〕六月既死霸
丙寅，師雒父戍
才〔在〕由自，遇從。師
雒父肩史〔使〕遇事
于䵼侯=，(侯) 蔑遇曆，
易〔錫；賜〕遇金，用乍〔作〕旅
甗〔甗〕。

△〈稽卣〉〔附圖三十七〕蓋六行，器四行，器蓋同銘
四十二字（重文二：子、孫），含族徽一
稽從師雒〔雒〕父戍于
由自，蔑曆，易〔錫；賜〕貝卅
寽，稽拜䭫首對揚〔揚〕
師雒〔雒〕父休，用乍〔作〕文
考日乙寶障彝，
其子=孫=永寶〔福〕。戉。

△〈㲃尊〉〔附圖四十〕五行五十三字（重文二：子、孫），銘文右行
隹〔唯〕十又三月既生霸丁卯，㲃
從師雒〔雒〕父戍于𠂤〔由〕自
之年，㲃蔑曆，仲競〔競〕父易〔錫〕
赤金，㲃拜䭫首，對揚〔揚〕競〔競〕父
休，用乍〔作〕父乙寶旅彝，其子=孫=永用。

△〈白雒父盤〉〔附圖三十一〕一行七字
白〔伯〕雒父自乍〔作〕用器。

以上五篇銘文除了〈白雒父盤〉外，其共同特點是作器人都是師雒父的部屬，並且提及戍于𠂤〔由〕自或事䵼侯之事，應是同時代的器物，另外〈䵼鼎二〉〔附圖三十八〕銘文僅「䵼乍〔作〕寶鼎」四字，但很有可能與〈䵼鼎一〉是同一作器人。

〈䵼鼎〉器形爲立耳圓鼎、腹下部鼓出，已有中期的特徵，但整體看來

早期的風格仍存、三柱足；紋飾方面頸飾長尾鳥紋，值得留意的是尾與身體已分離。

〈遇甗〉甑部為侈口立耳、腹微鼓；鬲部腹成三袋狀下承三柱足。甑部三袋狀腹各飾一獸面紋。

〈白雒父盤〉乃 1975 年陝西扶風𢦏墓所出，與兩件〈𢦏方鼎〉、〈𢦏𣪘〉、〈白𢦏乍旅𣪘〉、〈𢦏鼎〉及〈𢦏甗〉一同出土，李學勤先生由此提出𢦏為名，白雒父為字的說法。通耳高 15.5 公分、口徑 44 公分、腹深 10.5 公分。〔註 83〕此器器形甚為特殊：厚唇有流，流甚寬、兩附耳、器腹與流相對應處有鋬。頸飾一周回首捲尾夔紋，銘文在腹底。在造型上，如同該墓所出各器皆富新穎的創意，此器有流，更兼實用性質。

二、〈乍冊寓鼎〉

〈乍冊寓鼎〉〔附圖四十一〕有銘文五行四十一字，由於銘文拓片不清楚，所以隸定上參考《商周青銅器銘文選》第三二二號〈寓鼎〉之隸定：

> 隹〔唯〕二月既生霸丁丑，王
> 才〔在〕葊京鼒□。戊寅，王
> 蔑寓曆。事〔使〕𪊲〔諄〕大人。易〔錫；賜〕
> 乍〔作〕冊寓□𢦏。寓𢷎䭫
> 首，對王休，用乍〔作〕䵼彝。

銘文中未提供有關斷定為穆王時代的充足條件，劉啓益先生將此器（其文稱為〈寓鼎〉）與〈寓卣〉（其文稱〈寓卣〉）〔附圖三十九〕列為穆王器，他的說法如下：

> 與以上兩𣪕器同一人所作之器尚有〈𣪕鼎乙〉（銘文「𣪕乍寶鼎」，《三代》2.42.8）、〈寓鼎〉（銘文「隹一月既生霸，才葊京。□□蔑寓曆，□□乍冊寓〔拜稽〕首對王休，用之」，《三代》3.51.2）、〈寓卣〉（銘文「寓對揚王休，用乍幽尹寶䵼彝，其永寶用」，《三代》13.36.3），字體均與〈寓鼎甲〉相同，時代也應相同，惟未見圖形，故不論述。〔註 84〕

首先對劉先生這段話應說明的：引文的第一行「以上兩𣪕器」是指〈𣪕鼎一〉

〔註 83〕〈陝西扶風出土西周伯𢦏諸器〉，頁 54。
〔註 84〕劉啓益〈西周穆王時期銅器的初步清理〉頁 369 註 13。

（其文稱爲〈䣊鼎甲〉）及〈遇甗〉，因爲劉先生認爲䣊與遇爲一人；第二行所稱的〈寓鼎〉即本文所稱的〈乍冊寓鼎〉，劉先生顯然將寓字釋作寓字，並認爲「䣊」、「遇」與「寓」是一人名的不同寫法，這一點是值得商議的，寓字从禺而寓字从禹，禺與禹非同字，不應混淆才是，至於䣊與遇是否爲一人，並不影響其時代的判定，因爲銘文中都提到了師雝父；第四行的〈寓卣〉實當稱爲〈寓卣〉，作器人爲寓；又第六行的〈寓鼎甲〉當作〈䣊鼎甲〉。

本文認爲〈乍冊寓鼎〉、〈寓卣〉沒有足夠證據判定爲穆王時代器，所以不收入穆世器中。在這組器中〈䣊鼎一〉、〈遇甗〉、〈稛卣〉、〈臤尊〉及〈白雝父盤〉與㦰組器是同一時代的，本文將之列爲穆王時代三級器，又〈䣊鼎二〉很有可能與〈䣊鼎一〉爲同人所作，故亦列爲穆王時代三級器。

第六節　競組器

器名	各家斷代意見							
	郭沫若	吳其昌	容庚	陳夢家	唐蘭	銘文選	劉啟益	殷周金文集成
中競𣪕 03783—2396		宣王	後期		穆王		穆王	西周晚期
白遲父鼎 02195—0813		宣王			穆王			西周中期
縣改𣪕 04269—2786	穆王	宣王			穆王	穆王	穆王	西周中期
競卣一 05425—5503	穆王	宣王		康王	穆王	穆王	穆王	西周中期
競卣二 05154—5293					穆王		穆王	西周早期
競𣪕 04134—2661 04135—2662	穆王	宣王			穆王	穆王	穆王	西周早期
競鼎 ⧄—⧄					穆王		穆王	
競尊 05796—4700					穆王		穆王	早期或中期
競盉 ⧄—⧄					穆王		穆王	

這一組器包含了九件器，其中〈競鼎〉、〈競盉〉僅唐蘭先生《西周青銅器銘文分代史徵》中存其目而未示銘文，故本文列其目而不予討論。其餘七件器主要的人名是——競〔竸〕，除此之外，由銘文也可與白屖父聯繫，所以本文在初步繫聯時將這些器合在一組，這一節將做更仔細的討論：上一組器（師雍父組器）中的〈臤尊〉提到了「中竸父」，〈中竸毀〉也提到「中竸」。〈競卣一〉與〈競卣二〉、〈競尊〉皆提到父乙，所以這三件器的競是同一人。〈競卣一〉提到了白屖父，所以〈縣改毀〉也應和〈競卣一〉是同時代器，至於〈白遅父鼎〉有「白遅父」之名，白屖父於白遅父是否一人仍可研議，唐蘭先生將〈白遅父鼎〉定爲穆王時代器，故本文亦將此器列入討論。

由於「中竸父」和「競」可能一爲字一爲名，若然，則「中竸父」可能就不是「競」，而是二人；當然「字」也有省略形式，完整的「字」實爲「排行＋字＋父或甫」的結構，「父」或「甫」爲男子美稱，常可省略，而排行也是可以省略的，那麼「競」就可能是「中竸父」省去了排行和男子美稱的父字，不過還有一個前提，就是「竸」和「競」是同字異體，〈㦰毀一〉銘文有竸字，可能競作竸有其時代特徵，可以再研究。如果這個前提不能成立，那麼就不能說「競」是「中竸父」的省稱。對於「中竸父」與「競」是否是一人存在著變數，本文爲了謹慎起見，乃細分爲二組來討論：

一、〈中竸毀〉

〈中竸毀〉〔附圖四十二〕爲唐蘭與劉啓益先生定爲穆王時代器，唐蘭先生未及交待其理由，而劉先生則是認爲中竸（其文作競）即〈臤尊〉銘文中的中竸父。〔註85〕本文也認爲〈臤尊〉「中竸父」與〈中竸毀〉皆作「竸」字，不排除是同一人的可能性。此器高16.4公分、寬26.3公分、重3.12公斤〔註86〕，銘文二行十三字（重文一：子）：

中〔仲〕竸〔競〕乍〔作〕寶毀，其

萬年子=孫永用。

器形方面：橢方形毀、子母口、失蓋、下腹微向外鼓出、獸首銜環耳、平底、下有圈足，圈足下有四柱足，甚短。造形奇異，腹部占的比例顯得很

〔註85〕同上註，頁339。

〔註86〕唐復年輯《西周青銅器銘文分代史徵器影集》（北京：中華書局，1993年8月），「圖版說明」頁52。

小，四足短小很不協調。紋飾方面：頸部飾變體獸形紋、圈足飾斜角紋雲雷紋。

這件器《殷周金文集成》定爲西周晚期器，主要的考量可能是器形。由於這件器有可能是〈臤尊〉銘文中的中競父所作，但囿於證據不強，可商榷的餘地仍大，所以列爲穆王時期可能器（四級器）。

二、競作器與白屖父相關器

競作的器中〈競卣一〉提到戍於南尸〔夷〕，於是有學者認爲戍南尸和穆王伐淮夷有關，又將競與〈臤尊〉的中競父等同，推證競組器爲穆王時代器。〈競卣一〉與〈競毁〉是中心器，銘文中提到了白屖父，所以〈縣改毁〉也可以繫聯起來：

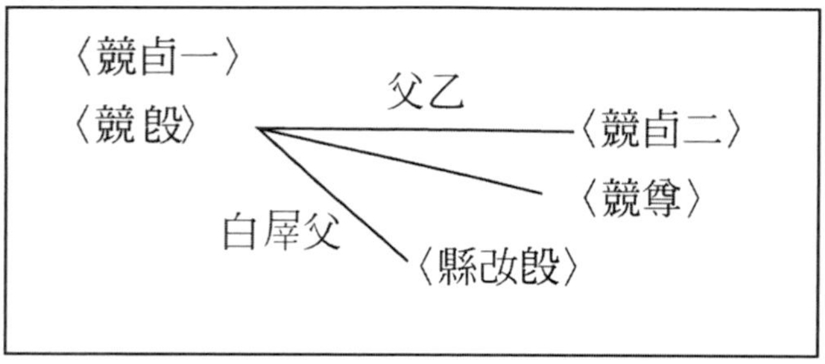

這五件器的銘文如下：

△〈競卣一〉〔附圖四十三〕器蓋同銘，八行五十三字

（重文二：子、孫）

隹〔唯〕白〔伯〕屖父㠯成自

即東，命戍南尸〔夷〕。正

月既生霸辛丑，才〔在〕

[illegible]，白〔伯〕屖父皇競，各

于官，競蔑曆，賫〔賞〕競

章〔璋〕，對䣝〔揚〕白〔伯〕休，用乍〔作〕

父乙寶障彝，子=孫=

永寶。

△〈競卣二〉〔附圖四十四〕一行五字

競乍〔作〕父乙䡴。

△〈競毁〉〔附圖四十五〕二件同銘，四行三十二字

隹〔唯〕六月既死霸壬申，
白〔伯〕屖父蔑卂〔御〕史競曆，
賓〔賞〕金，競㚸〔揚〕白〔伯〕屖父休，
用乍〔作〕父乙寶隮彝設。

△〈競尊〉〔附圖四十六〕一行五字
競乍〔作〕父乙䡛。

△〈縣改設〉〔附圖四十八〕八行八十六字（重文二：孫、子）
隹〔唯〕十又二月既望辰才〔在〕壬午，白〔伯〕屖
父休于縣改曰：「觑！乃任縣白〔伯〕
室。易〔錫；賜〕女婦爵、㚸之[illegible]、周〔琱〕玉
黃[illegible]。」縣改每〔敏〕[illegible]〔揚〕白〔伯〕屖父休，曰：
「休白〔伯〕哭趦卹縣白〔伯〕室，易〔錫；賜〕君我
隹〔唯〕易壽，我不能不眔縣白〔伯〕
萬年保。」肄敢[illegible]于彝曰：
「其自今日，孫=子=母〔毋〕敢望〔忘〕白〔伯〕休。」

關於這幾件器的時代，郭沫若先生首先提出穆王說，在〈競卣一〉的考釋時提出的理由是：

> 此器花紋形制與〈彔刻卣〉如出一範，決爲同時之器無疑，疑屖父即刻之字也。……作器者之競與〈臤觶〉（憲仁案：即〈臤尊〉）之仲䮃父殆亦一人。〔註87〕

郭先生的意見現在看來是該修正了，據李學勤先生的意見刻之字爲白雒父而非白屖父。那麼，郭先生的理由只有器形花紋可爲參考。馬承源先生主編的《商周青銅器銘文選》在考釋〈縣改設〉的「白〔伯〕屖父」一條做了以下的注解：

> 亦見於〈競卣〉、〈競簋〉。〈競卣〉銘記「伯屖父以成師即東，命戍南夷」事，器主即〈臤尊〉銘文所載參預伐淮夷的仲競父。〈臤尊〉爲穆王時器，伯屖父與競爲同一時代人，所以〈縣改簋〉亦定爲穆王時器。〔註88〕

這樣的意見仍有可商之處，前文說過中䮃父是否是競還是懸而未定的問題，銘文中同名的例子不少，雖然他們同與伐淮夷有關，但是伐淮夷的周王不只

〔註87〕郭沫若《兩周金文辭大系》（臺北：臺灣大通書局），頁66。
〔註88〕馬承源主編《商周青銅器銘文選》第三冊，頁124。

一位，學者肯定的如穆王和厲王，都曾討伐過淮夷。

這些器的器形與紋飾可能在早期至中期：

〈競卣一〉：蓋上有橢方形捉手，蓋兩側有尖狀突起、器頸微凹、有提梁兩端飾浮雕獸首、腹垂鼓、下有圈足，整個器看起來較矮。在紋飾方面：蓋及頸皆飾一周鳥紋，長尾與身分離，器身正面及背面頸部紋飾中間皆飾有浮雕獸首。

〈競卣二〉：此器較〈競卣一〉爲高，蓋兩側無尖狀突起。頸飾兩道弦紋，中間有浮雕獸首。

〈競毀〉：兩件毀的器形和花紋相同，侈口、束頸、垂腹、兩耳有珥、圈足頗高，頸飾獸面紋。

〈競鼎〉與〈競盉〉〔圖四十九〕在造形都近於西周早期，鼎腹與西周早期的圓鼎近同，而盉則較近於〈士上盉〉，皆表現出西周早期的風格來。

〈縣改毀〉：侈口、頸微束、兩半環耳有珥、腹下部微鼓、下接圈足。頸飾一周長尾鳥紋，長尾與身分離，頸飾正反面皆有浮雕獸首。

另有〈白遟父鼎〉〔附圖四十七〕二行六字，其銘如下：

白遟父

乍□鼎〔鼎〕。

白遟父與白屖父是否爲一人是關鍵之處，就銘文內容來看不能得到訊息，觀其器形紋飾：附耳、唇甚厚、腹底較平、三柱足有蹄足的特徵；頸飾紋飾變體獸形紋，就此紋飾來看時代應較穆王時期爲晚。

此組器中除了〈白遟父鼎〉可能較晚外，其他器仍有可能是穆王時代，但證據並不充足，所以本文將它們列爲穆王時代可能器（四級器）。

第七節　庚贏組器

器名	各家斷代意見						
	郭沫若	吳其昌	陳夢家	唐蘭	銘文選	劉啟益	殷周金文集成
庚贏卣 05426－5504	康王	康王	康王	穆王	康王	穆王	西周早期
庚贏鼎 02748－1248	康王	康王		穆王	康王	穆王	西周早期

學者們慣將此二器並提。〈庚贏鼎〉今只見《西清古鑑》摹本，作器人庚贏的贏字作「𡚱」，由〈贏季卣〉05240—5498之贏字寫法（如右圖）可知𡚱應是圖中的贏字這一形摹寫失眞的字形（卩和女常互用）。因此這一組的兩件器應是同一作器人。

△〈庚贏卣〉〔附圖五十〕器蓋同銘，器五行，蓋七行，皆五十三字（重文二：子、孫；合文一：十朋）

隹〔唯〕王十月既望，辰

才〔在〕己丑，王逄于庚

贏宮，王蔑庚贏曆，

易〔錫；賜〕貝十朋〔合文〕，又丹一柝，庚

贏對揚〔揚〕王休，用乍〔作〕

乒文姑寶障彝，其

子=孫=萬〔萬〕年永寶用。

△〈庚贏鼎〉〔附圖五十一〕六行三十七字（合文一：十朋）

隹〔唯〕廿又二年亖〔四〕

月既望己酉，王

客𡨦宮，衣〔卒〕事。丁

子〔巳〕，王蔑庚贏麻〔曆〕，

易〔錫；賜〕𩰬𩰫〔璋〕、貝十朋〔合文〕。對

王休，用乍〔作〕寶鼒〔鼎〕。

這組器的時代有兩種意見，一者以爲康王，一者以爲穆王。郭沫若先生提出康王說，學者多從之。郭先生從多方面來論證他的看法：

> 此卣字體亦與〈盂鼎〉等爲一系，而下〈庚贏鼎〉尤與〈盂鼎〉形制相彷彿，故以次于康世。

> 此廿二年四月既望己酉與〈小盂鼎〉廿五年八月既望甲申，中置一閏月可無齟齬。〔註89〕

郭先生的意見對此二器的斷代有很大的影響。陳夢家先生對〈庚贏卣〉的鳥紋做了探討。但本文要強調的是陳先生在探討時所列的康王器如〈彔卣〉、〈靜

〔註89〕郭沫若《兩周金文辭大系》（臺北：臺灣大通書局），頁43。

卣〉等都不是康王時代的器物，他將白雒父（師雒父，其文皆用雍字）當作康王時期的人物〔註 90〕，所以他在花紋上的研究因爲這些失誤而所歸納的結論自然也就應再商議了。我們知道銅器的斷代研究以銘文內容最爲重要，學者們由紋飾、器形所做的斷代研究，也受銘文斷代的啓發，否則光由紋飾和器形要說某器爲某個王世，這樣根本難以服人。《商周青銅器銘文選》就曆算而論：

> 隹廿又二年四月既望己酉：西周康王廿二年四月既望乙酉日。據《年表》爲公元前一〇四九年四月戊子朔，二十二日得己酉，與月相「既望」合。〔註 91〕

這個意見只能做爲參考。器形上，此器爲提梁卣，蓋上有捉手，兩側有尖狀突起、腹鼓垂、下有圈足；器蓋及腹飾垂冠顧首鳳鳥，頸及圈足皆飾鳥紋，長尾與身體分離，並上捲。就器形紋飾來看，有可能是西周早期偏晚到西周中期，與本文定穆王時代的三級器〈豐卣〉、〈豐尊〉、及四級器〈靜毀〉在紋飾上相近，因此這器不排除爲穆世器的可能。就銘文風格來看「王」、「又」、「孚」、「年」、「永」諸字皆有肥筆，宀字旁的兩端多爲尖角，西周早期風格明顯，不太可能在恭王以後，加上紋飾考量，穆王時代器的可能性增加，本文將之列爲穆王時代四級器。

〈庚嬴鼎〉爲《西清古鑑》卷三之摹本，器不可見，然就摹本王字末筆仍有肥筆來看，時代應不會晚於穆王，本器與〈庚嬴卣〉應是同一作器人，所以本文將之列爲穆王時代四級器。

第八節　貉子組器

器　名	各家斷代意見				
	郭沫若	陳夢家	唐蘭	銘文選	殷周金文集成
貉子卣 05409—5485 —5486	康昭	康王	穆王	中期	西周早期
己侯貉子毀蓋 03977—2533	康昭		穆王	中期	西周中期

〔註 90〕陳夢家〈西周銅器斷代（三）〉，《考古學報》1956 年第 1 期，頁 91～93。
〔註 91〕馬承源主編《商周青銅器銘文選》第三冊，頁 37。

貉子組器包含二件，未必是一人所作，此組器唐蘭先生定爲穆王時代器，郭沫若先生則定爲康昭時期，陳夢家先生定爲康王，《殷周金文集成》則一爲早期器、一爲中期器，是以定於早期的意見爲多，而《商周青銅器銘文選》則以爲中期器。這二件器的銘文爲：

△〈貉子卣〉〔附圖五十二〕二件，六行三十六字

唯正月丁丑，王各于
呂[illegible]，王牢于[illegible]，
咸俎〔宜〕。王令士道
歸貉子鹿三，貉
子對䝞〔揚〕王休，
用乍〔作〕寶障彝。

△〈己医貉子毀蓋〉〔附圖五十三〕四行十九字

己医〔侯〕貉子分
己姜寶，乍〔作〕毀。
己姜[illegible]用[illegible]
用匃邁〔萬〕年。

郭先生所持的意見爲：「由字觀之，此名宗周初葉康昭時器。」而他認爲以上二器是同人所作，可由字體爲證。〔註 92〕陳夢家先生則由排比康王銅器及大鳥花紋的繁盛時期，而將時代定爲康王。〔註 93〕唐蘭先生則未有明確地交待理由。

〈貉子卣〉二件而器制稍有別，本文稱全器的爲甲，稱失蓋的爲乙：甲器蓋有橢圓形捉手，蓋兩側有尖狀突起、有提梁、腹下部垂鼓、有圈足。乙器失蓋及提梁，腹鼓出處較甲器爲上，圈足較甲器爲高。二器皆飾鹿紋，與銘文相應。

〈己医貉子毀蓋〉：僅存蓋，其花紋爲垂冠長尾顧首鳳鳥紋，和〈靜毀〉腹部的紋飾近似。

這組器可能不是一人所作，《殷周金文集成》分別定〈貉子卣〉爲早期器而〈己医貉子毀蓋〉爲中期器，其意見值得參考。本文認爲〈己医貉子毀蓋〉應是早中期器，由於只存蓋，很難說是否是穆王時代器，就字體風格來看，「毀」

〔註 92〕郭沫若《兩周金文辭大系》（臺北：臺灣大通書局），頁 198。
〔註 93〕陳夢家〈西周銅器斷代（五）〉，頁 118。

字末筆仍有波磔現象，「灰」、「年」字還有肥筆，「寶」字交角仍尖，是存有早期的現象，所以不排除是穆王時代的可能，本文將此器定爲穆王時代四級器。至於〈貉子卣〉就銘文風格來看對比毀蓋來得早，本文不考慮將之列入穆王時代器。

第九節　井白組器

器名	各家斷代意見								
	郭沫若	吳其昌	容庚	陳夢家	唐蘭	銘文選	劉啟益	張聞玉	殷周金文集成
師遽方彝 09897—4977	懿王	恭王		恭王	穆王	恭王	恭王		西周中期
徒毀 04244—2776	恭王	孝王		恭王	恭王	恭王	懿王	穆王	西周晚期
曶壺蓋 09728—5798	孝王	厲王			穆王	孝王			西周中期
利鼎 02804—1290	恭王	恭王	恭王	恭王	恭王	恭王	穆王		西周中期
利毀 03580—2237							穆王		西周早期

這一組器中包含了五件器，〈師遽方鼎〉、〈曶壺蓋〉、〈利鼎〉都提到了井白（或井白），這幾處銘文中的井白〔伯〕未必是同一個井白；〈師遽方彝〉爲唐蘭先生認爲銘文中的利即井利，而劉啓益先生認爲〈利毀〉與〈利鼎〉爲同一作器人，可能也是井利，本文將這些器一併討論。首先將這六件器的銘文隸定如下：

△〈師遽方彝〉〔附圖五十四〕器六行、蓋八行，器蓋同銘，六十七字（合文一：百世）〔註 94〕
佳〔唯〕正月既生霸丁酉，
王才〔在〕周康寢〔寢〕卿〔饗〕醴，師
遽蔑曆晉，王乎〔呼〕宰利
易〔錫；賜〕師遽瑚圭一、環〔環〕章〔璋〕

〔註 94〕李學勤先生認爲當隸定爲「酟」字，讀爲世而非百世合文。參李學勤〈論長安花園村兩墓青銅器〉，《文物》1986 年第 1 期，頁 39。

☰〔四〕，師遽拜頧首，敢對
䣄〔揚〕天子不〔丕〕顯休，用乍〔作〕
文且〔祖〕也公寶障彝，用
匃萬年亡彊，百世〔合文〕孫子永寶。

△〈徒㲃〉〔附圖五十五〕存八行七十字
隹〔唯〕王十又二年三月既望
庚寅，王才〔在〕周，各大室，即
立〔位〕。嗣馬井白〔伯〕▨右徒，王
乎〔呼〕乍冊尹▨徒，𩨍足〔胥〕
□，易〔錫；賜〕女〔汝〕赤▨旂，用
孝。」徒敢拜頧首，對䣄〔揚〕王
休，用自乍〔作〕寶障㲃，徒其
罘𠂤子=孫=萬年永寶用。

△〈曶壺蓋〉〔附圖五十六〕二十五行一百零四字（重文二：子、孫）
隹〔唯〕正月初
吉丁亥，王
各于成宮。
井公內右
曶，王乎〔呼〕尹
氏冊令〔命〕曶，
曰：「更乃且〔祖〕
考乍〔作〕冢嗣
土于成周
八自〔師〕，易〔錫；賜〕女〔汝〕
𩰫鬯一卣，
玄袞衣、赤
市幽黃、赤
舄、攸勒、䜌
旂，用事。」曶
拜手頧首，
敢對䣄〔揚〕天

子不〔丕〕顯魯
休令〔命〕，用乍〔作〕
朕文考釐
公隮壺，𠠱
用匃萬年
覺〔眉〕壽，永令
多福，子=孫=
其永寶用。

△〈利鼎〉〔附圖五十七〕八行七十字
唯王九月丁亥，王客〔各〕
于般宮，井白〔伯〕內〔入〕右利
立中廷，北鄉〔嚮〕。王乎〔呼〕乍命
內史冊命利，曰：「易〔錫；賜〕女〔汝〕赤
8市、䜌旂，用事。」利㨜䭫
首對䣊〔揚〕天子不〔丕〕顯皇休，
用饮〔作〕朕文考濄白〔伯〕隮鼎，
利其萬年子孫永寶用。

△〈利𣪘〉〔附圖五十八〕二行六字
利乍〔作〕寶
隮鼒彝。

這幾件器實都沒有足夠理由判定爲穆王時代器，〈徒𣪘〉乃張聞玉先生由曆算推之，張先生所推器物年代多與學者不合；〈𠠱壺蓋〉爲唐蘭先生推定爲穆王時代器，但其理由並未詳細提出，唐先生僅在器銘後附上一句：「井公似在穆王後期。」〔註95〕明顯地是很難說服人的。〈師遽方彝〉及〈利鼎〉和〈利𣪘〉分別由唐蘭及劉啓益先生提出，劉先生對〈利𣪘〉斷代所持的理由如下：

> 此簋的形制與〈廿七年衛簋〉相同，變形龍紋與〈服方尊〉頸部的紋飾相同，故我們把它的時代定爲穆王。《穆天子傳》中有「井利」，由於〈利簋〉的時代與之相當，此簋之「利」有可能是《穆天子傳》中之「井利」。〔註96〕

〔註95〕唐蘭《西周青銅器銘文分代史徵》，頁400。
〔註96〕劉啓益〈西周穆王時期銅器的初步清理〉，頁356。

在此段文字後又做了附注：

> 《今本竹書紀年》記穆王二十二年「毛公班、共公利、逢公固帥師從王伐犬戎」，此處之「利」也有可能是共公利。今本紀年被視爲僞書，故誌之備忘。〔註 97〕

對於〈利鼎〉，劉先生的說明爲：

> 此器的時代諸家均定爲共王。郭沫若說銘文中的「般宮」與「邢伯」均見於七年趞曹鼎，吳其昌說此處之「利」即《穆天子傳》之「井利」，這些意見都是值得重視的，因此，〈利鼎〉之「利」與〈利簋〉之「利」應是一人，其器形未見，我們暫把它附入穆王時期銅器中。〔註 98〕

劉先生的意見以有可商量的態度提出，應也表示對〈利鼎〉在斷代上的不肯定。本文認爲〈師遽方彝〉、〈利殷〉與〈利鼎〉皆非穆王時代器。至於這一組所討論到的器，其時代也都應在穆王以後，目前學者較傾向於認定這些器的時代在恭王、懿王或者更晚。

第十節　白懋父組器

器名	各家斷代意見								
	郭沫若	吳其昌	容庚	陳夢家	唐蘭	張光遠師	銘文選	劉啟益	殷周金文集成
小臣謎殷 04238－2760 04239－2761	成王	成王	成王	成王	昭王	成王	康王	穆王	西周早期
沈子也殷蓋 04330－2834	昭王	成王	成王		穆王		康王		西周早期
師旂鼎 02809－1298	成王		成王	康王	穆王	成王	康昭	穆王	西周中期
小臣宅殷 04201－2731	成王	成王	成王	成王	穆王	成王	康王	穆王	西周早期
呂壺 09689－5762	成王	成王	成王		昭王	成王	康昭	穆王	西周早期
御正衛殷 04044－2584	成王	成王	成王	成王		成王	昭王	穆王	西周早期

〔註 97〕同上註，頁 370 注 22。

〔註 98〕同上註，頁 357。

白懋父組器共有六件，除了〈沈子也設蓋〉外，五件銘文中都提到了「白〔伯〕懋父」（或懋父），〈小臣宅設〉銘文中有同公，於是本文將被唐蘭先生定為穆王時代器的〈沈子也設蓋〉附入此組討論，但須聲明的是，本文並不是肯定兩處的同公是一人，因為同公是可以世襲的稱呼，本文收在一組，只為便於處理。這六篇銘文的隸定如下：

△〈小臣謎設〉〔附圖五十九〕兩件，器蓋同銘，八行六十四字

戲！東尸〔夷〕大反，白〔伯〕懋父
㠯殷自征東尸〔夷〕，唯
十又一月，遣自𣪕自，述
東陕，伐海眉，雩氒復
歸才〔在〕牧自。白〔伯〕懋父承
王令易〔錫；賜〕自逵征自五
齵貝。小臣謎蔑曆，眔
易〔錫；賜〕貝，用乍〔作〕寶障彝。

△〈沈子也設蓋〉〔附圖六十二〕十三行一百四十九字（重文一：顯）

也曰：「搸䭫首，敢取卲〔昭〕告朕
吾考：令乃鴅沈子乍〔作〕級于周公
宗，陟二公，不敢不級。休同公克成
妥〔綏〕吾考，㠯于顯=受令。烏
虖〔呼〕！隹〔唯〕考𡰥☐念自先王先公，
迺妹克衣〔卒〕告剌〔烈〕成工〔功〕。戲！吾考
克淵克，乃沈子其顋褱〔懷〕多公能福。
烏虖〔呼〕！乃沈子妹克蔑，見猒〔厭〕
于公，休沈子肇斁弜貯嗇，
乍〔作〕丝〔茲〕設，用𩰫鄉〔饗〕己公，用狢多公，其
丮哀乃沈子也唯福，用水霝〔靈〕令〔命〕，
用妥〔綏〕公唯壽，也用褱〔懷〕𡗝多弟
子我孫，克又〔有〕井〔型〕斆〔效〕，懿父迺☐子。

△〈師旂鼎〉〔附圖六十〕八行七十九字

唯三月丁卯，師旂眔僕不
從王征于方。䡰吏〔使〕氒友引

目告于白懋父，才〔在〕莽，白〔伯〕懋
父迺罰得㬎由三百寽，令弗
克氒罰。懋父令曰：「義〔宜〕𢱭〔播〕！
𠭰！氒不從氒右征，今毋〔毋〕𢱭〔播〕，
㫷〔其〕又內〔納〕于師旂。」引目告中
史書。旂對氒質于障彝。

△〈小臣宅設〉〔附圖六十四〕六行五十二字（重文一：子）
隹〔唯〕五月壬辰，同公才〔在〕豐
令宅事白〔伯〕懋父，白〔伯〕易〔錫〕
小臣宅畫毌、戈九、昜、
金車、馬兩，𠭯〔揚〕公、白〔伯〕休，
用乍〔作〕乙公障彝，子=孫
永寶，其萬年用卿王出〔出〕入。

△〈呂壺〉〔附圖六十一〕四行二十一字
唯三月，白懋父
北征，唯還，呂行
㦰〔捷〕，爰𩡧〔馬〕〔註99〕，用
乍〔作〕寶障彝。

△〈御正衛設〉〔附圖六十五〕四行三十三字
五月初吉甲申，
懋父賁〔賞〕卬〔御〕正衛
馬匹自王，用乍〔作〕
父戊寶障彝。

就銘文內容來看，和時代有關的爲幾點：1、白懋父是否見於古籍？2、東夷大反的可能時代，及 3、地名𦋚自、東陕、海眉、牧自、五；4、白懋父又北征；5、王曾親征（〈師旂鼎〉）。這個王世的戰事應是很多，王的親征之外白懋父又征了東夷和北方，王親征的地點據郭沫若先生的考釋是「盂方」：

于方當即卜辭所屢見之盂方，其地當在今河南睢縣附近。〔註100〕

陳夢家先生反對將「于方」視爲一名詞，他認爲于是介系詞，王所征的地方

〔註99〕此字或以爲「貝」（馬承源主編《商周青銅器銘文選（三）》，頁59）。
〔註100〕郭沫若《兩周金文辭大系》（臺北：臺灣大通書局），頁26。

是「方」：

> 方是北方名，《詩．小雅．出車》「往城于方」，〈六月〉「侵鎬及方」，鄭箋云「鎬也方也皆方之地名。」武丁卜辭所伐之方，即此方。〔註101〕

唐蘭先生則又做了另一種解釋，在斷句上他是這樣斷的：「師旂眾僕不從王征于方雷，吏氒友……」，他做了考證，認爲方雷在漢房子縣附近，今元氏縣、新河縣、寧晉縣一帶。〔註102〕

這樣三人的說法不同，郭先生以爲在河南，陳先生以爲在北方，而唐先生則認爲在河北一帶。金文中未有在伐的對象前加于字的例子，陳夢家先生的說法可能有問題，而郭先生及唐先生的說法又不足爲定論，所以實在很難說確切的地點，不過與白懋父相關的銅器銘文中伐東夷佔了很大的比例，筆者懷疑王所征的地點很可能也在東方。

目前這些器以成王說和穆王說爲主要兩派說法，東夷的戰事在成王和穆王都曾發生，〈小臣謎段〉的地名應在東方，由其記載五齵貝之事，應到了海邊。然而這些訊息都沒能提供重要的證據以爲斷代的理由。

白懋父也是學者們關心的問題，郭沫若先生在考釋〈小臣謎段〉時提出白懋父爲文獻上的康伯髦的看法：

> 白懋父亦見〈小臣宅毀〉及〈呂行壺〉（憲仁案：即〈呂壺〉），〈宅毀〉云隹五月壬辰，同公在豐，令宅事伯懋父。」壺銘云「唯四月，伯懋父北征。」同公亦見〈沈子簋〉，乃周初人，則伯懋父亦即周初人也。言「㠯殷八𠂤」者，則其所封在殷舊地可知。《逸周書．作雒解》「周公立相夫子，三叔及殷東徐奄及熊盈以畔。……俾康叔宇于殷，俾中旄父宇于東。」孫詒讓《周書斠補》云「中旄父蓋即康叔之子康伯也。《史記．衛世家》云『康叔卒，子康伯代立。』《索隱》云『《系本》康伯名髡，宋忠云即王孫牟也。』按《左傳》稱王孫牟父是也。牟髡聲相近，故不同耳。梁玉繩據杜氏《春秋釋例．世族譜》衛世系云康伯髦，謂《索隱》引《世本》髡當作髦。其說甚確。蓋髦音近牟，故小司馬云『聲相近』，若作！髡則於聲殊遠，其說不可通矣。髦與旄聲類亦同，故此作中旄父也。」今案本銘之白懋父

〔註101〕陳夢家〈西周銅器斷代（二）〉，《考古學報》第十冊，1955年12月，頁86。
〔註102〕唐蘭《西周青銅器銘文分代史徵》，頁315～316。

即康伯髦、王孫牟父、中旄父也。中乃字之譌，懋牟髦旄乃聲之通轉，康則康叔之舊封邑也。〔註103〕

器制均當在周初。此毀又言征東夷事，且上文云「以殷八自」，下文云「歸在牧自」，足知牧即殷郊牧野，而白懋父必係周初人而封于殷者。《逸周書·作雒解》「俾康叔宇于殷，俾中旄父宇于東」，孫詒讓謂中旄父即康叔之子康伯髦，《左傳》昭十二年之王孫牟父。余謂亦即此白懋父。懋牟髦旄均同紐，而幽宵音亦相近。中蓋字之譌也。中白形近，草書作𠁩，尤近，故致譌誤。〔註104〕

郭先生的說法有很大的影響，一直在現在多數研究上古史及古器物學的學者仍採用郭說。唐蘭先生提出不同的看法，他的說法直接撼動這些器的斷代：

按《穆天子傳》穆王東征曾至于房，即房子，那末，此器（憲仁案：指〈師旂鼎〉）或是穆初。據此，則伯懋父的活動，可能是昭末穆初。也未必即是康伯髦了。疑伯懋父爲祭公謀父，謀懋聲近。祭公謀父在昭穆之際，時代正合。〔註105〕

這兩說大體以聲韻證成，並對應古籍，本文認爲企圖將銘文和古籍對應是很好的研究方向，但是若強要達到出土文物和古書相結合而造成牽強的情況，就成了反效果。白懋父是否能在古書中找到相應的人名很值得商榷。

白懋父除了見於上面所引到的各器外，還見於被認定爲昭王器的〈召尊〉、〈召卣〉：

△〈召尊〉〔附圖六十三〕七行四十六字；〈召卣〉亦同，然各行字數稍有不同：二器同銘，舉卣銘文如下：

唯九月，才〔在〕炎自，甲
午，白〔伯〕懋父賜〔錫；賜〕召〔召〕
白〔伯〕馬，妦黃𤇾敳，用
𣎵不〔丕〕环。召〔召〕多用追于
炎不簪白懋父
吝，召〔召〕萬年永
光，用乍〔作〕團宮肇彝。

〔註103〕郭沫若《金文叢考》（臺北：臺灣大通書局），頁330～331。
〔註104〕郭沫若《兩周金文辭大系》（臺北：臺灣大通書局），頁23。
〔註105〕唐蘭《西周青銅器銘文分代史徵》，頁317。

這個召伯顯然是召公奭的後代，召公是長壽的，一直活到康王時代，第二代的召公〔召白〕繼承時年齡也應不小，輩分與成王同，由白懋父錫以馬的情況來看，銘文中的召白至少是第三代的召白了，時代應在昭王，唐蘭先生定〈䵼尊〉及卣爲昭王時代器是很正確的。白懋父既然活動於昭王時，那麼他活動的時代可能是康昭或昭穆，甚而康昭穆三朝，但主要的活動時期應在昭王。

馬承源先生主編的《商周青銅器銘文選》認爲白懋父的相關器在康王到昭王時期，其說法主要是依據郭沫若先生的意見，又參考了《左傳．昭十二年》:「昔我先王熊繹，與呂級、王孫牟、燮父、禽父，並事康王。」的記錄，認爲白懋父爲康王時人。〔註 106〕劉啓益先生則贊同唐蘭先生的看法，認爲白懋父是祭公謀父，將有關白懋父的器定在穆王時期，他在器形做了比對，另一方面也就銘文的內容與文獻繫聯：

> 《書．呂刑》記載穆王時以金作贖刑，〈師旂鼎〉所記以罰金抵罪，正是以金作贖刑的反映，從這一點來說，它的時代不能早於穆王，也是十分明白的。〔註 107〕伯懋父爲文獻中的何許人，眾說紛紜，有人把伯懋父當作中旄父，並說他就是康伯髦和王孫牟父，有人辨明伯懋父不是中旄父，但卻把他當作是康伯髦和王孫牟父。中旄父見於《逸周書．作雒》，他是武成時人，康伯髦是康叔封的兒子，《史記．衛世家》索隱引宋忠說他「事康王爲大夫」，並說他就是王孫牟，《左昭十二年》也明記王孫牟爲康王時人，但本組銅器從形制與事類（以罰金抵罪）分析非穆王莫屬，上述人物皆離此較遠，應與此無涉。我在〈西周康王時期銅器的初步清理〉一文中，把〈召尊〉、〈召卣〉的時代定爲康王，因此，伯懋父的活動經歷了康、昭、穆三個王世，時代包括康王後期至穆王前期。〔註 108〕

劉先生在器形及花紋上下了很大的功夫做爲論證，在方法上是很重要的，我們知道器形和花紋有助於時代的斷定。另外，以罰金抵罪做爲是穆王時代的論據之一，雖文獻有呂刑之說，不過本文認爲在穆王作呂刑之前，周代一定有一套辦法或是一種傳統習慣專對不遵守制度或命令的行爲做處理，因此穆王作呂刑也應解釋爲對之前賞罰制度的更改與修正，而非創造。所以要說〈師

〔註 106〕馬承源主編《商周青銅器銘文選》第三冊，頁 50。
〔註 107〕劉啓益〈西周穆王時期銅器的初步清理〉，頁 346。
〔註 108〕劉啓益〈西周穆王時期銅器的初步清理〉，頁 348。

旂鼎〉的罰金抵罪一定在穆王時代，還有商榷餘地。下面將這幾件器器形和花紋做一說明：

〈小臣謎段〉：兩件，器形銘文皆同。蓋上有捉手，捉手兩側各有一方形孔、口微侈、頸微束、腹微鼓、兩附耳，最頂部高過口沿、腹下有圈足，圈足下又有三足，作扁狀，足末作圓塊狀。紋飾簡單僅頸部有二道弦紋。造形罕見，難做比對。

〈師旂鼎〉：立耳平沿、束頸、垂腹，腹部比例上寬大於深甚多、三柱足；紋飾方面：頸飾長尾垂冠鳥紋。整個來看，有穆王時代的可能性。

〈小臣宅段〉：侈口、頸微束、腹下部垂鼓、高圈足、兩半環耳有珥，珥作鉤狀。紋飾簡單，頸有道弦紋，兩面如有一浮雕獸首，耳亦有浮雕獸首，但較爲凸起且較小，耳飾變體獸形紋。器形上可能由西周早期偏後到西周中期。

〈呂壺〉：器今不知去向，由《西清古鑑》卷十九的圖來看，是貫耳壺，腹作橄欖狀，較接近西周早期的風格。

〈御正衛段〉：侈口、頸微束、腹下部垂鼓、有圈足、兩半環耳有珥。頸飾一週顧首夔紋，兩耳飾浮雕獸首。

以上討論的這五件器，以〈師旂鼎〉的形制較近於中期，其他各器西周早期的可能性較高，這和本文推測白懋父的時代爲康昭是相合的，當然不排除跨到穆王，不過〈師旂鼎〉就紋飾來看，可以視爲昭王時代器，且器形上也可說得通，所以這五件器本文都不列入穆王時代器。至於〈沈子也段蓋〉只留下蓋，器身已不可得，蓋的紋飾以方格爲界，中飾乳釘紋，銘文風格都適宜斷在西周早期，也不太可能是穆王時代的器物。

第十一節　免組器

器名	各家斷代意見							
	郭沫若	吳其昌	容庚	陳夢家	唐蘭	銘文選	劉啟益	殷周金文集成
免段 04240—2762	懿王	夷王	懿王	懿孝	穆王	懿王	懿王	西周中期
免匿 04626—2703	懿王	夷王	懿王	懿孝	穆王	懿王	懿王	西周中期
免尊 06006—4880	懿王	夷王	懿王	懿孝	穆王	懿王	懿王	西周中期

免盤 10161－6778	懿王	夷王	懿王	懿孝	穆王	懿王	懿王	西周中期
史懋壺 09714－5785	懿王	夷王	懿王	懿孝	穆王	恭王	懿王	西周中期

這一組以〈免尊〉作爲繫聯的中心器，因爲該器銘文中除了作器人免外，也提到了史懋，於是本文將〈史懋壺〉也收入這組中。這組包含的五件器中有四件是免所作的，這四件的銘文風格一致，時代也一致，應是同一人所作。銘文中提到的史懋和前面本文所討論的白懋父是兩個人，這由器形風格及銘文內容的差異可以看出。下面是這五件器的銘文隸定：

△〈免毁〉〔附圖六十六〕六行六十四字

隹〔唯〕十又二月初吉，王才〔在〕周，昧
爽，王各于大廟，井弔〔叔〕有〔右〕免即
令〔命〕，王受〔授〕乍〔作〕冊尹者〔書〕，卑〔俾〕冊令
免，曰：「令女〔汝〕足〔胥〕周師嗣𢿌〔廩〕，易〔錫〕
女〔汝〕赤8市，用事。」免對䍙〔揚〕王休，
用乍〔作〕障毁，免其萬年永寶用。

△〈免�〉〔附圖六十七〕四行四十四字

隹〔唯〕三月既生霸乙卯，王才〔在〕周，
令免乍〔作〕嗣土，嗣奠〔鄭〕還𢿌眔
吳〔虞〕眔牧，易〔錫〕戠衣、䜌。對䍙〔揚〕王休，
用乍〔作〕旅𩰫彝，免其萬年永寶用。

△〈免盤〉〔附圖六十九〕三行三十三字

隹〔唯〕五月初吉，王才〔在〕周，令乍〔作〕冊
內史易〔錫〕免鹵百𨻰，免蔑靜
女王休，用乍〔作〕般〔盤〕盉，其萬年寶用。

△〈免尊〉〔附圖六十八〕五行四十九字

隹〔唯〕六月初吉，王才〔在〕奠〔鄭〕，丁亥，
王各大室，井弔〔叔〕有〔右〕免，王蔑
免曆，令史懋易〔錫〕免載市冋
黃，乍〔作〕嗣工。對䍙〔揚〕王休，用乍〔作〕
障彝，免其萬年永寶用。

△〈史懋壺蓋〉〔附圖七十〕五行四十一字

隹〔唯〕八月既死霸戊寅，

王才〔在〕葊京溼宮，窺〔親〕令

史懋路筭〔筮〕，咸。王乎〔呼〕伊白〔伯〕

易〔錫〕懋貝，懋拜䭫首

對王休，用乍〔作〕父丁寶壺。

這五件器皆被唐蘭先生認定爲穆王時代器，唐先生並未提出有力的理由來。學者們如馬承源、劉啓益先生等對此組器已有共識，認爲是懿王前後的器物，當然它們都不是標準器，而且未能和傳世文獻對應上，但是由井叔任右者及伊白同時任職於中央的各器推測，其時代當在西周中期偏後，不太可能早到穆王時代，所以本文不將此組器收入穆王時代器中。

第十二節　弭弔組器

器　名	各家斷代意見			
	吳其昌	唐蘭	銘文選	殷周金文集成
弭弔盨一 04385—3014		穆王		西周晚期
弭弔盨二 04430—3061		穆王	懿孝	西周晚期
弭弔鬲 00572—1418 00573—1417 00574—1419		穆王		中期或晚期
弭白匜 ▨—▨	宣王	穆王		
弭弔師汞段 04253—2771 04254—2772		穆王	懿孝	西周晚期

這一組器包含八件器，其中〈弭弔鬲〉三件同銘、〈弭弔師汞段〉兩件同銘，這八件器都提到弭弔或弭白，當然不見得是指同一人，這種情況就像井白、周公一樣是世襲的，世代可能同稱，爲了討論方便，本文將這些器歸爲一組。其銘文隸定如下：

△〈弭弔盨一〉〔附圖七十二〕二行十一字

弭弔〔叔〕乍〔作〕旅鎮〔盨〕，
其萬年永寶用。

△〈弭弔盨二〉〔附圖七十三〕四行二十二字（重文二：子、孫）
隹〔唯〕五月既生
霸庚𡰥〔寅〕〔註109〕，弭弔〔叔〕
乍〔作〕弔〔叔〕班旅須〔盨〕，
其子=孫=永寶用。

△〈弭弔鬲〉〔附圖七十一〕共三件同銘，一行六字
弭弔〔叔〕乍〔作〕犀妊齋。

△〈弭白匜〉〔附圖七十四〕二行十三字
弭白〔伯〕乍旅也〔匜〕，
其子=孫=永寶用。

△〈弭弔師汞𣪘〉〔附圖七十五〕二件同銘，七行七十二字（重文二：子、孫）
隹〔唯〕五月初吉甲戌，王才〔在〕𠱿，
各于大室，既立〔位〕中廷，井弔〔叔〕
內右師汞，王乎〔呼〕尹氏冊命
師汞：「易〔錫〕女〔汝〕赤舄、攸勒，用楚〔胥〕
弭白〔伯〕。」師汞拜𩒨首敢對䚄〔揚〕
天子休，用乍〔作〕朕文且〔祖〕寶𣪘，
弭弔〔叔〕其萬年子=孫=永寶用。

唐蘭先生將這些器定在穆王時代，在《西周青銅器銘文分代史徵》一書中，他將兩件〈弭弔盨〉及三件〈弭弔鬲〉與〈弭白匜〉附在〈弭弔師汞𣪘〉後，這樣的處理似乎是認定〈弭弔師汞𣪘〉爲穆王時代器，而其他器因爲相關而附入穆王時代，但不管如何，這些器定在穆王時代恐怕證據很不充足，而也難爲學術界同意。

〈弭弔師汞𣪘〉和〈弭弔鬲〉、〈弭弔盨一〉爲同墓所出〔註110〕，時代上

〔註109〕此字字形似午、寅，《商周青銅器銘文選》以爲寅，可從。

〔註110〕段紹嘉〈陝西藍田縣出土弭叔等彝器簡介〉，《文物》1960年第2期，頁9～10。
郭沫若〈弭叔簋及訇簋考釋〉，《文物》1960年第2期，頁5～8。

應在西周中期偏晚到西周晚期，〈弭白匜〉器今不可見，僅見摹本及圖繪，其時代也不能早到穆王，〈弭弔盨二〉僅存器蓋，就銘文風格來看可能要到西周晚期了。

這組的器物都不可能定在穆王時代，所以本文不將它們列入穆王時代器。

第十三節　守宮組器

器　名	各家斷代意見					
	吳其昌	陳夢家	唐蘭	銘文選	劉啟益	殷周金文集成
守宮盤 10168—6785		懿孝	穆王	懿王	懿王	西周中期
守宮鳥尊 05959—4841	孝王		穆王	懿王		早期或中期
守宮觥 09297—4923			穆王			西周早期
守宮卣一 05359—5444			穆王			西周早期
守宮卣二 05170—5300			穆王			西周早期
守宮爵 ⍁—⍁ ⍁—⍁			穆王			

唐蘭先生將守宮組器定在穆王時代，《商周青銅器銘文選》及劉啓益先生則以爲〈守宮盤〉是懿王器代器，《殷周金文集成》在時代的認定上又有不同，認爲這些器或爲早期或爲中期。〈守宮鳥尊〉、〈守宮觥〉、兩件〈守宮卣〉及〈守宮爵〉有可能是同一人所作，但仍無法排除爲不同人所鑄。《西周青銅器分代史徵》將〈守宮盤〉獨立置於卷五中的最後，而「守宮諸器」則置於附件一，該書由唐復年先生整理而成，附件一爲唐蘭先生所立之目而未及考釋者，我們不能知道唐先生是否有意將「守宮諸器」與〈守宮盤〉繫聯在一起，不過唐先生對這些器的斷代理由卻都未加交代，因此只能由銘文及器形紋飾來檢定唐先生的斷代是否合理。下面是這些器的銘文：

△〈守宮盤〉〔附圖七十九〕七行六十六字（重文三：周、子、孫）

隹〔唯〕正月既生霸乙未，王

才〔在〕周=，〔周〕師光守宮事，鄺周

師，不〔丕〕䢼易〔錫；賜〕守宮絲束、𦼮
幎〔幔〕五、𦼮𡨦二、馬匹、毳布
三、𢍰□三、𡊟朋。守宮對
𩰫〔揚〕周師釐，用乍〔作〕且〔祖〕乙䵼，
其𨚕子=孫=永寶用，勿遂〔墜〕。

△〈守宮鳥尊〉〔附圖七十六〕二行十二字
守宮𩰫〔揚〕王休，乍〔作〕
父辛䵼，其永寶。

△〈守宮觥〉〔附圖八十〕二行十字
守宮乍〔作〕父辛
䵼彝，其永寶。

△〈守宮卣一〉〔附圖七十七〕二行十字
守宮乍父辛
䵼彝，其永寶。

△〈守宮卣二〉〔附圖七十八〕一行五字
守宮乍〔作〕父辛。

△〈守宮爵〉〔附圖八十一〕二件同銘，一行五字
守宮乍父辛。

這幾件器的銘文未直接說明其時代，〈守宮盤〉中有「𨚕子孫」的用法，在時代上可能是穆王以下，根據李學勤先生的研究這樣的用法最早見於穆王，而流行於西周中期。〔註 111〕其他的器字數少，提供的材料有限，所以實在缺乏足夠而有力的證據來說明這些器是穆王時代器。

第十四節　雁公組器

器　名	各家斷代意見				
	陳夢家	唐蘭	銘文選	劉啟益	殷周金文集成
雁公方鼎 02150—0773 02151—☐		成王	中期	穆王	西周早期

〔註 111〕李學勤〈論長安花園村兩墓青銅器〉，頁 34。

雁公毁 03477—2097 —2098 3478—☐				穆王	西周早期
雁公卣 05177—☐				穆王	西周早期
雁公觶 06174—6405	成康			穆王	西周早期

雁公組器共六件，雁字古籍作應，雁公爲世襲封君之號，雁公之子亦可稱雁公，故在斷代上這類人稱常有游移餘地，不過這組器很可能是同人所作，這組器多素面而銘文風格內容大致相同，時代風格也同，但爲謹慎，本文仍不排除是兩代作器。首先將銘文隸定如下：

△〈雁公方鼎〉〔附圖八十二〕，二行六字

雁〔應〕公乍〔作〕

寶障彝。

△〈雁公毁〉〔附圖八十三〕二件同銘，二行六字

雁〔應〕公乍〔作〕

肇彝。

△〈雁公卣〉〔附圖八十四〕蓋器行款不同，一爲二行六字，一爲一行六字

雁〔應〕公乍〔作〕

寶彝。

△〈雁公觶〉〔附圖八十五〕一行二字

雁〔應〕公。

陳夢家先生在〈西周銅器斷代（五）〉中列了十二件雁公銅器，並皆斷代爲成康，劉啓益先生則擇出其中兩件〈雁公方鼎〉、〈雁公卣〉及兩件〈雁公毁〉定爲穆王時代，主要的論證在器形和花紋，對於〈雁公觶〉則持較保留的態度：

> 〈應公觶〉的形制較爲特殊，銘文「應」字从一「目」，「公」字下部不合口，字體作風也較其他諸器爲早，這位「應公」是不是其他諸器之「應公」，它的時代是否屬於穆王，尚有待於研究。〔註112〕

可見劉先生對於〈雁公觶〉也持疑，這件器顯然沒有足夠的證據定在穆王時

〔註112〕劉啓益〈西周穆王時期銅器的初步清理〉，頁362。

代。至於其他的幾件則由器形上來看可以斟酌：

〈雁公方鼎〉：二件，銘文形制相同。立耳、腹下部垂鼓、四柱足。足部比例較前文討論過的〈戜方鼎〉爲大，且也沒有內曲的現象。可能是西周早期到中期的器。

〈雁公毁〉：二件，銘文形制相同。侈口、束頸、兩半環形耳，珥作象鼻形、腹下部垂鼓、下有圈足。頸有兩道弦紋。器形上看很可能是西周早期器。

〈雁公卣〉：劉先生所據爲《西清古鑑》卷十八的器形圖，此圖爲提梁卣，子母口、失蓋、腹明顯鼓出，使器形看起來較矮扁、有圈足。由於是繪圖，所以不免失眞。

這些器都沒有明確地證據定在穆王時代，而器形或紋飾因爲可游移的餘地較大，所以本文暫不收入穆王時代器。

第十五節　效組器（含效父、[illegible]父組器）

器　名	各家斷代意見					
	郭沫若	吳其昌	陳夢家	唐蘭	銘文選	殷周金文集成
效父毁 03822—2405 —2406 03823—2404	孝王之前	孝王		穆王	早期	西周早期
效卣 05433—5511	孝王	孝王		穆王	恭王	西周中期
效尊 06009—4885		孝王	康王	穆王	恭王	西周早期
[illegible]父方鼎 02453—0997 02454—0998 02455—0999	孝王之前	孝王		穆王		西周早期

這一組器事實上內容包含了「休王」及「效」相關銘文，由於效父與效是否爲一人，存有爭議，所以本文不得不先說明。若效父是字，那麼效可能是效父的省稱，當然也可能兩者沒有關係，暫且置於一組討論。其銘文如下：

△〈效父毁〉〔附圖八十六〕三行十四字（視[illegible]爲一字）

休王易〔錫〕效父[illegible]〔金〕

三，用乍〔作〕氒寶

隮彝。[illegible]。

△〈效卣〉〔附圖八十八〕、〈效尊〉〔附圖八十七〕

同銘，皆七行六十七字（重文二：子、孫），〈效卣〉蓋行款有別，依卣器銘隸定：

隹〔唯〕亖〔四〕月初吉甲午，王藿于

嘗。公東宮內鄉〔饗〕于王，易〔錫〕公

貝五十朋〔合文〕。公易〔錫〕氒涉子效王休

貝廿朋〔合文〕。效對公休，用乍〔作〕寶

隮彝。烏虖〔呼〕！效不敢

不邁〔萬〕年夙〔夙〕夜奔徒〔走〕，䫉〔揚〕

公休，亦其子=孫=永寶。

△〈[illegible]父方鼎〉〔附圖八十九〕三件，三行十二字

休王易〔錫〕[illegible]

父貝，用乍〔作〕

氒寶隮彝。

關於這一組器中的「休王」，郭沫若先生曾提出休王即孝王的看法，後來在修訂時於其書附入修改意見於書欄上的空位：

〈[illegible]父齋〉與〈效父毀〉，舊以誤解「休王」爲孝王，故以列于孝世，今案殊不確。器制與字體均有古意，當在孝王之前。〔註113〕

關於這些器，郭先生認爲效父名已見於〈曶鼎〉（即〈智鼎〉2838—1330），鼎銘有「穆王大室」所以在穆王之後，不可能在周初。〔註114〕而且在〈效卣〉的考釋時提出「效即效父」的意見，然而他也意識到效器的形制字體有周初的風格，於是做了以下的詮釋：

效器有卣有尊，器制字體均有周初風味，蓋孝世工藝有復古之傾向也。〔註115〕

郭先生企圖以復古說來弭平將效器定在孝王而與器制字體不合的矛盾現象。陳夢家先生將〈效尊〉定在康王，他的意見如下：

〈效尊〉和〈效卣〉的大鳥紋與〈麥尊〉是同時的，應該定於康世。

〔註113〕郭沫若《兩周金文辭大系》（臺北：臺灣大通書局），頁95。

〔註114〕同上註。

〔註115〕同上註，頁102。

古人單名的居多，所以前後之器可以有同名的，不一定是同時的。

若僅以銘文內的單名互相係連，是可以致誤的。〔註116〕

在陳先生在之前發表的文章中有「召圜器」一組，考釋時就提出效和效父不是一人〔註117〕，本文同意陳先生這樣的看法。因此這六件器應分爲「效組器（〈效尊〉、〈效卣〉）」、「效父組器（〈效父毁〉）」及「𠂤父組器（三件方鼎）」來討論。

效組器時代爲西周早期，〈效尊〉和〈效卣〉的銘文相同，很清楚是同一人所作器，《殷周金文集成》將一件定在早期，另一件定在中期，是矛盾的。效組器既然具有西周早期的特色，那麼時代就不應定得晚，本文認爲此二器均宜定在西周早期。〈效父毁〉應是西周中期器，而其時代不能早於穆王，這一點由〈曶鼎〉02838—1330銘文已可爲證，唐蘭先生對於〈效父毁〉的時代提出以下的意見：

據《穆天子傳》卷一「丙寅子屬官效器，乃命正公郊父受敕憲」，郊跟效聲近字通，可見〈效父簋〉的製作應該在穆王時代。〔註118〕

這樣的意見在證據上是不夠充分的。

至於〈𠂤父方鼎〉也未有定在穆王時代的證據。

第十六節　季𡘇組器

器　名	各家斷代意見			
	吳其昌	唐蘭	劉啟益	殷周金文集成
井季𡘇尊 05859—4748	夷王	穆王	昭王	西周中期
井季𡘇卣 05239—5340	夷王	穆王	昭王	西周中期
季𡘇毁 03444—2124	夷王	穆王	昭王	西周中期

唐蘭先生將〈井季𡘇尊〉、〈井季𡘇卣〉及〈季𡘇毁〉附在〈長囟盉〉（唐先生稱〈長由盉〉）後，很可能因爲〈長囟盉〉銘文中有「井白」，於是才將這三件器附在其後。筆者所能查知唐先生提出的理由是字體，他的看法是「邢

〔註116〕陳夢家〈西周銅器斷代（五）〉，《考古學報》1956年第3期，頁113。

〔註117〕陳夢家〈西周銅器斷代（二）〉，頁106。

〔註118〕唐蘭〈西周銅器斷代中的「康宮」問題〉，《唐蘭先生金文論集》，頁161。

季疑是邢伯、邢叔之弟，由字體看當是穆王時。」〔註 119〕這裡的丼季和〈長囟盉〉的丼伯是否同時代是個問題。在討論之前先將銘文隸定如下：

△〈丼季𠂤尊〉〔附圖九十〕、〈丼季𠂤卣〉〔附圖九十一〕同銘，皆二行六字

丼季𠂤

乍〔作〕旅彝。

△〈季𠂤𣪘〉〔附圖九十二〕一行五字

季𠂤乍〔作〕旅𣪘。

丼字的寫法目前可知最早見於西周早期的〈丼弔方彝〉09875—☐，而這樣的寫法在西周中晚就很常見了，這支丼氏家族在西周中期任職於王室，而且好幾代都稱得上顯赫的地位，〈丼季𠂤尊〉及〈丼季𠂤卣〉器形及花紋都適宜斷定在西周中期，尊腹垂鼓，飾長冠長尾顧首鳳鳥紋，尾由翅垂過鳥首，冠尾皆有如孔雀般的圓圈狀翎眼，卣蓋及腹亦飾這類紋飾。因此本文認爲這組器是西周中期器，是否是穆王時代器還嫌證據不足。

第十七節　噩侯組器

器名	各家斷代意見												
	郭沫若	吳其昌	容庚	徐中舒	唐蘭	李學勤	徐少華	高明	銘文選	劉啟益	曹淑琴	楊寶成	殷周金文集成
噩侯馭方鼎 02810—1299	夷王	厲王	厲王	厲王	穆王	夷王	孝夷		厲王	夷王	共懿	厲王	西周晚期
噩侯乍王姞𣪘 03928—2497 03959—2438 03930—2499 —2500	夷王	厲王		厲王	穆王			夷王			懿王	厲王	西周晚期

唐蘭先生認爲〈噩侯馭方鼎〉與三件〈噩侯乍王姞𣪘〉爲穆王時代器，但並不知道唐先生所持的理由。這些器的銘文如下：

△〈噩侯馭方鼎〉〔附圖九十四〕十一行存七十九字（重文一：王；合文一：☰匹）

〔註 119〕唐蘭《西周青銅器銘文分代史徵》，頁 379。

王南征，伐角僪〔鄱〕，唯還
自征，才〔在〕矿。噩医〔侯〕駿方
內壺于王，乃覲之，駿
方畓王=。〔王〕休宴，乃射，駿
方卿王射，駿方休闌。
王宴，咸畬〔飲〕，王寴〔親〕易〔錫〕駿
方☐五瑴、馬亖〔四〕匹〔合文〕、矢五，
☐駿方搡手韻首敢
☐天子不顯休釐，
☐乍〔作〕障鼎，其邁〔萬〕年
子孫永寶用。

△〈噩医乍王姞毁〉〔附圖九十三〕三件，二行十七字
（重文一：子）
噩医〔侯〕乍〔作〕王姞媵〔媵〕毁，王
姞其萬年子=孫永寶。

學者們對〈噩医駿方鼎〉已做過不少研究，目前的共識是此器作於西周晚期，多數學者的意見認爲其時代在夷王或厲王。〈禹鼎〉02833—1324 銘文也記載了噩侯駿方叛周之事，就銘文內容及器形、紋飾來看，都應在西周晚期。

第十八節　遣弔組器

器　名	各家斷代意見	
	唐　蘭	殷周金文集成
遣弔吉父盨 04416—3043 04417—3044 04418—3045	穆王	西周中期
遣弔鼎 02212—0776	穆王	西周晚期

唐蘭先生將三件〈遣弔吉父盨〉定爲穆王時代器，並將〈遣弔鼎〉附於其後，因此這一組便有此四件器。由於唐先生未有斷代上的說明，而根據《殷周金文集成》的斷代來看，〈遣弔吉父盨〉爲西周中期器，〈遣弔鼎〉是晚期器，也可以看出《集成》並不認爲盨與鼎是同一人所鑄。在討論之前，本文

先將這組器的銘文做隸定：

△〈遣弔吉父盨〉〔附圖九五〕三器，三行十七字（重文二：子、孫）

遣弔〔叔〕吉父乍〔作〕

虢王姞旅須〔盨〕，

子＝孫＝永寶用。

△〈遣弔鼎〉〔附圖九六〕二行六字

遣弔〔叔〕乍〔作〕

旅鼎用。

就銘文內容來看，尚不足以證成唐先生的說法，因此只能就器形、花紋及文字風格來判斷了：

〈遣弔吉父盨〉：子母口，圈足中間有缺口，兩耳有浮雕獸首，頸飾變體獸形紋（舊稱竊曲紋），腹飾瓦紋。文字風格上可留意的是王字已無肥筆現象，寶字的貝下面已封口而有兩筆曳出。看來是西周中期器，時代應在穆王之後。

〈遣弔鼎〉僅見《善齋吉金錄》卷二頁五十之圖繪，此器爲立耳蹄足，頸飾變體器形紋，腹部無紋，是西周晚期的形制。

這組器都不會是穆王時代的銅器，所以本文亦不收入穆世器中。

第十九節　眉□王組器

器　名	各家斷代意見			
	吳其昌	唐蘭	銘文選	殷周金文集成
眉□王鼎 02705－1207	成王	穆王	中期	西周中期
眉□王段 04097－2645	成王	穆王	中期	西周早期

此組包含一件鼎一件段，同一作器人，銘文內容也相同，只是行款有別，鼎爲五行，段則四行。唐蘭先生稱爲〈眉能王鼎〉與〈眉能王簋〉，《商周青銅器銘文選》稱爲〈師眉鼎〉與〈師眉簋〉，乃銘文斷句的不同：唐先生認爲「只（枳）人師眉能王爲周窖」，並注解說「眉能王應是氏族國家之君，周代西邊的氏族國家多稱王。」〔註120〕《銘文選》則斷句爲「兄（貺）㕣師眉，

〔註120〕唐蘭《西周青銅器銘文分代史徵》，頁339～340。

鷹王為周窓（客）」，認為師眉的師是師氏，眉為私名，「他的身分是周客，說明是從外邦來周。」〔註 121〕，□字唐先生釋能而《銘文選》釋鷹，二說皆未為定論，此字不可識，故本文暫不予隸定。又《殷周金文集成》定命為〈𡨦鼎〉、〈𡨦毁〉，是以𡨦為作器人之名。由於「□氒師眉□王為周𡨦」中□及□在句中的用法為法尚有待商榷，此段文字學者間斷句也不一，所以本文暫不斷句，而器名則因此組器是唐先生所提出為穆王時代器，所以姑依唐先生的定名，待來日通讀此銘文再更新名，銘文隸定如下：

△〈眉□王鼎〉〔附圖九十七〕、〈眉□王毁〉〔附圖九十八〕，據鼎銘五行二十八字（合文一：五朋）

□氒〔厥〕師眉□
王為周𡨦，易〔錫；賜〕
貝五朋〔合文〕，用為寶
器，鼎二、毁二，其
用亯于氒帝考。

唐先生將此器定於穆王的主要理由是字體風格：「此銘書法秀麗，應是穆王前期。」〔註 122〕誠如唐先生所言此銘文確實秀麗，當在西周中期，然欲據此以論其精細斷代則取證顯然不足。觀〈眉□王鼎〉立耳、腹下部垂鼓，腹底甚平、三柱足；頸飾以長尾鳥紋，另有一長尾與身分離，地紋為雷紋，此器當為西周中期，然亦未足以定為穆王時代。

第二十節　白戔組器

器　名	各家斷代意見			
	郭沫若	吳其昌	銘文選	殷周金文集成
白戔盤 10160—6777	東周	穆王	春秋晚期	春秋
白戔盦 10341—6924	東周	穆王	春秋晚期	春秋

吳其昌先生由曆朔推〈白戔盤〉與〈白戔盦〉（其稱為〈白戔盦〉）為穆

〔註 121〕馬承源主編《商周青銅器銘文選》第三冊，頁 236。
〔註 122〕唐蘭《西周青銅器銘文分代史徵》，頁 340。

王時代器，此二器的銘文為：

△〈白戔盤〉〔附圖九十九〕四行三十四字（重文二：子、孫；疑闕文一）〔註 123〕

佳〔唯〕王▨月初吉日〔丁〕亥〔註 124〕，邛
中〔仲〕之孫白〔伯〕戔，自作顙〔沬〕
盤，用旛〔祈〕釁壽邁〔萬〕年
無彊，子=孫=永寶用之。

〈白戔盦〉〔附圖一百〕器銘一周三十二字（重文二：子、孫），器蓋四行十四字，詳略有別：

蓋銘：
邛中〔仲〕之孫
白〔伯〕戔自乍〔作〕
饙〔饋〕盦，永保
用之。

器銘：
佳〔唯〕八月初吉庚午，邛中〔仲〕之孫白〔伯〕戔
自乍〔作〕饙〔饋〕盦，其釁壽邁〔萬〕年無彊，
子=孫=永保用之。

盦和盆很可能是同一類器的不同稱呼，自名為盦的器就其時代來看，盛行於春秋，西周晚期尚為罕見，而穆王時期以銅鑄盦更是未聞。其次，吳先生僅以其曆朔為由，其曆朔的可信度在本文第二章「研究回顧」已有論述，學者多不取，是以此二器當是春秋時代之器，不可能屬於穆王時代。

第二十一節　其他組器

上文討論了二十組器，仍有不少器是未能編入這二十組的，而它們的銘

〔註 123〕今可見者為《考古圖》摹本，王字下直接為月字，中間闕了數字，《商周青銅器銘文選》第四冊認為「奪一月份字」。

〔註 124〕此處初吉之下為日字，再來就是亥字，銘文中有「干支＋之日」的文例，有「某月春＋吉日」，也有「某月＋吉日」的例子，本文認為此處可能是「某月初＋吉日＋▨亥」，又亥上可能的字有「乙、丁、己、辛、癸」，當然不排除日字是丁字之誤，也就是說原器是「某月＋初吉＋丁亥」，因為原器不可見，所以只能做一些推測。

文內容又找不到可以再繫聯爲新的一組，所以本文將它們全部稱爲「其他組」。事實上，其他組器中也可再分類，不過不是由銘文來分，乃是爲了討論方便而分組，如某些器被定爲穆王時代器是因爲某位學者依曆朔定之，然其方法多有爭議，以致於所論諸器之時代不爲學者所接受，此類器在討論上可以一併處理。

器名	各家斷代意見															
	郭沫若	吳其昌	容庚	陳夢家	唐蘭	高明	銘文選	劉啟益	李學勤	黃盛璋	吳鎮烽	戚桂宴	周法高	張聞玉	伊藤道治	殷周金文集成
呂齋 02754－1263	穆王	穆王	成王		穆王		穆王	穆王	穆王							西周中期
緐卣 05430－⧄							穆王	昭王								西周中期
廿七年衛𣪘 04256－2775					穆王		穆王	穆王	恭王		穆王	穆王	康王			西周中期
乍冊大方鼎 02758－1257 02759－1255 02760－1256 02761－1258	康王	昭王	成王	康王	康王	康王	穆王	康王								西周早期
趞𣪘 04266－2783	穆王	厲王			穆王	穆王	穆王									西周中期
善鼎 02820－1315	穆王				穆王		中期									西周中期
𤔲父盨 09395－4410							昭王	穆王								西周中期
不壽𣪘 04060－2612		昭王			昭王		昭王	穆王								西周早期
鼂𣪘 04159－2693				成康			中期	穆王								西周中期
宜侯夨𣪘 04320－2828	康王			康王	康王	康王	康王	康王	穆王	康王					成王	西周早期
虎𣪘蓋 ⧄－⧄														穆王		

器名	各家斷代意見															
	郭沫若	吳其昌	容庚	陳夢家	唐蘭	高明	銘文選	劉啟益	李學勤	黃盛璋	吳鎮烽	戚桂晏	周法高	張聞玉	伊藤道治	殷周金文集成
迣父癸方彝蓋 09890—4971					穆王											殷
乍冊魖卣 05432—5507				成王	穆王		早期	康王								西周早期
命𣪕 04112—2644		厲王			穆王		早期									西周早期
𩫏白䢅𣪕 04169—2724		昭王			穆王											西周早期
小臣傳卣 04206—5506					穆王		昭王									西周早期
井鼎 02720—1221		穆王			穆王		中期									早期或中期
師隹鼎 02774—☒					穆王											西周中期
鼓䍜𣪕 04047—☒	孝王	孝王			穆王		早期									西周中期
豦𣪕 04167—2694					穆王											西周中期
𢿢𣪕 04099—2653					穆王											西周中期
大乍大中𣪕 04165—2688					穆王		夷王									西周中期
段𣪕 04208—2737	昭王				穆王		懿王	昭王								西周中期
晨卣 05424—5497					穆王											西周中期
服方尊 05968—4845					穆王		昭王									西周中期
晉𣪕 04194—2723				康王	穆王											西周中期
輔師嫠𣪕 04286—2797			恭王		穆王	宣王	夷王	厲王								西周晚期
休盤 10170—6787		穆王			恭王		恭王	懿王								西周中期

器　名	各家斷代意見															
	郭沫若	吳其昌	容庚	陳夢家	唐蘭	高明	銘文選	劉啟益	李學勤	黃盛璋	吳鎮烽	戚桂晏	周法高	張聞玉	伊藤道治	殷周金文集成
牧𣪘 04343－2857	恭王	孝王	恭王		恭王		懿王	孝王						穆王		西周中期
此𣪘 04303－2818							厲王							穆王		西周晚期
04304－2819 04305－2820 04306－2821 04307－2822 04308－2823 04309－2824 04310－2825																
吳方彝蓋 09898－□	恭王		恭王	恭王	恭王		懿王	孝王						穆王		西周中期
望𣪘 04272－2787	恭王	昭王			恭王		恭王	懿王						穆王		西周中期
白克壺 09725－5795	夷王				夷王		孝王	宣王						穆王		西周晚期
譱夫山鼎 02825－1317							宣王	厲王						穆王		西周晚期

一、〈呂齍〉

〈呂齍〉〔附圖一○一〕向來被認為是穆王時代器，最主要的原因是作器人「呂」被認定是〈呂刑〉篇的呂侯，在本文第五章「穆王時代相關銅器初步繫聯」中「傳世古籍所提供的人物」部分筆者曾對這樣的說法表示疑問，因為〈呂齍〉的呂可能是人名而非呂侯的省稱，雖然這樣省稱也不無可能，但是在研究上實在不能一廂情願地將兩者繫聯。

此器銘文五行四十四字（重文二：子、孫；合文二：卅朋、秬鬯），其文如下：

唯五月既死霸，辰才〔在〕
壬戌，王饔□大室，呂
祉于大室，王易〔錫〕呂𢼄〔秬鬯合文〕
三卣、貝卅朋〔合文〕，對𩛥〔揚〕王休，

用乍〔作〕寶蠶，子=孫=永用。

就銘文內容來看，並不能得到判斷爲穆王時代器的充分條件。郭沫若先生提到銘文風格與〈靜毀〉殆出一人之手〔註 125〕，就文字風格來看，的確與穆王時代風格相同，器形方面爲一方鼎，立耳廣唇、腹不深、柱足；腹四端有稜脊，稜脊上部各有二突出尖角、頸部飾垂冠歧尾顧首鳥紋，鳥首似龍且張口，附加尾飾與身分離、腹飾雷紋及乳釘紋。就器形和頸飾來看，仍有西周早期風格，所以這件器不能排除是昭王時代的，由於各家皆由呂即《尚書．呂刑》的呂伯入手，所以很容易直接認爲是穆王時代器，雖然就器形、紋飾、文字風格來看，定在穆王時代也稱得上合理。不過，本文不能排除此器可以早到昭王時期，因此本文暫定之爲穆王時代可能器（四級器）。

二、〈緐卣〉

〈緐卣〉〔附圖一○二〕《商周青銅器銘文選》定爲穆王時代器（其稱爲〈繁卣〉），此器現藏上海博物館，前此未有任何著錄，故論之者少。器蓋同銘，七行六十二字：

隹〔唯〕九月初吉癸丑，公彭
祀。雩旬又一日，辛亥，公
啻〔禘〕彭辛公祀，衣〔卒〕事亡畀〔咒〕。
公蔑緐曆〔曆〕，易〔錫；賜〕宗彝一䏶〔肆〕〔註 126〕、
車、馬兩。緐拜手頟首，對
䚄〔揚〕公休，用乍〔作〕文考辛公
寶隮彝，其禹〔萬〕年寶。或。

由銘文內容看不出是穆王時代器，陳佩芬先生斷定此器爲穆世器，其理由爲：

〈繁卣〉蓋邊和上腹部均飾鳥帶紋，鳥的尾羽與體分離。提梁飾蟬紋，兩端有彎角的獸面。器的橫截面作圓形，和通常所見的橢圓形體不同。〈繁卣〉字體接近〈班簋〉，銘文有行氣，用筆圓勻，起止稍帶尖鋭，並間有肥筆，〈班簋〉是穆王時器，此卣亦應是穆王時期。〔註 127〕

〔註 125〕郭沫若《兩周金文辭大系》（東京：文求堂書店），頁 49。
〔註 126〕吳匡先生、蔡哲茂師〈釋金文「[illegible]」、「[illegible]」、「[illegible]」、「[illegible]」等字兼解《左傳》的「讒鼎」〉，《中央研究院歷史語言研究所集刊》第 59 本 4 分，1998 年 12 月。
〔註 127〕陳佩芬〈繁卣、趞鼎及梁其鐘銘文詮釋〉，《上海博物館集刊》「建館三十周年

陳先生擅長於銅器相關學術，對於器形、紋飾、銘文風格皆爲專精，其所論〈繁卣〉與穆王時代之風格相合則是，然此器仍缺乏更具決定性的證據，所以本文將〈繁卣〉定爲穆王時代可能器（四級器）。

三、〈廿七年衛𣪘〉

一九七五年二月，陝西省岐山縣董家村西一號窖藏出土了一批銅器，其中有四件器爲學者所論同爲「衛」鑄造，分別是〈五祀衛鼎〉、〈九年衛鼎〉、〈三年衛盉〉與〈廿七年衛𣪘〉，這四件器的每一件在斷代方面都存有異說，吳鎭烽〔註 128〕、唐蘭〔註 129〕、劉啓益〔註 130〕諸位先生及《商周青銅器銘文選》〔註 131〕的意見認爲二件鼎和盉是恭王時代器，而𣪘是穆王時代器；李學勤先生認爲𣪘是恭王時代器，而鼎與盉皆爲懿王時代器；〔註 132〕戚桂宴先生認爲四件器都是穆王時代器；〔註 133〕周法高先生認爲𣪘在康王末年，而鼎與盉皆在穆王時代。〔註 134〕本文認爲〈五祀衛鼎〉銘文中有「龔王」之稱而且器形與恭王時代另一件標準器〈十五年趞曹鼎〉02784－1278 同，故〈五祀衛鼎〉當不會早於恭王時代，而〈九年衛鼎〉與〈三年衛盉〉也都應在恭王時代或其後，唯〈廿七年衛𣪘〉〔附圖一○三〕紀年相差甚大，其年代較有爭議，此𣪘器蓋同銘，七行七十三字（重文二：子、孫）：

隹〔唯〕廿又七年三月既生霸戊
戌，王才〔在〕周，各大室，即立〔位〕，南
白〔伯〕入右裘衛，入門，立中廷，
北鄉〔嚮〕，王乎〔呼〕内史易〔錫〕衛載市、
朱黃、鑾，衛拜䭫首，敢對䵼〔揚〕

特輯」，1982 年，頁 17。

〔註 128〕龐懷清、吳鎭烽等〈陝西岐山縣董家村西周銅器窖穴發掘簡報〉，《文物》1976 年第 5 期，頁 26；吳鎭烽〈陝西西周銅器分期與斷代研究〉，《陝西金文彙編》（西安：三秦出版社，1989 年 9 月），頁 857。

〔註 129〕唐蘭《西周青銅器銘文分代史徵》，頁 411、459～468。

〔註 130〕劉啓益〈西周穆王時期銅器的初步清理〉，頁 355～356。

〔註 131〕馬承源主編《商周青銅器銘文選》第三冊，頁 124、131、136～139。

〔註 132〕李學勤〈試論董家村青銅器群〉（北京：文物出版社，1990 年 6 月），頁 98。此文曾於 1976 年發表於《文物》該年第 6 期。

〔註 133〕戚桂晏〈董家村西周衛器斷代〉，《山西大學學報》1980 年 3 期，頁 61。

〔註 134〕周法高〈陝西省岐山縣董家村西周銅器的年代問題〉，《大陸雜誌》第五十八卷第三期，1979 年，頁 105。

天子不〔丕〕顯休，用乍〔作〕朕文且〔祖〕

考寶毀，衛其子=孫=永寶用。

這器記載衛受命之事，其時代應早於二鼎與盉，吳鎮烽先生指出：

銘文記裘衛在二十七年正月在周太室接受周王的冊命。從同坑出土的其他裘衛銅器分析，裘衛的生世約在穆王後期到恭王世。〈五祀衛鼎〉記載裘衛與邦君厲發生土地糾紛，執政大臣出面處理，其中有恭王生稱及榮伯、定伯、單伯等大臣，器鑄於恭王五年三月。〈裘衛盉〉鑄於恭王三年三月。那麼，〈裘衛簋〉記述裘衛初受冊命，應在穆王世，二十七年正月應是穆王紀年。〔註 135〕

吳先生的意見很值得參考，《銘文選》以曆法證說此器不得在恭王及懿王世（當然曆朔較有游移空間），劉啓益先生又佐之以器形證明其時代應在穆王世：

〈衛簋〉的形制與〈長甶簋〉、〈小臣宅簋〉及〈靜簋〉均相近似，定爲穆王是合宜的。〔註 136〕

〈長囟毀〉爲穆王時代標準器，劉先生舉以爲證，是很有說服力的，以上的說法從銘文推測參之以器形等爲說，此器若作於穆王廿七年，另外三件作於恭王三年到九年，其間可能相差有三十多年之久，穆王在位年數至目前仍有爭議，古籍系統記載穆王在位五十五年，如以此推之則這批器之鑄作年代相差三十二年到三十八年，李學勤先生就此提出疑問：

簋在四器最早，自標「廿七年」。據《史記》，穆王共五十五年，如果簋作於穆王二十七年，它和盉就相距三十一年，這是不大可能的。恭王沒有可靠的年數，皇甫謐曾估計爲二十五年，〈裘衛簋〉可能作於恭王末年，盉和鼎作於懿王初年。〔註 137〕

李先生提出的疑問確實是應考量的，不過一個人任職長達四十年以上並非不可能，穆王都可能在位長達五十五年，臣子任職四十年也不算違於常理。

此器本文定爲穆王時代相關器（三級器）。

四、〈乍冊大方鼎〉

〈乍冊大方鼎〉〔附圖一○四〕四件，學者皆以爲西周早期器，多數學者認爲是康王時代器，唯《商周青銅器銘文選》屬之於穆王時代，此器銘八行

〔註 135〕吳鎮烽〈陝西西周銅器分期與斷代研究〉，頁 857。

〔註 136〕劉啓益〈西周穆王時期銅器的初步清理〉，頁 356。

〔註 137〕李學勤〈試論董家村青銅器群〉，頁 98。

四十一字（族徽作二字）：

公朿鑄武王、

成王異鼎，隹☰〔四〕

月既生霸己

丑，公賁〔賞〕乍〔作〕冊

大白馬，大䟫〔揚〕

皇天尹大傣

宝，用乍〔作〕且〔祖〕丁

寶障彝。𩵦冊。

就銘文來看，第二字朿字可能爲公之名，但更可能是來字之誤，公鑄武王、成王之鼎（異可能是匽或禩之意），而又提到大傣，則其時代定在康王是較爲合理的，《銘文選》定在穆王時代所持理由是：

大，人名。作冊令之子。此銘後有族名𩵦與〈作冊令方彝〉相同，夨令之父爲丁，大則稱祖丁。〈作冊令方彝〉是昭王時器，召公奭死於康王，王臨終，召公爲顧命大臣，則昭穆時代的大保應是第二代召公。此器晚於〈作冊令方彝〉，可能是昭王末或穆王初世之器。〔註138〕

此說乃就世系推之，召公死於康王時，則第二代召公在康王時襲位，召公長壽，其子即位時亦年紀不能太小，所以此器到穆王時有些勉強，本文認爲此器當在康昭時代，不能晚到穆王。

五、〈趞毁〉

此器舊稱爲鼎，《殷周青銅器銘文選》改稱爲毁，乃據日本書道博物館器形圖片改正，故本文依其說改之。〈趞毁〉〔附圖一〇五〕學者多定爲穆王時代器，銘文九行八十二字（重文二：子、孫）：

唯二月，王才〔在〕宗周。戊寅，王各

于大朝〔廟〕。密弔〔叔〕右趞即立〔位〕，内

史即命，王若曰：「趞！命女〔汝〕乍〔作〕

豳𠂤家嗣馬，啻〔適〕官僕、射、

士、訊，小大〔合文〕又〔右〕、隣，取遺五寽。

易〔錫；賜〕女〔汝〕赤市幽亢、䜌旂，用事。」

〔註138〕馬承源主編《商周青銅器銘文選》第三冊，頁107。

趞捧䭫首對䚄〔揚〕王
休，用乍〔作〕季姜隫彝，其
子=孫=邁〔萬〕年寶用。

𢽾自是學者關注之處，郭沫若先生就說：「𢽾自即〈靜𣪘〉之𢽾𦼭自」，〔註 139〕這一點是郭先生將此器定在穆王時代的主要依據。唐蘭先生又補充說：「此銘書法與〈剌鼎〉極相似，上承昭世，應是穆王前期。」本文認爲𢽾自是不是𢽾𦼭自還有待證明，而此器書法風格方面，王字及宀偏旁仍留有西周早期風格，貝字則已具有西周中期以後的特色，此外，各字已無肥筆情形，又銘文中提到的密叔亦見〈虎𣪘蓋〉，就各方面來考量此器的時代應在穆恭時期。由於各家論證仍未足爲定論，而不排除爲穆世器，所定暫定爲四級器。

六、〈善鼎〉

郭沫若先生及唐蘭先生皆認爲〈善鼎〉爲穆王時代器，此器有銘文十一行一百一十二字（重文一：令）〔附圖一〇八〕：

唯十又一月初吉辰才〔在〕丁亥，
王才〔在〕宗周，王各大師宮，王
曰：「善！昔先生既令女𠂇疋〔胥〕
⿱⿰彐彐⿺犬疾侯，今余唯肈𦆞先生令〔命〕=，
〔令〕女〔汝〕𠂇疋〔胥〕⿱⿰彐彐⿺犬疾侯，監𢽾師戍。易〔錫；賜〕
女〔汝〕乃且〔祖〕旂，用事。」善敢捧䭫
首，對䚄〔揚〕皇天子不〔丕〕杯休，用
乍〔作〕宗室寶隫。唯用妥〔綏〕福，唬
前文人秉德共〔恭〕屯〔純〕，余其用
各我宗子雩百生〔姓〕，余用匄
屯魯，雩邁〔萬〕年其永寶用之。

郭沫若先生由銘文中的「𢽾師」做了斷代的依據，將〈靜𣪘〉、〈趞𣪘〉與此器聯繫起來：

「𠂇足⿱⿰彐彐⿺犬疾」猶言佐助⿱⿰彐彐⿺犬侯。「監𢽾師戍」𢽾殆即〈靜𣪘〉𢽾𦼭𠂤，〈趞𣪘〉𢽾𠂤之𢽾，⿱⿰彐彐⿺犬疾所在之地也。與師雝父之戍古𠂤殆同時事。〔註 140〕

〔註 139〕郭沫若《兩周金文辭大系》（臺北：臺灣大通書局），頁 57。
〔註 140〕郭沫若《兩周金文辭大系》（臺北：臺灣大通書局），頁 65。

郭先生的看法有需商討之處，首先〈靜毁〉之「𩁹葊自」很可能是人名，而𩁹自也是人名，𩁹葊自是不是𩁹自，筆者不敢斷言，因為同名的例子很多，這兩個名字雖是罕見的名字，但為謹慎，本文仍採用較保守的處理方式，〈善鼎〉的「監𩁹師戍」如果釋成監理𩁹師的戍守情形，可以將𩁹師視為人名或官名，如果理解成監理戍守於𩁹師的軍隊，就是將𩁹師視為地名，不過在討論這問題之前，似乎更應該先考慮「師」有否作地名或軍隊用的例子，在西周時代的銅器銘文中，筆者並未發現任何實例，所以𩁹師可能是人名。如果以上的推論不錯的話，那麼還得考量「𩁹自」和「𩁹師」會不會是同一人名，這個可能性很大，但是這其中還有地方未釐清。此器銘文書體「王」字末筆已無上曲現象，而各字亦已無肥筆，其時代當在〈趞毁〉之後。由於仍有部分銘文未能通讀，加上未有足夠理由定在穆王時代，所以本文仍不將此器定穆王世。

七、〈𠭰父盉〉

〈𠭰父盉〉與〈㦰方鼎〉、〈㦰毁〉等器，同在1975年出土於陝西省扶風縣法門公社莊白村，然同出各器銘文除此器外，皆未提及𠭰父，所以𠭰父與㦰的關係不明。此器器內壁與蓋內銘文相同，二行五字作〔附圖一○九〕：

𠭰父乍〔作〕

寶彝。

劉啓益先生定此器為穆王時代器，其主要理由為「〈𠭰父盉〉除耳及蓋鈕外，其餘形制與〈長由盉〉相似」〔註141〕，事實上〈長囟盉〉的腹部鼓出處較近於腹部中央，而〈𠭰父盉〉鼓出處則偏於腹部上方，〈三年衛盉〉的腹部鼓出處也近於上方，只是〈三年衛盉〉分襠較不如〈長囟盉〉與〈𠭰父盉〉來得明顯。〈𠭰父盉〉與〈長囟盉〉在腹部造形上仍有不同，有近於可能為恭王時代的〈三年衛盉〉之處，就整體而言〈𠭰父盉〉和〈長囟盉〉的確如劉先生所言是相似的，而其腹部的鼓出情況則與〈三年衛盉〉較相近。〈三年衛盉〉載及恭王三年，則〈𠭰父盉〉的時代當與〈長囟盉〉及〈三年衛盉〉相近，也就是說在穆恭二世，因此本文定之為穆世四級器。《商周青銅器銘文選》定此器於昭王時代，其理由乃是認定〈𠭰父盉〉的𠭰父就是「作冊𠭰」，其時代與〈乍冊𠭰卣〉同。〔註142〕〈乍冊𠭰卣〉銘文中提到「明保」，所以時代當在

〔註141〕劉啓益〈西周穆王時期銅器的初步清理〉，頁334。
〔註142〕馬承源主編《商周青銅器銘文選》第三冊，頁81。

西周早期，但是有一個問題是必須先考慮的，〈　父盉〉的　字寫法和〈乍冊　卣〉不同，其次〈　父盉〉的器形介於〈長囟盉〉和〈三年衛盉〉，其時代應在西周中期，而〈乍冊　卣〉明顯在西周早期前段，所以這兩件器的器形不在同一時代，而且　父和乍冊　也不必是同一人。

〈　父盉〉是否為穆王時代器在證據上仍嫌不足，但就器形及同出器的條件上來看，可以定在穆世可能器（四級器）。

八、〈不壽段〉

劉啓益先生定〈不壽段〉為穆世器，而吳其昌、唐蘭兩位先生及《商周青銅器銘文選》皆定為昭王時代器，此器銘文四行二十四字〔附圖一〇六〕，其文隸定如下：

隹〔唯〕九月初吉戊

戌，王才〔在〕大宮，王

姜易〔錫〕不壽裘，對

䚄〔揚〕王休，用乍〔作〕寶。

銘文中提到「王姜」，此為周王后，亦見於〈乍冊睘卣〉05407—5484、〈令段〉04300—2814，其相關事件為伐楚，皆當為昭王時代器，劉先生所以定為穆王時代，其所持之由為：

> 此器中的王姜，一般以為是〈令簋〉、〈乍冊睘卣〉、〈史叔𣘘器〉中之王姜，而王姜有武王妃、成王妃、康王妃、昭王妃諸種說法，但此器頸飾竊曲紋，書體亦不屬西周前期，時代不能在昭王以前，是十分明確的，過去，我把此器中的王姜當作〈㦰方鼎甲〉中的王刞姜，並把它的時代定為穆王，在未有新的認識之前，仍維持原議。〔註143〕

本文認為此器器形定在昭王亦無不可，字體風格方面，王字仍有肥筆，宀偏旁兩端仍為尖角，戊字亦仍有象形意味，其時代定為昭王是可行的，昭王和穆王為前後二世，昭王晚期器和穆王時代器相似性高，〈不壽段〉可能是昭王時代的器物，王姜的問題牽涉到很多器組，如果不能各器全面考量，則往往會產生差錯，再者王刞姜和王姜是否為一人也應需再考量，前人之說既然無不可，則更動以穆王時代的說法亦未能照應全面情況，本文認為此器仍不宜

〔註143〕劉啓益〈西周穆王時期銅器的初步清理〉，頁336。

改定爲穆王時代。

九、〈鼂㲃〉

劉啓益先生認爲〈鼂㲃〉是穆王時代器。此器銘文五行四十字（重文一：公；合文一：五朋）〔附圖一〇七〕，其文如下：

> 隹〔唯〕正月初吉丁卯，鼂
>
> 徣公=，〔公〕易〔錫；賜〕鼂宗彝一肆，
>
> 易〔錫〕鼎二、易〔錫〕貝五朋〔合文〕。鼂對
>
> 揚〔揚〕公休，用乍〔作〕辛公
>
> 㲃，其萬年孫子寶。

就銘文內容來看，並不足以斷其時代在穆王，劉啓益先生所持理由爲：

> 此簋形制與〈縣改簋〉相似，字體作風與〈靜簋〉相似，它的時代應定爲穆王。〔註 144〕

劉先生所據之由爲器形和文字作風，他所舉的兩件比對器，本文皆列爲穆王時代四級器，此器銘文無可與他器繫聯以佐定其時代，就風格來看是西周中期器，雖與〈靜㲃〉字體相似及〈縣改簋〉器形相似仍不足以定其必在穆王世，故本文仍持保留態度。

十、〈宜灰夨㲃〉

〈宜灰夨㲃〉〔附圖一一〇〕乃 1954 年十月在江蘇省丹徒縣東鄉大港區煙墩山出土，由於載有一百多字的銘文，且內容重要，引起學者們的高度重視。銘文在腹底，出土時破碎，經綴合後乃有部分殘文不可得，再者原器銘文處亦未十分密合，所以增加了考釋的困難，目前所知銘十二行，存一百一十九字（合文二：三百、五十），其文如下：

> 隹〔唯〕亖〔四〕月辰才〔在〕丁未，王省珷王
>
> 成王伐商圖，征省東或〔國〕圖。
>
> 王卜于宜，入土，南鄉〔嚮〕。王令
>
> 虞灰〔侯〕夨曰：「繇！灰〔侯〕于宜。易〔錫；賜〕鬯
>
> 鬯一卣、商鬲一□、彤弓一、彤矢百、
>
> 旅弓十、旅矢千；易〔錫；賜〕土：氒川
>
> 三百〔合文〕□、氒□百又廿、氒宅邑卅

〔註 144〕同上註，頁 363。

又五▨，氒▨百又卅。易〔錫；賜〕才〔在〕宜
王人▨又七生〔姓〕。易〔錫；賜〕奠〔奠〕七白，
氒盧▨又五十〔合文〕夫。易〔錫；賜〕宜庶人
六百又▨六夫。宜医〔侯〕夨𩀁〔揚〕
王休，乍〔作〕虞公父丁障彝。

由銘文的「王省珷王成王伐商圖，征省東或〔國〕圖。王立于宜，入土（社）。」來判斷，此王在成王之後，並且將虞医改封於宜，這次的改封，周王還賞給作器者不少人物土地，就這樣的改封來看，有「屛周」的意味，而省東國也有進一步控制東方的作用。如上所述，這個周王當在西周早期。陳夢家最早對此器作考釋，他指出：

此器當作於〈令毁〉之後，〈令毁〉記伐楚白至於炎，即今山東南部郯城西南，乃商奄之鄙。此器以宜爲東國之鄙，則所謂東國包括了淮水以南的地區。〔註145〕

他就〈乍冊令方彝〉、〈乍冊令方尊〉、〈令毁〉等器繫聯，認爲：

夨令最初在成周爲作冊之官，在周公子明保（明公）之下。其後他與明公同成王東征，至於魯、炎，最後他與成王到了宜，封爲侯。〔註146〕

陳先生將〈宜医夨毁〉定爲成王時代器，但是他或許未能目驗原器，因而在隸定時珷王之上爲二闕文，郭沫若先生目驗原器後指出闕文爲「王省」二字。〔註147〕陳先生後來放棄成王說而改從康王說〔註148〕，可能也考慮到將此器定於成王就文意來看是有矛盾的。唐蘭先生定爲康王，他所持的理由是文例及器形方面，尤其文例方面：

連說武王成王，可以證明這個〈宜医夨毁〉應在康王時期。武字寫作珷，跟〈盂鼎〉一樣；賞錫奴隸也跟〈盂鼎〉相近，都可以證明是康王時期的銅器。〔註149〕

唐先生的推測値得參考，不過這器文例談到伐商，當然只有武王和成王，因

〔註145〕陳夢家〈宜侯夨和它的意義〉，《文物參考資料》1955年第5期，頁64。
〔註146〕同上註，頁65。
〔註147〕郭沫若〈夨銘考釋〉，《考古學報》1956年第1期，頁8。
〔註148〕據高明《中國古文字學通論》（北京：文物出版社，1987年）頁424指出：「陳氏先定爲成王後從康王說」。
〔註149〕唐蘭〈宜医夨毁考釋〉，《考古學報》1956年第2期，頁81。

爲康王以後就不必伐商了，而後世諸王省伐商圖，也必然省的是武王成王伐商圖。唐先生提出賞錫奴隸這一點是很好的，就賞錫奴隸來看，如此大批地現象，當是武成康三代較爲常見。

唯獨李學勤先生認爲〈宜医夨𣪘〉是穆王時代器，他認爲此器與穆王伐淮夷之事有關聯，在討論「周穆王與徐夷」時，他提出：

> 我們看簋腹很淺，紋飾同於寶雞茹家莊的罍，字體已趨規整，都是較晚的表徵。夨或以爲即洛陽舊出〈令尊〉等器的夨令（名夨字令）。〈令尊〉及方彝係昭王時器，銘云夨令初任作冊，尚無虞侯、宜侯稱號；〈宜侯夨簋〉的「王」字下橫已不像〈令尊〉等那樣兩端翹起，而與〈班簋〉、〈伯𢦏簋〉相同，都證明〈宜侯夨簋〉與同出器物其實是同時的。〔註 150〕

就此器銘文風格來看，波磔及肥筆現象明顯，如「父」、「立」、「乓」字等，且「隮」字西字上尚無兩筆，王字也還在末筆有加粗的情況，這器可以說仍具有西周早期風格，又宜医夨和作冊矢令不一定是同一人，所以此器仍宜定在西周早期偏晚。

十一、虎𣪘蓋

1996 年 8 月，陝西丹鳳縣鳳冠區西河鄉山溝村出土了〈虎𣪘蓋〉，發現在爲村民李新寬，𣪘蓋裂爲四，而合之完整無缺，蓋口直徑 23.5 公分，蓋上有圓形捉手，直徑 6.6 公分〔註 151〕，蓋有銘文十三行存一百五十八字〔圖一一一〕，其文如下：

> 隹〔唯〕卅年☰〔四〕月初吉甲戌，王才〔在〕周
> 新宮，各于大室，密弔〔叔〕內右虎即
> 立〔位〕，王乎〔呼〕入〔內〕史曰：「冊令虎。」曰：「䚕乃
> 且〔祖〕考事先王，嗣虎臣，今令女〔汝〕曰：
> 更乓〔註 152〕且〔祖〕考足師戲、嗣走馬駿人
> 罘五邑走馬駿人，女〔汝〕女〔毋〕敢不譱〔善〕

〔註 150〕李學勤〈從新出青銅器看長江下游文化的發展〉，《新出土青銅器研究》（北京：文物出版社，1990 年 6 月），頁 263。

〔註 151〕王翰章、陳良和、李保林〈虎簋蓋銘簡釋〉，《考古與文物》1997 年第 3 期，頁 78。

〔註 152〕就字形上看是「乓」字，以文例推當爲「乃」字。

于乃政，易〔錫〕女〔汝〕載市幽黃、玄衣顭〔錦〕〔註 153〕
屯〔純〕、䜌旂五日，用事。」虎敢捧䭫首
對䲨〔揚〕天子不〔丕〕伓魯休，虎曰：「不〔丕〕顯
朕剌〔烈〕且〔祖〕考𠭯明，克事先王，肄〔肆〕天
子弗望〔忘〕氒孫子及氒尚官。天子
其萬年䌛茲命。」虎用乍〔作〕文考日庚
障毁，子孫其永寶用，夙〔夙〕夕亯于宗。

關於此器的時代，〈虎簋蓋簡釋〉指出：「以年數和月相干支推算，定爲穆王時期比較合適，因爲穆王卅年四月初吉的月首干支正是甲戌」。〔註 154〕由銘文人名來看，密叔與師戲分別見於〈趞鼎〉（穆王時代四級器）與〈豆閉簋〉（西周中期前段），〈虎𣪘蓋〉中亦出現此二人名，所以時代應不會相差過遠，而紀年爲三十，在西周中期的諸王中，依歷來學者研究，只有穆王在位超過三十年，加上字體風格亦合於穆王時代，王輝先生對字體提出比對：

〈虎簋蓋〉「隹」、「王」、「卅」、「其永寶」與〈鮮盤〉相似，〈鮮盤〉提到「禘昭王」，黃盛璋以爲是穆王時器。簋銘「休」字同于〈剌鼎〉，該鼎亦穆王時器。〔註 155〕

由以上的證論，本文定〈虎𣪘蓋〉爲穆王時代三級器。

十二、唐蘭先生所定，而非穆王時代器

在這個小節目中，要對唐先生《西周青銅器銘文分代史徵》中所定的十六件器做一說明，這十六件中有的是目前學者所論定的殷代器、西周早期或西周中期器，而唐先生都將他們誤定在穆王，此十六件器的銘文分別隸定如下：

△〈𨑓乍父癸方彝蓋〉〔附圖一一二〕四行十七字
癸未，王才〔在〕圃
雚京，王賚〔賞〕
𨑓貝，用乍〔作〕

〔註 153〕陳昭容師〈說「玄衣滰玄」〉（《中國文字》新廿四期）一文中對顭字做了考釋，認爲當讀爲「錦」，茲從之。
〔註 154〕王瀚章、陳良和、李保林〈虎簋蓋銘簡釋〉，《考古與文物》1997 年 3 期，頁 79。
〔註 155〕〈虎簋蓋銘座談紀要〉，《考古與文物》1997 年第 3 期，頁 81。

父癸寶障。

△〈作冊虢卣〉〔附圖一一三〕器蓋同銘，六行六十三

字（重文三：公、大、史）

隹〔唯〕公大史見服于宗周年，

才〔在〕二月既望乙亥，公大史

咸見服于辟王，辨于多正。

雩亖〔四〕月既生霸庚午，王遣

公=大=史=。〔公大史〕才〔在〕豐，賮〔賞〕乍

〔作〕冊虢馬，

揚〔揚〕公休，用乍〔作〕日己旅障彝。

△〈命毁〉〔附圖一一四〕四行二十八字

隹〔唯〕十又一月初吉

甲申，王才〔在〕䨱，王易〔錫〕

命鹿，用乍〔作〕寶彝，命

其永㠯多友毁飤。

△〈臺白馭毁〉〔附圖一一六〕六行四十五字（重文二：子、孫；合文一：十朋）

隹〔唯〕王伐逨魚，徣伐

淖黑，至，寮〔燎〕于宗周。

易〔錫；賜〕臺白〔伯〕馭貝十朋〔合文〕，敢

對揚〔揚〕王休，用乍〔作〕朕

文考寶障毁，其萬

年子=孫=其永寶用。

△〈小臣傳卣〉〔附圖一一八〕六行存五十一字

隹〔唯〕五月既望甲子，王〼〔註156〕

京，令師田父殷成周〼〔年〕

師田父令小臣傳非余，傳□

□朕考𤔲師田父令，余□

□□官白㣇父賮〔賞〕小臣傳□

□白休，用乍朕考日甲寶□。

〔註156〕此處泐文，學者皆補以「才莽」二字，《史徵》及《銘文選》皆然，很有可能。

△〈井鼎〉〔附圖一一五〕六行三十字

隹〔唯〕七月，王才〔在〕

𦨶京，辛卯，王

𩵦〔漁〕于[illegible]，乎〔呼〕

井從漁，攸易〔錫；賜〕

魚，對䚄〔揚〕王休，

用乍〔作〕寶隮鼎。

△〈帥隹鼎〉〔附圖一一七〕六行四十七字

帥隹懋䝨念王母

堇匄自乍〔作〕後，王母厚

商〔賞〕氒文母魯公孫用

鼎〔鼎〕，乃顀帥隹王母

隹用自念于周公孫

子，曰余弋母章又諲。

△〈鼓罍𣪘〉〔附圖一二〇〕四行存二十三字

□攸貯眔子鼓

罍鑄旅𣪘〔𣪘〕，隹〔唯〕巢

來钕，王令東宮

追吕六自之年。

△〈豦𣪘〉〔附圖一一九〕四行四十一字

豦拜𩒨首休朕匋君公白〔伯〕

易〔錫；賜〕氒臣弟豦井五[illegible]〔量〕，易〔錫；賜〕衮、冑、

干、戈。豦弗敢望〔忘〕公白〔伯〕休，對

䚄〔揚〕白休，用乍〔作〕且〔祖〕考寶隮彝。

△〈𢽾𣪘〉〔附圖一二一〕器蓋同銘，五行二十八字（合文一：五朋）

隹〔唯〕八月初吉

丁亥，白〔伯〕氏賓𢽾，

易〔錫〕𢽾弓、矢束、

馬匹、貝五朋。

𢽾用從，永䚄〔揚〕公休

△〈大乍大中殷〉〔附圖一二二〕五行四十字
唯六月初吉丁子〔巳〕，王
才〔在〕奠，蔑大歷〔曆〕，易〔錫〕芻𦍩
剛〔犅〕，曰：「用啻〔禘〕于乃考。」大
拜稽首對䫉〔揚〕王休，用
乍〔作〕朕皇考大中障殷。
△〈段殷〉〔附圖一二三〕六行五十七字（重文二：孫、子）
唯王十又亖〔四〕祀十又一月
丁卯，王鼎畢𤇈，戊辰曾。
王蔑段歷，念畢中〔仲〕孫子，
令龔𡚸饋大則于段，敢
對䫉〔揚〕王休，用乍〔作〕殷，孫=子=
邁〔萬〕年用亯祀，孫子𠬝引。
△〈農卣〉〔附圖一二四〕器蓋連文，器六行四十八字，蓋一行三字
器銘
隹〔唯〕正月甲午，王才〔在〕□
应。王窺〔親〕令〔命〕白〔伯〕㫚曰：「母〔毋〕
卑農弋事氒咎妻，農，
迺畜氒㚤、氒小子、小
大事，母〔毋〕又〔有〕田。」農三拜
稽首，敢對陽〔揚〕王休，從
蓋銘
乍〔作〕寶彝。
△〈服方尊〉〔附圖一二六〕三行十四字
服肇夙〔夙〕夕明
亯，乍〔作〕文考日
辛寶障彝。
△〈晉殷〉〔附圖一二五〕六行四十五字（重文一：子）
隹〔唯〕亖〔四〕月初吉丁卯，王

穮䂃䂃〔曆〕，易〔錫；賜〕牛三，䂃
既稽〔拜〕韻首，升于𠂤
文取〔祖〕考，䂃對䫹〔揚〕王
休，用乍〔作〕𠂤文考障𣪘，
䂃眔𠂤子=孫永寶。

△〈輔師嫠𣪘〉〔附圖一二八〕十行一百零二字（重文二：子、孫）
隹〔唯〕王九月既生霸甲寅，王
才〔在〕周康宮，各大室，即立〔位〕。焚〔榮〕
白〔伯〕入右輔師嫠，王乎〔呼〕乍〔作〕冊
尹冊令嫠，曰：「更乃且〔祖〕考嗣
輔，𢦏易〔錫；賜〕女〔汝〕韋市素黃、䜌旂。
今余曾〔增〕乃令，易〔錫；賜〕女玄衣黹
屯〔純〕、赤市朱黃、戈彤沙琱𢦔、
旂五日，用事。」嫠捧韻首敢
對䫹〔揚〕王休令，用乍〔作〕寶障𣪘，
嫠其萬年子=孫=永寶用事。

不管就銘文內容或者是器形、花紋、書法風格等各方面來看，這十六件的任何一件都沒有足夠的理由定在穆王時代，其中的〈𨑓乍父癸方彝蓋〉很可能是殷代器，而〈乍冊䰧卣〉、〈命𣪘〉、〈䡅白馭𣪘〉、〈小臣傳卣〉本文認為其時代皆在西周早期；〈𡩜𣪘〉、〈㪤𣪘〉、〈帥隹𣪘〉、〈大乍大中𣪘〉、〈䢅卣〉、〈䂃𣪘〉都應為西周中期器；〈輔師嫠𣪘〉本文認定為西周晚期器；其他如〈井鼎〉可能是西周中期器，不排除為早期器。因此，不將這些器收為穆王時代器。

十三、以曆朔定而非穆王時代器

在研究銅器斷代方面，以曆朔為主要方法來從事銅器斷代研究的學者中以吳其昌及張聞玉二位先生為代表，與將考釋銘文視為第一方法的學者相較之下，吳、張二位先生在銅器斷代上的意見常有不少的出入，這當然是方法不同所致。曆朔用於斷代非不可行，而是在使用這樣的方法時當知其內在可能的缺憾，一來西周曆法在置閏及月相的處理上，學者們仍有不同的意見；再者西周各王在位的年數仍未可定，以致爭議時起；另外，天象的曆朔可推，然周人所用的是否能完全相應，這也得考量；還有一點不可不留意，銘文中

的記日是否有習稱或套語格式的情況，這些都是以曆朔爲斷代方法在使用時面臨的不確定變因。

吳其昌先生的研究，先後受到郭沫若及容庚兩位先生的質疑（參本文第二章「研究回顧」），其說法的失誤，已爲銅器斷代學界周知，例如他依曆朔將〈休盤〉定爲穆王時代器，此器銘文八行九十一字（重文二：子、孫）〔附圖一二九〕，其文爲：

隹〔唯〕廿年正月既望甲戌，王才〔在〕
周康宮，旦，王各大室，即立〔位〕，益
公右徒〔走〕馬休，入門，立中廷，北
鄉〔嚮〕。王乎〔呼〕乍〔作〕冊尹冊易〔錫〕休：玄衣、
黹屯〔純〕、赤市朱黃、戈琱胾彤沙
□〔厚〕必、緣旂。休拜䭫首，敢對䫹〔揚〕
天子不〔丕〕顯休令，用乍〔作〕朕文考
日丁障般〔盤〕，休其萬年子=孫=永寶。

就這件器出現的人物「益公」及銘文風格等判斷，都不應早於穆王時代，目前學者們認爲此器可能在恭王以後。

張聞玉先生在斷代上用了所謂「銅器、典籍與天象三正合一」的研究方法〔註157〕，然而其所定各器年代和各家所論者出入不小，就以穆王時代器而言，張先生認爲〈牧𣪘〉、〈此𣪘〉、〈吳方彝蓋〉、〈望𣪘〉、〈伯克壺〉、〈善夫山鼎〉等皆爲穆王時代器〔註158〕，這幾件器的銘文如下：

△〈牧𣪘〉〔附圖一二七〕存二十一行二百二十一字（重文二：子、孫；合文：☰四）

隹〔唯〕王七年十又三月既生霸甲
寅，王才〔在〕周，才〔在〕師汓父宮，各大
室，即立〔位〕，公[illegible]入右牧立中
廷。王乎〔呼〕內史吳冊令〔命〕牧，王若

〔註157〕此方法之名爲張聞玉先生自述，見於其〈西周朔閏表〉（收於《西周王年論稿》，貴陽：貴州人民出版社，1996年9月）頁236，在張先生的多篇文章中，他一再宣揚此一方法，在本文第二章「研究回顧」已有介紹其說法，此不再贅述。

〔註158〕張聞玉〈西周王年足徵〉，收於朱鳳瀚及張榮明編《西周諸王年代研究》（貴陽：貴州人民出版社，1998年7月），頁370～372。

曰：「牧！昔先王既令女〔汝〕乍〔作〕嗣士，
今余唯或𣪘𢼊〔改〕，令女〔汝〕辟百寮，
有冋吏𠬝迺多𤔲〔亂〕，不用先
王乍井〔型〕，亦多虐庶民，氒訊庶
右𡚬，不井〔型〕不中，迺侯之𣪊〔耤〕，
以今𣪘司匍氒辠昏故。」王曰：
「牧，女〔汝〕母〔毋〕敢▨先王乍〔作〕明井〔型〕
用，雩乃訊庶右𡚬，母〔毋〕敢不明不
中不井〔型〕，乃申〔？〕政事，母〔毋〕敢不尹入不
中不井〔型〕，今余隹〔唯〕𤕌〔申〕𠅏乃命，易〔錫；賜〕
女〔汝〕𩰫鬯一卣、金車、𠦪較、畫𨌲
朱虢𩍐𧶫、虎冟熏裏、旂、余
▨〔馬〕四匹〔合文〕、取▨寽。苟〔敬〕夙〔夙〕夕勿
灋〔廢〕朕令。」牧拜稽首敢對䚄〔揚〕王
不〔丕〕顯休，用乍〔作〕朕皇文考益
白〔伯〕寶䵼𣪘，牧其萬年壽考，
子=孫=永寶用。

△〈此𣪘〉〔附圖一三〇〕共八件，器蓋同銘，十行一百十二字，又有〈此鼎〉02821—1312、02822—1313、02823—1314 三件，銘文亦同（字數因鏽而出入），今據𣪘銘：
隹〔唯〕十又七年十又二月既生
霸乙卯，王才〔在〕周康宮𢓊宮，旦，
王各大室，即立〔位〕，嗣土毛弔〔叔〕右
此入門，立中廷，王乎〔呼〕史翏冊
令此，曰：「旅邑人、善夫！易〔錫；賜〕女〔汝〕玄
衣黹屯〔純〕、赤市朱黃，䜌旅〔旂〕。」此敢
對䚄〔揚〕天子不〔丕〕顯休令，用乍〔作〕朕
皇考癸公䵼𣪘，用亯孝于文
𤕌〔申〕，匃眉壽，此萬年無疆，
畯臣天子，霝冬〔終〕，子=孫=永寶用。

△〈吳方彝蓋〉〔附圖一三二〕十行一百零二字（合文一：☰匹）

隹〔唯〕二月初吉丁亥，王才〔在〕周
成大室，旦，王各廟，宰朏右
乍〔作〕冊吳入門，立中廷，北鄉〔嚮〕，
王乎〔呼〕史戊冊令吳：「嗣旃眔
叔金，易〔錫；賜〕䰛鬯一卣、玄袞衣、赤
舄、金車、㭘圅朱虢靳、虎冟
熏裏、㭘較、畫轉、金甬、馬亖〔四〕匹〔合文〕、
攸勒。」吳拜𩒨首，敢對𩢲〔揚〕王
休，用乍〔作〕青尹寶隮彝，吳其
世子孫永寶用。隹〔唯〕王二祀。

△〈望𣪘〉〔附圖一三一〕器銘九行八十二字（重文一），
蓋銘十行八十九字（重文二），依蓋銘
隹〔唯〕王十又三年六月
初吉戊戌，王才〔在〕周康
宮新宮。旦，王各大室，即立〔位〕，
宰倗父右望，入門，立中廷，
北鄉〔嚮〕，王乎〔呼〕史年冊令望：「死
嗣畢王家，易〔錫；賜〕女〔汝〕赤❽市、䜌，
用事。」望拜𩒨首對䍐〔揚〕天
子不〔丕〕顯休，用乍〔作〕朕皇
且〔祖〕白〔伯〕囧父寶𣪘，其彌〔萬〕
年子=孫=永寶用。

△〈伯克壺〉（〈白克壺〉）〔附圖一三三〕十一行五十八字（重文：子、
孫）
隹〔唯〕十又六年
十月既生雨〔霸之殘〕
乙未，白〔伯〕大師
易〔錫；賜〕白〔伯〕克僕卅
夫，白〔伯〕克敢對
䍐天右王白〔伯〕
友，用乍朕穆

考後中障章〔壺之誤〕，
克用匃釁壽
無彊，克克其
子=孫=永寶用言。

△〈譱夫山鼎〉〔附圖一三四〕十二行一百二十一字（重文二：子、孫）
隹〔唯〕卅又七年正月初吉庚
戌，王才〔在〕周，各圖室，南宮乎
入右譱夫山，入門，立中廷，
北鄉〔嚮〕，王乎〔呼〕史桒冊令山，王
曰：「山！令女〔汝〕官嗣歓獻人于
㒼，用乍〔作〕害〔憲〕司貯，母〔毋〕敢不譱〔善〕，
易〔錫；賜〕女〔汝〕玄衣黹屯〔純〕，赤市朱黃、
䜌旂。」山拜韻首，受冊佩目
出，反入〔納〕堇〔瑾〕章〔璋〕，山敢對䚄〔揚〕天
子休令，用乍〔作〕朕皇考弔〔叔〕碩
父障鼎，用旛〔祈〕匃釁〔眉〕壽𩦎
𤔲〔綰〕，永令，霝冬〔終〕，子=孫=永寶用。

這幾件器的時代都在恭王以下，〈此毀〉與〈白克壺〉及〈譱夫山鼎〉時代在西周晚期，這一點是可以確定的。〈吳方彝蓋〉及〈望毀〉也不可能早到穆王時期，這兩件器當是西周中期恭王以後的器。

第二十二節　小　結

根據上面的討論，本文對這些器做了分級，屬於穆王時代三級器（相關器）的有：

◎毛班組器：〈班毀〉
◎豐組器：〈豐尊〉、〈豐卣〉、〈豐爵〉三件、〈父辛爵〉、鳥紋爵
◎𢦚組器：〈𢦚方鼎一〉、〈𢦚方鼎二〉、〈𢦚鼎〉、〈𢦚毀一〉、〈白𢦚乍旅毀〉、〈𢦚甗〉、〈白𢦚歓壺一〉、〈白𢦚歓壺二〉
◎彔組器（由原𢦚組器分出）：〈彔𢦚卣〉、〈彔毀一〉、〈彔毀二〉、〈彔毀三〉

◎白雄父組：〈𩫏鼎一〉、〈遇甗〉、〈穭卣〉、〈臤尊〉、〈白雄父盤〉、〈𩫏鼎二〉

◎其他組：〈廿七年衛毁〉、〈虎毁蓋〉

一共是二十八件。就器類來分：鼎五件、毁八件、甗二件、爵五件、尊二件、卣三件、飲壺二件、盤一件。

屬於穆王時代四級器（可能器）的有：

◎毛班組器：〈孟毁〉、〈䆣毁〉

◎靜組器：〈靜毁〉、〈靜卣〉、〈小臣靜彝〉

◎豐組器：〈䍩觶〉、貫耳壺、鳥紋觚二件、鳥紋觶二件

◎𢦏組器：〈白𢦏毁〉

◎競組器：〈中競毁〉、〈縣改毁〉、〈競卣一〉、〈競卣二〉、〈競毁〉、〈競鼎〉、〈競尊〉、〈競盉〉

◎庚贏組器：〈庚贏卣〉、〈庚贏鼎〉

◎貉子組器：〈己厌貉子毁蓋〉

◎其他組：〈呂齋〉、〈繁卣〉、〈𧺆鼎〉、〈𩞢父盉〉

一共是二十七件。就器類來分：鼎四件、毁八件、尊一件、卣五件、盉二件、壺一件、觶三件、觚二件、不名器類者一件。

三級器在時代器研究所能提供的可信度較高，而四級器並非不可信，而是在論證上能游移的空間較大。分級的最大意義在於提供銅器比對時的參考，以較好的級數的器物做爲比對聯繫的對象，所得到的結論自然較爲可信。一般而言，銘文對於精細的斷代助益最大，至於器形、紋飾及文字風格則提供了重要的佐證，曆朔應在小的時段中較有助於辨別某幾件器可不可能在同一王世，但曆朔所提供的是次要的佐證，如果光就此而據以論定某器時代，則失之毫釐，謬以千里。這一章節筆者判斷的理由主要在銘文內容，銘文提供的人物及事件是十分重要的依據，其次用字習慣與地名等也是很重要的參考。在器形紋飾方面，能游移的空間較大，所以光以這些論斷，很難列爲三級器，除非有出土的器群佐證。在這樣的態度上，本章將學者所討論的穆王時代器加以取捨與分級，由於作者所接觸有限，可能有漏收的器物，或由於對某器資料的掌握不全面，以致判斷有誤。如果發現，本文必然會加以修正，冀能更爲完備。

第七章　結　論

馬承源先生主編的《中國青銅器》一書中，對斷代在研究上的影響做了扼要的說明：

> 青銅器的準確斷代是青銅器被作爲實物史料運用的先決條件。斷代不確，實物史料的運用就無從談起，由此得出的結論，必不合乎歷史事實。〔註1〕

這便是爲什麼本文一直強調斷代與分級的重要性，穆王時代一級器、二級器（以上爲標準器）及三級器（相關器）是能肯定的穆世器，至於四級器雖然可能性也不小，但是因爲四級器較不能確定，本文在討論穆王時代器的特徵時，爲了取證對象的「純」與「正」，先不將四級器列入討論，免有材料去取上不純正的顧慮。

本文對穆王時代器共分了二十二組，分別是：

標準器組（含長囟組器）	毛班組器
靜組器	豐組器
彧組器（含彔組器）	師雄父組器
競組器	庚贏組器
貉子組器	井白組器

〔註1〕馬承源主編，陳佩芬、吳鎮烽、熊傳薪編撰《中國青銅器》（上海・上海古籍出版社，1988年7月），頁407。

白懋父組器	免組器
弭弔組器	守宮組器
雁公組器	效組器（含效父組器、[illegible]父組器）
季𩰫組器	𩁹医組器
遣弔組器	眉[illegible]王組器
白戋組器	其他組器

第三章專門探討「標準器組」，對象是二件一級器、二件二級器、三件三級器：

◎一級器：〈適毀〉、〈長囟盉〉

◎二級器：〈剌鼎〉、〈鮮毀〉

◎三級器：〈長囟毀〉二件、〈長囟盤〉

在第五章「穆王時代相關銅器的初步繫聯」第三節「考古繫聯」中本文提出了幾件三級器：

◎長安普渡村長囟墓：〈繁罍〉與三件鼎（編號分別是：補、003、6）

◎長安花園村十五號墓：〈戎珮尊〉、〈戎珮卣〉、〈麃父尊〉、〈麃父卣〉。

◎長安花園村十七號墓：〈白姜鼎〉、尊、卣

一共是十一件。

在第六章「小結」，筆者提出二十八件三級器，分別爲「毛班組器」一件、「豐組器」七件、「㦵組器」八件、「彔組器（由㦵組器分出）」四件、「白雒父組器」六件、「其他組器」二件：

◎毛班組器：〈班毀〉

◎豐組器：〈豐尊〉、〈豐卣〉、〈豐爵〉三件、〈父辛爵〉、鳥紋爵

◎㦵組器：〈㦵方鼎一〉、〈㦵方鼎二〉、〈㦵鼎〉、〈㦵毀一〉、〈白㦵乍旅毀〉、〈㦵甗〉、〈白㦵飲壺一〉、〈白㦵飲壺二〉

◎彔組器（由原㦵組器分出）：〈彔卣〉、〈彔毀一〉、〈彔毀二〉、〈彔毀三〉

◎白雒父組：〈甗鼎一〉、〈遇甗〉、〈稓卣〉、〈臤尊〉、〈白雒父盤〉、〈甗鼎二〉

◎其他組：〈廿七年衛毀〉、〈虎毀蓋〉

本文提出的一級至三級器共爲四十六件（第三、五、六章）：二件一級器、二

件二級器，四十二件三級器，這一章乃就以上的四十六件爲對象，探討穆王時代器的特徵。

在四級器方面，雖然其斷代的證據較不明確，但是在研究上也可爲參考，若將來考古上能有相關銘文的問世，或許便能將四級器做分級上的提昇。本文將四級器整理如下，以利學術研究：

本文第五章考古繫聯時，提出的四級器有

◎長囟墓（長囟組器）：〈乍寶鼎〉、〈□辛亞觚〉二件、鐘三件、壺一件、鬲二件，凡九件

◎普渡村二號墓：〈弔乍旅鼎〉一件

◎臨潼南羅墓：〈中甗〉、〈員盤〉、鼎四件、鬲一件、毀二件、盉一件，凡十件

◎扶風齊家十九號墓：〈乍旅鼎〉二件、〈乍旅毀〉二件、〈父乙甗〉、尊一件、卣一件、爵二件、觶一件、盉一件，凡十一件

◎茹家莊一號墓：〈強白盤〉二件、壺一件、編鐘一組三件，凡六件

◎茹家莊二號墓：〈強乍井姬鼎〉、〈強白乍井姬穸鼎〉、〈強白乍井姬方鼎〉、〈強白乍井姬鼎〉二件、鬲二件，凡七件

考古繫聯共得四十四件，其中鼎十三件、鬲五件、毀四件、甗二件、爵二件、觶一件、觚二件、尊一件、卣一件、盉二件、壺二件、盤三件、鐘六件。

在第六章分組討論時，本文所提出的四級器有二十七件，其中鼎四件、毀八件、觶三件、觚二件、尊一件、卣五件、盉二件、壺一件、不名器類者一件：

◎毛班組器：〈孟毀〉、〈宊毀〉

◎靜組器：〈靜毀〉、〈靜卣〉、〈小臣靜彝〉

◎豐組器：〈龠觶〉、貫耳壺、鳥紋觚二件、鳥紋觶二件

◎或組器：〈白或毀〉

◎競組器：〈中競毀〉、〈縣改毀〉、〈競卣一〉、〈競卣二〉、〈競毀〉、〈競鼎〉、〈競尊〉、〈競盉〉

◎庚贏組器：〈庚贏卣〉、〈庚贏鼎〉

◎貉子組器：〈己医貉子毀蓋〉

◎其他組：〈呂齋〉、〈繁卣〉、〈趞鼎〉、〈爾父盉〉

由以上可知，本文共舉出四級器七十一件。器類包含食器、酒器、水器及樂

器，能提供的參考亦為廣泛。

第一節　穆王時代銅器所呈現的特色

銘文內容可補史籍之闕，本文所斷定的這四十六件穆世一至三級器，其銘文所呈現的內容以戰事和禮制為主要事件，國之大事在祀與戎，這裡反映出來的也正是這兩方面為多。

戰事方面：〈班設〉載毛班參預其父毛公、呂白及吳白的東征之事，銘文提到「三年靜東或」，可見戰事之大，這很可能和古籍所載徐戎侵洛有關；〈𢦚方鼎二〉提到了𢦚率虎臣禦淮戎，這和〈𢦚設〉的「率有嗣、師氏奔追劉戎于臧林，博戎𢦏」、〈彔卣〉淮夷伐內國，彔戍于[illegible]〔由〕自也應是相關的，〈穞卣〉及〈臤尊〉也提到戍于由自之事，這些器都提供了穆王時代軍事活動的重要記錄；另外〈彔設一〉、〈𩰫鼎一〉、〈遇甗〉記載白雄父等在𢦏活動，以上九件器應是同一件事，和徐戎戰事相關。《史記》及今本《竹書紀年》記載穆王聯合楚軍平息了徐戎的入侵，由銘文來看，𢦚（即白雄父）和毛公、吳白、呂白、毛班及彔、臤、穞、𩰫、遇等都領兵作戰，毛公和𢦚可能是這場作戰的指揮，而這場戰爭應是歷時三年才討平，凡此皆適足以補史書所載之不足。

在禮制方面：雖然不能判斷穆王時代對禮制有多少創新，不過由銘文來看〈遹設〉和〈長囟盉〉都提到了「饗射」之禮；〈剌鼎〉和〈鮮設〉提到了「禘祭昭王」的大典；〈班設〉提到更服之事；〈豐尊〉與〈豐卣〉提到了「㲋」這樣的古禮；〈𢦚方鼎一〉更提到了王俎姜（周王后妃）使內史對𢦚賞賜了「玄衣朱襮裣」，𢦚的身分可能是諸侯，對於賞賜品和受賜人身分的研究，提供了寶貴的材料；〈廿七年衛設〉記錄冊命之典舉行的儀節「王各大室，即立〔位〕、南白入右〔佑〕」、「裘衛入門，立中廷，北鄉〔嚮〕」然後王呼內史錫裘衛「載市、朱黃、䜌」，這在本文所列的四十六件穆世器中是唯一記錄冊命典禮的，在西周中期這樣的典禮很常見；其他的器提到的賞賜有貝與金（赤金），更值得留意的是〈穞卣〉銘文記錄師雄父（即𢦚）賞錫穞「貝卅寽」，以寽為貝的計量。本文在探討上，對於「禘祭」及「饗禮」著墨較多，乃因和標準器銘文關聯性大。以上所舉的各種禮制，唯「單獨禘祭昭王」本文推測必在穆王世，其他的禮制可能肇始於西周或者殷商，但可以肯定的是在穆王時代，這些禮制應是常舉行的。

另外，〈長囟盉〉提到的地名「下淢」，非常有可能和穆王都鄭有關，根據劉啓益先生的研究（參本文第二章「研究回顧」第九節）下淢在西鄭，即現今的陝西省鳳翔縣，這對於穆王時代的活動，提供了重要的訊息。

字體風格方面，穆王時代銘文呈現的是西周早期與中期之交，兩期風格皆具的特徵。西周早期銘文的書體，基本上承繼了商代的作風。但是隨著周人滅商後，在商代文明的基礎上又逐步建立了具有自己特點的高度文明。西周早期的書體穩健凝重，雄肆遒勁，雋美瑰偉，筆劃起止皆展露鋒芒，並且有明顯的波磔筆劃。西周中期銘文書體比早期有了較大的變化，形體結構，運筆情勢逐漸脫去早期的作風，表現較爲圓潤典雅、規整拘謹的風格。穆王時代的銘文書體就反映了由早期過渡到中期的特點：〈遹設〉、〈長囟盉〉〈刻方鼎一〉等器還可見到早期的波磔現象，〈刻設〉、〈豐尊〉、〈豐卣〉的銘文字跡中也還保留著肥筆與首尾出鋒的現象。不過，這時期的書風已無早期瑰異雄肆，遒勁凝重的味道。

在各別筆劃方面，王字末筆有肥筆上曲的寫法，也有平整的寫法，這就反映出西周早期與中期銘文書體並存的特色。偏旁宀字兩側有交成方角的，也有作圓弧狀的。《中國青銅器》一書歸結性地指出：

> 特別是穆王之世，「王」字下部仍顯肥碩，「宀」頭作銳頂聳肩，兩側略有弧度；數字一至四的橫劃，仍像早期那樣前粗後細；「其」字頭上仍作平筆；「障」字所從的酉字上部的兩豎筆多出頭；「貝」字下兩筆或在內或移在左右兩筆的頂頭；「于」字不再有「玗」形；「文」字有從心和僅作一點兩種；文王武王不再從王旁。〔註2〕

穆王在早中期之交，其時代器難免存在早期與中期的過渡特徵，因此這時代的銘文風格自然是較複雜的，上面引文中提到的是常見的狀況，很具參考價值，然穆王時期銘文常出現西周早期的字體寫法，因此以字體判定時代當要結合器形花紋等特徵做綜合判斷才行。大致而言，穆王時代字體的變化正朝著便利書寫的方向，這也是形系文字書寫進化的大勢。

穆王時代銅器在器形方面較爲突出的特色是：向「寬矮」的比例發展，也就是說與西周早期器的器高與器寬就比例上來看，穆王時代器器寬所佔的比例更大更多。這一點在鼎、設、尊、卣上表現的至爲明顯：

〔註 2〕馬承源主編《中國青銅器》（上海：上海古籍出版社，1988 年 7 月），頁 385。

鼎：本文所認定爲穆王時代器的鼎有一件標準器及八件三級器，其中方鼎二件。在圓鼎方面，〈剌鼎〉的腹部已呈現出淺而寬的特色來，該器器腹的下半部鼓垂，底部近於平面，整個器看起來，使人感受到的不是高大，而是寬矮的傾向。長安普渡村長囟墓出土的三件鼎（補、3、006）也是以腹寬爲特色，003 號鼎更爲典型。〈𢦚鼎〉器身的曲線更值得注意，由頸部紋飾下方接著的腹部開始向外斜出，到了近底部時，一個垂傾的腹，達到最大徑，這樣的曲線別有種韻緻；〈白姜鼎〉與長囟墓補號鼎的形制相近，但其腹部曲線較不像其他鼎的腹部垂鼓，且底部也比較不平，顯然較爲保留西周早期的造形。在方鼎方面，西周出土的方鼎數量本來就不多，穆王時代的兩件〈𢦚方鼎〉腹部的圓折角與常見的方鼎有別，這樣的造形雖在西周早期已見，然而數量仍少。〈𢦚方鼎二〉的雙附耳，在之前的方鼎中並不多見。另外，還應注意的一點，不管是圓鼎或方鼎，穆世器的鼎足都顯得細小，方鼎的四足更是矮短，這也是穆世器的一項特色。

𣪘：二件標準器與九件三級器，在四十六件器中佔的比例最高。𣪘是各類銅器進入西周時代後最能顯現出周人特色的器類，從〈利𣪘〉和〈天亡𣪘〉的方座造形開始，似乎周人將創意努力地表現在𣪘這類器上，圈足下附三足的𣪘也成了周文化的產物。穆王時代器的𣪘形大致可以分爲三類來看：第一類以〈長囟𣪘〉、〈鮮𣪘〉、〈𢦚𣪘〉、〈彔𣪘〉、〈班𣪘〉及〈廿七年衛𣪘〉爲代表，〈長囟𣪘〉、〈𢦚𣪘〉、〈彔𣪘〉與〈廿七年衛𣪘〉都有蓋，其腹部以下部垂鼓爲重要特徵，〈鮮𣪘〉亦是下腹部鼓出的造形，不過似乎更爲寬扁，這類𣪘中，〈班𣪘〉的腹部應是最寬扁的。第二類是爲扁球形𣪘，〈遹𣪘〉屬之，在西周銅𣪘發展史上，此爲首次出現扁球形腹，最寬徑在腹的中央，與第一類是不同的，圈足下有三柱足，耳爲獸首銜環，就這些特點來看，在西周銅𣪘中是極少見的。第三類是〈白𢦚乍旅𣪘〉，盂形的腹，此器的出土有助我們對𣪘形器和盂的關係做聯繫。在耳的造形上以〈班𣪘〉最特別，珥作象鼻形，且引長成爲器足，在銅器中甚爲罕見，另外，〈𢦚𣪘〉和〈彔𣪘〉的兩耳就是兩隻浮雕鳥形，也是應留意的。

甗：二件，皆三級器。穆王時代的甗與西周早期的比較起來，鬲部三足顯得較短，除了這一點外，大致上差別不大。

爵：五件，同出陝西扶風莊白一號窖藏，皆三級器。銅爵的盛行時代在殷商，西周中期則進入尾聲。穆王時代的爵流兩側較高，柱在流與口的交接處，甚至退到流後一些距離，三件〈豐爵〉與〈父辛爵〉及鳥紋爵皆是，它們的柱已接近鋬邊緣的相對位置，器身較短而肥，顯得穩重。

尊：五件，皆三級器。這五件尊皆爲侈口，束頸，垂腹的造形，學者或稱爲「敞口袋形尊」，馬承源先生指出：

> 這時使用的主要是敞口袋形尊，此種尊在康王時期的青銅器已經出現，穆王時期相當流行，恭、懿時期急遽減少，孝、夷時期幾乎廢棄不用了。〔註3〕

這類尊在穆王時代到達高峰，更重要的是，這種器形在周人才成熟，它無疑也是周人器物文化的一員。

卣：六件，皆三級器。穆王時代的卣和西周早期形制是相同的，如果一定要說有什麼差別的話，那麼就是看起來較矮，也就是說器寬相對於器高來說比起西周早期的爲大。

罍：一件，出自陝西長安普渡村長囟墓，定爲三級器。此罍和西周早期的罍幾無差別，由於只有一件，很難比對出什麼現象來。

飲壺：二件，同出陝西扶風莊白村𢦏墓，皆三級器。〈白𢦏飲壺二〉是較大的一件，其形如尊，這兩件飲壺最重要的是有兩象鼻造形的耳，十分特別。飲壺是很罕見的器類，〈白𢦏飲壺〉的造形是首見之例。

盉：標準器一件，即〈長囟盉〉。束頸闊腹分襠，底如鬲形，管狀流尚無中晚後段的曲流現象。西周中期的盉較爲矮扁，足較短，〈長囟盉〉的足已是較短的類型，但與其他中期的盉比起來較沒那麼矮扁。

盤：兩件三級器。穆王時代的盤腹部比起早期的盤爲低淺，圈足也較低。值得留意的是〈白雒父盤〉在口部附了流，更具實用性，是很特別的變化。

在這裡討論了不少器類，不難發現穆王時代器在演變上所呈現異於西周早期的現象，那就是有寬扁或矮扁的趨勢，尤其鼎𣪘腹部，而尊卣在造形上，全器都顯現出這樣的特點來，馬承源先生對此解釋與觀察如下：

> 可見當時設計的要求是配套的，但是由於青銅禮器體制的變化，這種式樣不過行用了幾十年的時間就此銷歇了。〔註4〕

馬先生的解釋很正確，由於這樣的式樣流行不久，更成了判斷時代的一項指標。

〔註3〕馬承源《青銅禮器》（臺北：幼獅文化事業公司，1996年3月），頁111。
〔註4〕同上註，頁112。

紋飾方面，以鳳鳥紋最受矚目。對鳥紋做全面性研究始於容庚先生，在《商周彝器通考》中，他將鳥紋分爲十二種，其後不少學者陸續探討各種鳥紋的時代，陳公柔及張長壽二位先生在這方面的成果甚值得參考，他們將鳥紋分成小鳥紋、大鳥紋及長尾鳥紋三類二十五式，大鳥紋自殷末周初出現，一開始就成爲主題花紋，到了穆王時代仍是其鼎盛的時期；長尾鳥紋的流行時間從殷末到厲王時代。〔註5〕他們將鳥紋的三類二十五式製成圖譜〔附圖一〕及斷代表〔附圖二〕，清楚地可以查出各時代流行的情況，當然所論諸器斷代或與本文有出入，但是他們的圖表仍是目前對鳥紋研究最重要的參考資料。學者對於穆王時代流行的鳳鳥紋多所注意，也有很好的意見，馬承源先生主編的《中國青銅器》一書中就很清楚地指出：

> 鳳紋是西周中期具有特徵性的紋飾，雖然西周早期已經有一定數量的鳳紋，但在穆、恭時代似乎達到了高峰。……通常都呈對稱回顧形排列，有長而華麗的冠或分冠，喙大部作捲曲形。此類大鳳紋至懿、孝時期的青銅器上，已不易見到。〔註6〕

另外，張懋鎔與吳鎮烽兩位先生也做了很深入的觀察，對於時代的演變上有較清楚的說明，張先生也提到了裝飾的部位，並且對長尾鳥紋在西周中期演變成尾與身分離情況有所陳述，他們的觀察結果如下：

> 鳳紋繼續發展，至本期達到極盛點。垂冠大鳥紋尤引人注目，它的特點是鳥體豐滿，華麗的花冠自頭部下垂至足，尾羽也反捲下垂至足部，整體近似正方形，一般都在簋、卣的腹部作大面積的裝飾，佔據了整個腹部。這種突出的裝飾地位也是以前罕見的，它主要流行於穆王時期，是穆共時青銅器的特殊紋飾，具有重要的斷代價值，在中期偏晚時已不多見。長尾鳥紋在本期常見，它與西周早期不同的是，有不少鳥紋的鳥體與尾羽已分離，我們習稱爲「分尾鳥紋」。分尾鳥紋是西周中期鳥紋斷代的又一重要依據。這種分尾形式實質上是鳥紋的解體，是由鳥紋向幾何紋飾演進的第一步。〔註7〕
>
> 鳳鳥紋在周初得到了大發展，不但數量增多，并且從過去的條帶狀

〔註5〕陳公柔、張長壽〈殷周青銅容器上鳥紋的斷代研究〉，《考古學報》1984年第3期，頁265～285。

〔註6〕馬承源主編《中國青銅器》（上海：上海古籍出版社，1988年7月），頁438～439。

〔註7〕張懋鎔《青銅器鑒賞》（桂林：漓江出版社，1994年6月），頁116。

> 配飾，轉變到主題花紋上來了。種類除晚商的多齒鳳鳥、長冠鳳鳥和彎角鳳鳥紋繼續流行以外，體形龐大、構圖華麗的花冠大鳳鳥開始出現，并佔據器物的主要部位。……這種以鳳鳥爲飾的風氣，一直延續到西周中期，特別盛行於穆共之世。〔註8〕

在本文所認定的穆王時代器中，〈豐尊〉、〈豐卣〉、〈㦰𣪘〉所飾的大鳳鳥紋正如前面引文所述，爲時代特色的紋飾中最華麗的造形。〈剌鼎〉口下所飾的長冠顧首鳳鳥紋，鳥體豐滿，華麗的長冠下垂至足部，鳥尾捲曲甚長，也具有時代特徵。另外，兩件〈白㦰飲壺〉、三件〈豐爵〉及同出的鳥紋爵、〈𩁹鼎一〉等長尾鳥紋也應是穆王時代的常見鳥紋。

夔龍紋也有値得留意的特徵，〈鮮𣪘〉腹部飾以相向的大顧首大龍，龍首花冠下垂，花冠又作頭向下的吐舌龍紋，而整體有分解的傾向，正是康王以後，昭穆時期的特徵。另外，顧首夔龍紋也見於幾件穆王時代器，如兩件〈㦰方鼎〉、〈㦰鼎〉、〈白雄父盤〉等。兩件〈長囟𣪘〉、〈長囟盤〉所飾的Ｓ形複合長鼻夔龍紋也是應注意的。

〈遹𣪘〉通體飾以瓦紋，是很少見的，西周中期偏晚的𣪘腹部流行飾瓦紋，實開𣪘形器紋飾的新風氣。

〈班𣪘〉的獸面紋已無懾人的態勢，〈遇甗〉鬲部腹部的獸面紋則較有早期的風格。

第二節　文化上的新面貌

在討論完穆王時代的書法風格、器形及紋飾之後，我們不難對其「過渡性」有所體會與認識。吳鎮烽先生將西周中期及穆王時期在岐周、宗周及成周地區的銅器發展，做以下的陳述：

> 西周青銅藝術經過了近百年的發展，到西周中期達到了一個新的更加成熟的階段。早期那種帶有濃厚殷商文化特點的藝術風格，逐漸被一種獨特清新的藝術所替代。中期前段即穆恭二世是這種轉變的重要時期，無論是造型設計，還是紋飾構圖，都在發生巨變。這種轉變是意識形態變化在青銅藝術上的一種反映，岐周、宗周和成周

〔註8〕吳鎮烽〈岐周、宗周和成周地區青銅器概述〉，《中國青銅器全集·西周1》（北京：文物出版社，1996年7月），頁11。

的青銅器表現最爲明顯，同時也影響到畿内和全國各地的諸侯國。〔註 9〕

所謂意識形態的變化，本文認爲即周人風格的建立，這也和周初的制禮作樂有關，周人在近百年的文化成長中，漸漸消化了殷人的文化風習，融合創造出自己的文化品格來，從酒器的盛行轉爲重食器的禮樂文化，從獸面紋的詭懾轉變爲鳳鳥紋的活潑，這些變化是漸進的；由武成時期方座𣪘的創意及康昭時期對紋飾的開始置換，可以深刻感到周人風格正在不斷地嘗試中建立起來，由西周早期淳化大鼎〔附圖三〕將𣪘的器耳或酒器（爵、斝等）鋬的造形移到鼎腹上，及𣪘的圈足下不斷地求變化，如龍紋𣪘〔附圖四〕、〈攸𣪘〉〔附圖五〕等加以三足，這些現象都說明周人力求創新，將巧思用在建立起自己風格的理想上。

到了穆王時代這樣的嘗試有了明顯的成果，建立起時代的特徵，開始呈現出與殷代及西周早期不同的面貌來，應強調的是西周早期周人已在文化上力求與殷人不同的風格，但是這要到了穆王時代才較爲全面的展現出區別來；恭王、懿王時期，周人風格完全置換了殷人的特色，郁郁乎文哉的周人文明給人更深刻的印象與體會。

第三節　研究展望

穆王時代的銅器在西周銅器的研究上有著「轉捩點」、「分水嶺」的地位，上承西周早期的特點，下啓中期的風格，因此穆王時代器的研究，正有助於了解西周銅器體系的轉變，及周人風格形成的過程。

自郭沫若先生以來，對西周銅器斷代做專門課題研究的以陳夢家、唐蘭、劉啓益等三位先生，及上海博物館《商周青銅器銘文選》的編輯學者可爲代表，陳、唐兩位先生都未及完成大作，著實讓人感到十分遺憾，劉先生則以器形、花紋、字體風格、曆朔、考古等方面切入斷代研究，在銘文考釋上顯得較不突出，但他對西周各個王的時代器都有專文探討，其貢獻自不在話下；《商周青銅器銘文選》乃繼《兩周金文辭大系》之後，對西周銘文進行大規模考釋與斷代而能完成的大作品。以上這些學者，都建立起一套自己的斷代體系，其成果皆令人佩服。然而地不愛寶，銅器不斷出土，某些觀念及結論

〔註 9〕吳鎮烽〈岐周、宗周和成周地區青銅器概述〉，頁 12～13。

都不得不加以修正，各家在斷代上或多或少滲入自己主觀的臆測，以致各種說法分歧仍廣泛地存在著。

本文以穆王時代器做斷代學的研究專題，這可以說是本文作者冀望對銅器斷代有更深的認識，也可以說是作者想藉由這樣的機會，對學者們的意見加以驗證，這樣的功夫如同數學練習中的驗算，經由這過程，可以了解到之前研究的成果可信度如何？已取得怎樣的成果？還有那些未備之處？

完成此一專題，穆王以前的成王、康王、昭王都還値得從事專題探討，唐蘭先生在昭王時代器下的功夫最深，這對於他在分辨成王器與西周中期器，有直接的裨益。西周中期恭王到晚期的夷王這四世、晚期的厲宣兩世，都還存有不少斷代上的爭議問題，這也亟待學者做驗證及分級的研究，因此本文正可以視爲作者探討這些問題的一個起點。

另外，有些課題也是斷代研究的共生者，例如由商代的獸面紋和西周的鳳鳥紋，很容易看出這兩種文化的差異；銅器的紋飾正提供上古藝術及思想研究的材料，這些研究經由斷代而更能排列出演變的趨向；在推廣上，經學也與此有密切的關連，三禮經文中記載的禮器名稱及使用與銅器的形制和銘文的自名，是不可分割的課題，《詩經》及《尚書》等經文中的成語和銘文的用語也是重要的一環，《尚書》、《左傳》的史實更可由銘文的記載而得到印證，凡此種種，都是本文課題可以再推廣的研究方向。

在細部斷代的研究後，對於銘文的格式、用字習慣及禮制等，必能有更精確的認識，這些課題雖有學者已進行探討，不過筆者相信對斷代陳說的修正，將對相關課題有直接的影響與貢獻。

銅器的研究，斷代是第一步的功夫，將器物的時代弄清楚了，才能有效地掌握銅器，也才能看出時代演變的大勢。所以作者擇穆王時代做爲一系列研究的第一步，此後，在經學、文字學、上古語法學、上古史地、先秦思想史等方面都是可以考量的領域，這些可以視爲此研究的推廣及拓展方向。在本文完成之時，也應是下一個計劃實行的開始。

◎本文所探討各器及其時代一覽表：

器　名	本文所定時代	頁　數
遹𣪕	穆世一級器	81～101、324、326～327、331
長囟盉	穆世一級器	113～131、324、326、327、329
剌鼎	穆世二級器	101～112、324、326、328
鮮𣪕	穆世二級器	44、132～142、324、326、328、331
長囟𣪕二件	穆世三級器	131、324、328、331
長囟盤	穆世三級器	131、324、331
鰲罍	穆世三級器	201～202、324
長囟墓鼎三件（補、003、6）	穆世三級器	203～204、324
戎珮尊	穆世三級器	215、324
戎珮卣	穆世三級器	216、324
麃父尊	穆世三級器	216、324
麃父卣	穆世三級器	216、324
白姜鼎	穆世三級器	214～215、324、328
長安花園村 M17 尊一件	穆世三級器	215、324
長安花園村 M17 卣一件	穆世三級器	215、324
班𣪕	穆世三級器	42～43、230～238、320、324、326、328、331
豐尊	穆世三級器	40～42、246～247、320、324、326～327、331
豐卣	穆世三級器	40～42、247、320、324、326～327、331
豐爵三件	穆世三級器	40～42、247、320、324、329、331
父辛爵	穆世三級器	247～248、320、324、329
微氏家族窖藏 鳥紋爵	穆世三級器	324
彔卣二件	穆世三級器	259～263、320、324、326
彔𣪕一	穆世三級器	259～263、320、324、326、328
彔𣪕二	穆世三級器	260～263、320、324、328
彔𣪕三	穆世三級器	260～263、320、324、328
𢦏方鼎一	穆世三級器	251～252、320、324、326、328、331
𢦏方鼎二	穆世三級器	251～252、320、324、326、328、331
𢦏𣪕一	穆世三級器	253～257、320、324、331
𢦏鼎	穆世三級器	252～253、320、324、328、331

爻甗	穆世三級器	257、320、324
白爻乍旅段	穆世三級器	257、320、324、328
白爻飲壺一	穆世三級器	257、320、324、331
白爻飲壺二	穆世三級器	258、230、324、329、331
𩵦鼎一	穆世三級器	264～266、321、324、326、331
𩵦鼎二	穆世三級器	264～266、321、324
遇甗	穆世三級器	265～266、321、324、326、331
稖卣	穆世三級器	265～266、321、324、326
臤尊	穆世三級器	265～266、321、324、326
白雒父盤	穆世三級器	265～266、321、324、329、331
廿七年衛段	穆世三級器	303～304、321、324、326
虎段蓋	穆世三級器	311～312、324
乍寶鼎	穆世四級器	202、203、325
□辛亞觚二件	穆世四級器	203、325
長囟墓鐘三件	穆世四級器	203、325
長囟墓壺	穆世四級器	204、325
長囟墓鬲二件	穆世四級器	204、325
弔乍旅鼎	穆世四級器	205、325
中甗	穆世四級器	207、325
眞盤	穆世四級器	207、325
臨潼南羅墓鼎四件	穆世四級器	207～208、325
臨潼南羅墓鬲一件	穆世四級器	208、325
臨潼南羅墓段二件	穆世四級器	208、325
臨潼南羅墓盉一件	穆世四級器	208、325
乍旅鼎二件	穆世四級器	208～209、325
乍旅段二件	穆世四級器	209、325
父乙甗	穆世四級器	209、325
扶風齊家 M19 尊一件	穆世四級器	209、325
扶風齊家 M19 卣一件	穆世四級器	209、325
扶風齊家 M19 爵二件	穆世四級器	209～210、325

扶風齊家 M19 觶一件	穆世四級器	210、325
扶風齊家 M19 盉一件	穆世四級器	210、325
𢐗白盤二件	穆世四級器	213、325
寶雞茹家莊 M1 壺一件	穆世四級器	213、325
寶雞茹家莊 M1 鐘三件	穆世四級器	213、325
𢐗乍井姬鼎	穆世四級器	211、325
𢐗白乍井姬孪鼎	穆世四級器	211～212、325
𢐗白乍井姬方鼎	穆世四級器	212、325
𢐗白乍井姬鼎二件	穆世四級器	212、325
寶雞茹家莊 M2 鬲二件	穆世四級器	212～213、325
孟𣪘三件	穆世四級器	239～240、321、325
㝊𣪘	穆世四級器	240～241、321、325
靜𣪘	穆世四級器	242～243、321、325
小臣靜彝	穆世四級器	243～244、321、325
靜卣	穆世四級器	243～244、321、325
𦎫觶	穆世四級器	321、325
微氏家族窖藏 貫耳壺	穆世四級器	325
微氏家族窖藏 鳥紋觚二件	穆世四級器	325
微氏家族窖藏 鳥紋觶二件	穆世四級器	325
白𢦚𣪘	穆世四級器	321、325
中競𣪘	穆世四級器	268～269、321、325
縣改𣪘	穆世四級器	270～271、321、325
競卣一	穆世四級器	269～271、321、325
競卣二	穆世四級器	269～271、321、325
競鼎	穆世四級器	268、321、325
競尊	穆世四級器	270、321、325
競盉	穆世四級器	268、321、325
庚贏卣	穆世四級器	272～273、321、325

競段	穆世四級器	269～270、321、325
庚嬴鼎	穆世四級器	272～273、321、325
己医貉子段蓋	穆世四級器	274～275、321、325
呂齋	穆世四級器	193～195、301～302、321、325
緐卣	穆世四級器	302～303、321、325
趞段	穆世四級器	305～306、321、325
䚄父盉	穆世四級器	307～308、321、325
[illegible]父癸方彝蓋	殷	312～313
寶甗	西周早期	202
白富父卣	西周早期	202
白富父爵	西周早期	203
[illegible]段	西周早期	205～206
茀且辛爵二件	西周早期	206
守宮觥	西周早期	288～289
守宮卣一	西周早期	288～289
守宮卣二	西周早期	288～289
守宮爵二件	西周早期	288～289
雁公方鼎二件	西周早期	289～291
雁公段二件	西周早期	289～291
雁公卣	西周早期	289～291
雁公觶	西周早期	289～291
效卣	西周早期	292～293
效尊	西周早期	292～293
[illegible]父方鼎三件	西周早期	292～293
貉子卣	西周早期	274～275
乍冊虢卣	西周早期	313
命段	西周早期	313
䦯白馭段	西周早期	313
小臣傳卣	西周早期	313
乍冊大方鼎四件	康昭世	304～305
小臣謎段	康昭世	279～284
沈子也段蓋	康昭世	279～284
小臣宅鼎	康昭世	280～284
呂壺	康昭世	280～284
御正衛段	康昭世	280～284

靜方鼎	昭王	244
師旂鼎	昭王	279～284
䍙尊	昭王	282
䍙卣	昭王	282
不壽設	昭王	308～309
宜医夨設	西周早期後段	309～311
寓卣	西周早中期	264
乍冊寓鼎	西周早中期	266～267
守宮鳥尊	西周早中期	288～289
井鼎	西周早中期	314
弭白匜	穆王以後	287～288
毛公旅鼎	西周中期	238～239
呂白設	西周中期	241
白遅父鼎	西周中期	271
守宮盤	西周中期	288～289
丼季㚸尊	西周中期	293～294
丼季㚸卣	西周中期	293～294
季㚸設	西周中期	293～294
遣弔吉父盨三件	西周中期	296
眉[illegible]王鼎	西周中期	296～297
眉[illegible]王設	西周中期	296～297
善鼎	西周中期	306～307
鼂設	西周中期	309
師隹鼎	西周中期	314
鼓罯設	西周中期	314
㕓設	西周中期	314
𢿢設	西周中期	314
大乍大中設	西周中期	315
段設	西周中期	315
農卣	西周中期	315
服方尊	西周中期	315
㫚設	西周中期	315～316
師遽方彝	恭王以後	275～278
徒設	恭王以後	276～278
利鼎	恭王以後	277～278

利𣪘	恭王以後	277～278
效父𣪘二件	恭王以後	291～293
休盤	恭王以後	317
牧𣪘	恭王以後	317～318
吳方彝蓋	恭王以後	318～319
望𣪘	恭王以後	319
㺇𣪘二	恭王以後	331
曶壺蓋	西周中期後段	276～278
免𣪘	西周中期後段	285
免匿	西周中期後段	285
免尊	西周中期後段	285
免盤	西周中期後段	285
史懋壺蓋	西周中期後段	286
彔白㺇𣪘	西周中期以後	260～263
弭弔盨一	西周中晚期	286～287
弭弔鬲三件	西周中晚期	287～288
弭弔師求𣪘二件	西周中晚期	287～288
弭弔盨二	西周晚期	287～288
鼉医駿方鼎	西周晚期	294～295
鼉医乍王姞𣪘三件	西周晚期	295
遣弔鼎	西周晚期	295～296
輔師嫠𣪘	西周晚期	316
此𣪘八件	西周晚期	318
白克壺	西周晚期	319～320
善夫山鼎	西周晚期	320
白戋盤	春秋	297～298
白戋盦	春秋	297～298

重要參考書目

一、民國以前古籍（依四庫分類法）

（一）經

1. 阮元刻本，《十三經注疏》，臺北：藝文印書館。
2. 皮錫瑞，《今文尚書考證》，臺北：藝文印書館。
3. 易祓，《周官總義》，四庫全書本。
4. 孫詒讓，《周禮正義》，臺北：藝文印書館。
5. 孫希旦，《禮記集解》臺北：文史哲出版社。
6. 毛奇齡，《辨定祭禮通俗譜》，四庫全書本。
7. 惠士奇，《禮說（皇清經解本）》，臺北：漢京出版社。
8. 許慎，《說文解字（大徐本）》，北京：中華書局。
9. 段玉裁，《說文解字注》，臺北：藝文印書館。
10. 吳大澂，《說文古籀補》，臺北：臺灣商務印書館。

（二）史

1. 司馬遷，《史記》，臺北：鼎文書局。
2. 班固，《漢書》，臺北：鼎文書局。
3. 范曄，《後漢書》，臺北：鼎文書局。
4. 馬驌，《繹史（四庫全書本）》；上海：上海古籍出版社。
5. 王謨輯，《竹書紀年（增訂漢魏叢書）》，臺北：大化書局。
6. 雷學騏，《竹書紀年義證》，臺北：藝文印書館。
7. 朱右曾，《逸周書集訓校釋》，臺北：臺灣商務印書館。
8. 左丘明《國語》，臺北：藝文印書館。

9. 紀昀等，《欽定四庫全書總目》，臺北：藝文印書館。

（三）子

1. 王先謙，《荀子集釋》，臺北：藝文印書館。
2. 劉向，《說苑》，臺北：文史哲出版社。
3. 尹知章，《管子》，臺北：世界書局。
4. 王先慎，《韓非子集釋》，臺北：藝文印書館。

（四）集

1. 洪興祖，《楚辭補注》，臺北：藝文印書館。
2. 段玉裁，《經韻樓集（皇清經解本）》，臺北：漢京出版社。

二、圖錄（拓本、摹本、圖版專類）

（一）銘文拓本或摹本

1. 薛尚功，《歷代鐘鼎彝器款識法帖》，北京：中華書局。
2. 王俅，《嘯堂集古錄》，北京：中華書局。
3. 清高宗敕撰，《西清古鑑（四庫全書本）》，臺北：臺灣商務印書館。
4. 阮元，《積古齋鐘鼎彝器款識》，臺北：台聯國風出版社。
5. 吳式芬，《攈古錄金文》，臺北：樂天出版社。
6. 吳大澂，《愙齋集古錄》，臺北：台聯國風出版社。
7. 方濬益，《綴遺齋彝器款識考釋》，臺北：台聯國風出版社。
8. 劉心源，《奇觚室吉金文述》，臺北：台聯國風出版社。
9. 鄒安，《周金文存》，臺北：台聯國風出版社。
10. 羅振玉，《三代吉金文存（三冊）》，北京：中華書局。
11. 嚴一萍，《金文總集》，臺北：藝文印書館。
12. 社科院考古所，《殷周金文集成》，北京：中華書局。

（二）圖　片

1. 陝西省考古所等，《陝西出土商周青銅器》北京：文物出版社，1980年。
2. 唐復年，《西周青銅器銘文分代史徵器影集》，北京：中華書局，1993年。
3. 李學勤、艾蘭，《歐洲所藏中國青銅器遺珠》，北京：文物出版社，1995年。
4. 馬承源主編，《中國文物精華大全．青銅器卷》，臺北：臺灣商務印書館，1994年。
5. 李西興，《陝西青銅器》，西安：陝西人民美術出版社，1994年。
6. 編輯委員會，《中國青銅器全集．西周1》，北京：文物出版社，1996年。

7. 編輯委員會，《中國青銅器全集・西周 2》，北京：文物出版社，1997 年。

三、民國專書及學位論文（學位論文視同專書）

（一）本國學者

1. 丁山，《商周史料考證》，北京：中華書局，1988 年。
2. 丁山，《中國古代宗教與神話考》，上海：上海文藝出版社，1988 年。
3. 丁福保，《說文解字詁林》，臺北：鼎文書局，1983 年。
4. 上海博物館，《商周青銅器紋飾》，北京：文物出版社，1984 年。
5. 上海博物館，《認識古代青銅器》，臺北：藝術家圖書公司，1995 年。
6. 于省吾，《雙劍誃吉金文選》，臺北：洪氏出版社，1976 年。
7. 于省吾，《甲骨文字釋林》，臺北：臺灣大通書局，1981 年。
8. 于省吾主編，《甲骨文字詁林》，北京：中華書局（姚孝遂編輯），1996 年。
9. 文物局文獻室，《出土文獻研究》，北京：文物出版社，1985 年。
10. 文物局文獻室，《出土文獻研究續集》，北京：文物出版社，1989 年。
11. 尹盛平，《西周微氏家族青銅器群研究》，北京：文物出版社，1992 年。
12. 方麗娜，《西周金文虛詞研究》，臺北：國立臺灣師範大學國文研究所碩士論文，1985 年。
13. 王文昶等三人，《銅器辨僞淺說》，北京：文物出版社，1991 年。
14. 王修齡、方詩銘，《古本竹書紀年輯證》，上海：上海古籍出版社，1981 年。
15. 王國維，《古本竹書紀年輯校、今本竹書紀年疏證》，臺北：藝文印書館，1974 年。
16. 王國維，《王觀堂先生全集（十六冊）》，臺北：文華圖書公司，1968 年。
17. 王國維，《古史新證——王國維最後的講義》，北京：清華大學出版社，1994 年。
18. 王貴民，《商周制度考信》，臺北：明文書局，1989 年。
19. 王輝，《古文字通假釋例》，臺北：藝文印書館，1993 年。
20. 中研院史語所，《上古史待定稿》，臺北：中央研究院歷史語言研究所，1985 年。
21. 北大歷史系，《商周考古》，北京：文物出版社，1979 年。
22. 北京市考古所，《北京考古四十年》，北京：北京燕山出版社，1990 年。
23. 北京師大國學所，《武王克商之年研究》，北京：北京師範大學出版社，1997 年。

24. 白川靜，《金文的世界——殷周社會史》，臺北：聯經出版社（蔡哲茂師、溫天河譯），1989 年。
25. 任遵時，《詩經地理考》，作者自印，1978 年。
26. 全廣鎮，《兩周金文通假字研究》，臺北：學生書局，1989 年。
27. 安金槐，《中國考古》，上海：上海古籍出版社，1992 年。
28. 朱文瑋、呂琪昌，《先秦樂鐘之研究》，臺北：南天書局，1997 年。
29. 朱希祖，《汲冢書考》，北京：中華書局，1960 年。
30. 朱鳳瀚，《古代中國青銅器》，天津：南開大學出版社，1995 年。
31. 朱鳳瀚、張榮明，《西周諸王年代研究》，貴陽：貴州人民出版社，1996 年。
32. 江淑惠，《郭沫若之金石文字學研究》，臺北：華正書局，1992 年。
33. 何光岳，《東夷源流史》，南昌：江西教育出版，1990 年。
34. 吳其昌，《金文厤朔疏證》，上海：商務印書館，1936 年。
35. 吳闓生，《吉金文錄》，臺北：洪氏出版社，1976 年。
36. 吳鎮烽，《金文人名匯編》，北京：中華書局，1987 年。
37. 吳鎮烽，《陝西金文匯編》，西安：三秦出版社，1989 年。
38. 李友謀、孫英民，《中國考古學通論》，開封：河南大學，1992 年。
39. 李白鳳，《東夷雜考》，濟南：齊魯書社，1981 年。
40. 李孝定，《甲骨文字集釋》，臺北：中央研究院歷史語言研究所，1982 年。
41. 李偉泰，《先秦史料所述上古史料研究》，臺北：國立臺灣大學中國文學研究所博士論文，1966 年。
42. 李學勤，《中國青銅器的奧祕》，臺北：谷風出版社，1987 年。
43. 李學勤，《新出青銅器研究》，北京：文物出版，1990 年。
44. 李學勤，《走出疑古時代》，瀋陽：遼寧大學出版社，1994 年。
45. 李學勤，《四海尋珍》，北京：清華大學出版社，1998 年。
46. 杜正勝，《周代城邦》，臺北：聯經出版社，1981 年。
47. 杜迺松，《中國古代青銅器簡說》，北京：書目文獻出版社，1989 年。
48. 杜迺松，《中國青銅器發展史》，北京：紫禁城出版社，1995 年。
49. 沈寶春，《商周金文錄遺考釋》，臺北：國立臺灣師範大學國文研究所碩士論文，1983 年。
50. 汪中文，《西周冊命金文所見官制研究》，臺北：國立臺灣師範大學國文研究所博士論文，1989 年。
51. 昌彼得師，《中國目錄學資料選輯》，臺北：文史哲出版社，1972 年。

52. 周何師，《春秋吉禮考辨》，臺北：國立臺灣師範大學國文研究所博士論文，1970 年。
53. 周何師等，《青銅器銘文檢索》，臺北：文史哲出版社（季旭昇師、汪中文主編），1995 年。
54. 周法高，《金文詁林》，香港：香港中文大學，1975 年。
55. 周慧華，《先秦東夷及其文化研究》，臺北：國立臺灣師範大學國文研究所碩士論文，1998 年。
56. 周聰俊師，《饗禮考辨》，臺北：國立臺灣師範大學國文研究所博士論文，1988 年。
57. 季旭昇師，《詩經古義新證》，臺北：文史哲出版社，1994 年。
58. 屈萬里，《尚書集釋》，臺北：聯經出版社，1983 年。
59. 屈萬里，《詩經詮釋》，臺北：聯經出版社，1990 年。
60. 林甘泉、黃烈，《郭沫若與中國史學》，北京：中國社會科學出版社，1992 年。
61. 社科院考古所，《新中國的考古收獲》，北京：文物出版社，1961 年。
62. 社科院考古所，《新中國的考古發現和研究》，北京：文物出版社，1984 年。
63. 侯志義等，《西周金文選編》，西安：西北大學出版社，1990 年。
64. 洪家義，《金文選注繹》，南京：江蘇教育出版，1988 年。
65. 唐復年，《金文鑒賞》，北京：北京燕山出版社，1991 年。
66. 唐蘭，《古文字學導論》，臺北：樂天出版社，1970 年。
67. 唐蘭，《西周青銅器銘文分代史徵》，北京：中華書局（唐復年整理），1986 年。
68. 唐蘭，《唐蘭先生金文論文集》，北京：紫禁城出版社（北京：故宮博物院編），1995 年。
69. 孫稚雛，《金文著錄簡目》，北京：中華書局，1981 年。
70. 容庚，《商周彝器通考》，臺北：文史哲出版社，1985 年。
71. 容庚，《金文編》，北京：中華書局，1985 年。
72. 容庚、張維持，《殷周青銅器通論》，臺北：康橋出版社，1986 年。
73. 徐旭生，《中國古史的傳說時代》，臺北：地平線出版社，1978 年。
74. 秦永龍，《西周金文選注》，北京：北京大學出版社，1992 年。
75. 馬承源主編，《商周青銅器銘文選（一）、（二）》，北京：文物出版社，1986 年。
76. 馬承源主編，《中國青銅器》，上海：上海古籍出版，1988 年。

77. 馬承源，《青銅禮器》，臺北：幼獅文化事業公司，1996 年。
78. 高明，《中國古文字學通論》，北京：文物出版社，1983 年。
79. 高明，《古文字類編》，北京：中華書局，1991 年。
80. 崔永東，《西周金文虛詞集釋》，北京：中華書局，1994 年。
81. 張之恆，《中國考古學通論》，南京：南京大學，1991 年。
82. 張光直，《中國青銅時代》，臺北：聯經出版社，1990 年。
83. 張光直，《中國青銅時代（第二集）》，臺北：聯經出版社，1990 年。
84. 張光裕，《雪齋學術論文集》，臺北：藝文印書館，1989 年。
85. 張亞初、劉雨，《西周金文官制研究》，北京：中華書局，1986 年。
86. 張聞玉，《西周王年論稿》，貴陽：貴州人民出版社，1996 年。
87. 張懋鎔，《青銅器鑑賞》，桂林：漓江出版社，1993 年。
88. 張臨生、楊新，《國寶薈萃》，臺北：商務印書館，1992 年。
89. 張鶴泉，《周代祭祀研究》，臺北：文津出版社，1993 年。
90. 許倬雲，《求古編》，臺北：聯經出版社，1982 年。
91. 許倬雲，《西周史》，臺北：聯經出版社，1984 年。
92. 郭沫若，《兩周金文辭大系》，（日）東京：文求堂書店；臺北：臺灣大通書局（修訂本），1932 年。
93. 郭沫若，《金文餘釋之餘》，北京：人民出版社，1952 年。
94. 郭沫若，《金文叢考》，北京：人民出版社；臺北：臺灣大通書局，1952 年。
95. 郭沫若，《殷周青銅器銘文研究》，北京：人民出版社，1954 年。
96. 郭沫若，《郭沫若全集．歷史編．青銅時代》，北京：人民出版社，1982 年。
97. 郭沫若，《郭沫若全集．歷史編．管子集釋》，北京：人民出版社，1984 年。
98. 郭寶鈞，《商周青銅器群綜合研究》，北京：文物出版社，1981 年。
99. 郭寶鈞，《中國青銅器時代》，板橋：駱駝出版社，1987 年。
100. 陳芳妹師，《商周青銅粢盛器特展圖錄》，臺北：國立故宮博物院，1985 年。
101. 陳芳妹師，《商周青銅酒器特展圖錄》，臺北：國立故宮博物院，1989 年。
102. 陳初生，《金文常用字典》，西安：陝西人民出版社，1989 年。
103. 陳美蘭，《西周金文地名研究》，臺北：國立臺灣師範大學國文研究所碩士論文，1998 年。

104. 陳高志，《西周金文所見東夷探究》，臺北：國立臺灣大學中國文學研究所碩士論文，1994 年。
105. 陳漢平，《西周冊命制度研究》，上海：學林出版社，1986 年。
106. 陳漢平，《金文編訂補》，北京：中國社會科學出版社，1993 年。
107. 章景明師，《周代祖先祭祀制度》，臺北：國立臺灣大學中國文學研究學博士論文，1972 年。
108. 黃然偉，《殷禮考實》，臺北：國立臺灣大學中國文學研究所碩士論文，1965 年。
109. 黃然偉，《殷周青銅器賞賜銘文研究》，香港：龍門書局，1978 年。
110. 黃彰健，《中國遠古史研究》，臺北：中央研究院歷史語言研究所，1996 年。
111. 黃錫全，《湖北出土商周文字輯證》，武昌：武漢大學出版社，1992 年。
112. 黃懷信，《逸周書校補注譯》，西安：西北大學出版社，1996 年。
113. 楊樹達，《積微居小學論叢》，臺北：臺灣大通書局，1971 年。
114. 楊樹達，《積微居金文說、甲文說》，臺北：臺灣大通書局，1974 年。
115. 葉國良師，《宋代金石學研究》，臺北：國立臺灣大學中國文學研究所博士論文，1982 年。
116. 葉桂生、謝保成，《郭沫若的史學生涯》，北京：社會科學文獻出版社，1992 年。
117. 葉達雄，《西周政治史研究》，臺北：明文書局，1982 年。
118. 董楚平，《吳越徐舒金文集釋》，杭州：浙江古籍出版社，1992 年。
119. 裘錫圭師，《古文字論集》，北京：中華書局，1978 年。
120. 裘錫圭師，《文字學概要》，北京：商務印書館，1988 年。
121. 裘錫圭師，《文史叢稿——上古思想、民俗與古文字學史》，上海：上海遠東出版社，1996 年。
122. 詹鄞鑫，《神靈與祭祀——中國傳統宗教綜論》，南京：江蘇古籍出版社，1992 年。
123. 鄒衡，《夏商周考古論文集》，北京：文物出版社，1980 年。
124. 劉雨，《乾隆四鑑綜理表》，北京：中華書局，1989 年。
125. 劉起釪，《古史續辨》，北京：中國社會科學出版社，1991 年。
126. 劉節，《古史考存》，北京：人民出版社，1958 年。
127. 劉翔等六人，《商周古文字讀本》，北京：語文出版社，1991 年。
128. 魯迅，《魯迅小說史論文集》，臺北：里仁書局，1992 年。
129. 衛挺生，《穆天子傳考》，臺北：中華學術院，1970 年。

130. 魏靜宜，《周代戎事銘文研究》，高雄：國立高雄師範大學國文研究所碩士論文，1997年。
131. 羅振玉，《殷墟書契考釋》，臺北：藝文印書館，1927年。
132. 羅振玉，《羅雪堂先生全集初編》，臺北：文華出版社，1968年。
133. 譚旦冏，《銅器概述》，臺北：國立故宮博物院，1981年。
134. 譚其驤，《中國歷史地圖集（第一集）》，上海：地圖出版社，1985年。
135. 嚴捷、嚴北溟，《列子譯注》，臺北：文津出版社，1987年。
136. 顧頡剛，《中國上古史研究講義》，北京：中華書局，1988年。

（二）外籍學者

1. 白川靜，《金文通釋卷二》日本：白鶴美術館，1966年。
2. 瀧川龜太郎，《史記會注考證》，臺北：宏業出版社，1987年。
3. 夏含夷，《溫故知新錄——商周文化管見》，臺北：稻禾出版社，1991年。

四、期刊論文

（一）本國學者

1. 上海市文保會，〈近年來上海市從廢銅中搶救出的重重文物〉，文物，1959年10期。
2. 于省吾，〈毛伯班毀銘文考釋〉，考古社刊5期，1936年。
3. 于省吾，〈穆天子傳新證〉，考古社刊6期，1936年。
4. 于省吾，〈釋「蔑曆」〉，東北人民大學人文科學學報，1956年2期。
5. 于省吾，〈略論西周金文中的「六自」和「八自」及其屯田制〉，考古，1964年3期。
6. 于省吾，〈論金文札記五則〉，考古，1966年2期。
7. 于省吾，〈牆盤銘文十二解〉，古文字研究第五輯，北京：中華書局，1981年。
8. 于豪亮，〈說引字〉，考古1977年5期。
9. 于豪亮，〈史墻盤銘文考釋〉資料，1978年3期。
10. 弓小紅，〈試論呂刑的制定年代〉，晉陽學刊，1989年6期。
11. 尹盛平，〈試論金文中的「周」〉，考古與文物叢刊第三號，1983年。
12. 尹盛平，〈西周蚌雕人頭像種族探索〉，文物，1986年1期。
13. 尹盛平，〈西周強氏的族屬及其相關問題〉，華夏文明，1990年2期。
14. 尹盛平，〈金文昭王南征考略〉，陝西歷史博物館館刊第二輯，1995年。
15. 孔恩陽，〈西王母傳說的起源及其演變〉，青海師院學報，1984年1期。

16. 尤仁德，〈君夫簋蓋銘今釋〉，天津文物簡訊 9 期，1978 年。
17. 文物編輯部，〈德業巍巍．典範長存——回憶郭老在文物考古戰線的事蹟〉，文物，1978 年 9 期。
18. 方述鑫，〈召伯虎簋銘文新釋〉，考古與文物，1997 年 1 期。
19. 方建軍，〈西周早期甬鐘及甬鐘起源探討〉，考古與文物，1992 年 1 期。
20. 方建軍，〈兩周銅鎛綜論〉，東南文化，1994 年 1 期。
21. 王人聰，〈西周金文中的殷八師與成周八師——讀金文札記〉，考古與文物，1993 年 3 期。
22. 王文耀，〈金文月相的定點析證〉，社會科學戰線，1989 年 4 期。
23. 王世民，〈郭沫若同志與殷周銅器的考古學研究〉，考古，1982 年 6 期。
24. 王世民，〈西周春秋金文中的諸侯爵稱〉，歷史研究，1983 年 3 期。
25. 王玉哲，〈西周葊京地望的再探討〉，歷史研究，1994 年 1 期。
26. 王玉哲，〈卜辭吕方即玁狁說〉，殷都學刊，1995 年 1 期。
27. 王光堯，〈青銅器動物紋樣內涵考〉，文博，1994 年 4 期。
28. 王汝濤，〈東夷與東夷文化〉，齊魯學刊，1984 年 3 期。
29. 王和，〈金文月相管見——兼與劉啓益同志商榷〉，中國史研究，1987 年 1 期。
30. 王和，〈初吉簡論〉，史學月刊，1988 年 5 期。
31. 王明閣，〈從金文看西周王朝南征的有關問題〉北方論叢，1988 年 4 期。
32. 王飛，〈用鼎制度興衰異議〉，文博 1986 年 6 期。
33. 王祥，〈說虎臣與庸〉，考古，1960 年 5 期。
34. 王勝利，〈西周曆法的月首、年首和記日詞語新探〉，自然科學史研究，1990 年 1 期。
35. 王貽梁，〈燕戈「七萃」及穆天子傳成書年代〉，考古與文物，1990 年 2 期。
36. 王貽梁，〈穆天子傳的史料價值〉，華東師範大學報，1994 年 6 期。
37. 王慎行，〈師𩛥鼎銘文通釋譯論〉，求是學刊，1982 年 4 期。
38. 王輝，〈西周畿內地名小記〉，考古與文物，1985 年 3 期。
39. 王輝，〈徐國銅器銘文零釋〉，東南文化，1995 年 1 期。
40. 王輝，〈卣之定名及其他〉，容庚先生百年誕辰紀念文集，廣州：廣州人民出版社，1998 年。
41. 王瀚章、陳良和等，〈虎簋蓋銘簡釋〉，考古與文物，1997 年 3 期。
42. 平心，〈祝冊與作冊〉，學術月刊，1957 年 2 期。

43. 平心，〈甲骨文金石文箚記（二）‧沈子簋試釋〉，華東師大學報（人文科學），1958 年 3 期。
44. 甘肅省博物館，〈靈臺白草坡西周墓〉，文物，1972 年 12 期。
45. 甘肅省博物館，〈甘肅靈臺白草坡西周墓〉，考古學報，1977 年 2 期。
46. 田會孝等，〈西周強氏遺存幾個問題的探討〉，文博，1994 年 5 期。
47. 白光琦，〈西周的年代與曆法〉，西周史論文集，西安：陝西人民教育出版社，1993 年。
48. 石興邦，〈長安普渡村西周墓葬發掘記〉，考古學報第 8 冊，1954 年。
49. 曲英杰，〈周都成周考〉，史學集刊，1990 年 1 期。
50. 朱玉龍，〈徐史述論〉，安徽史學，1984 年 2 期。
51. 朱鳳瀚，〈商周青銅器銘文中的複合氏名〉，南開學報，1983 年 4 期。
52. 朱鳳瀚，〈從周原出土青銅器看西周貴族家族〉，南開學報，1988 年 4 期。
53. 伍士謙，〈微氏家族銅器群年代初探〉，古文字研究第五輯，北京：中華書局，1981 年。
54. 江蘇省文管會，〈江蘇丹徒縣煙墩山出土的古代青銅器〉，文物參考資料，1955 年 5 期。
55. 艾蘭，〈饕餮紋及其含義〉，中國史研究，1990 年 1 期。
56. 何幼琦，〈西周銅器年代舉例〉，（廣東）學術研究，1982 年 6 期。
57. 何幼琦，〈西周時期的魯國紀年〉，齊魯學刊，1983 年 5 期。
58. 何幼琦，〈論康宮〉，西北大學學報，1985 年 2 期。
59. 何幼琦，〈試評銅器斷代法的得失〉，江漢論壇，1987 年 4 期。
60. 何幼琦，〈金文對號法述評〉，江漢論壇，1988 年 10 期。
61. 何光岳，〈徐族的源流與南遷〉，安徽史學，1984 年 2 期。
62. 何琳儀、黃錫全，〈瑚璉探原〉史學集刊，1983 年 1 期。
63. 何漢南，〈長安斗門鎮西周墓清理工作結束〉，文物參考資料，1955 年 2 期。
64. 何薏孫，〈宗周與成周〉，人文雜志 1984 年 1 期。
65. 余孚山，〈郭沫若著「兩周金文辭大系圖錄考釋」〉，考古通訊，1958 年 5 期。
66. 吳匡、蔡哲茂師，〈釋金文「[illegible]」「[illegible]」「[illegible]」「[illegible]」等字——兼論〈左傳〉的「讒鼎」〉中央研究院歷史語言研究所集刊第五十九本四分，1988 年。
67. 吳匡、蔡哲茂師，〈釋金文[illegible]、[illegible]、[illegible]、[illegible]諸字〉中國古文字研究會第八次年會論文 1990 年；又見〈張政烺先生八十壽慶論文集〉，北京：中國社會科學出版社，1996 年。

68. 吳其昌，〈金文厤朔疏證〉，燕京學報，6 期，1929 年。
69. 吳其昌，〈金文厤朔疏證續補〉，武漢大學文哲季刊 2 卷 2 至 4 號，1931 年。
70. 吳其昌，〈金文疑年表〉，北平圖書館館刊 6 卷 5 號，1932 年。
71. 吳浩坤，〈從青銅器銘文看西周的戰爭〉學術月刊，1991 年 12 期。
72. 吳鎮烽、雒忠如，〈陝西省扶風縣強家村出土的西周銅器〉，文物，1975 年 8 期。
73. 吳鎮烽，〈商周青銅器裝飾藝術〉，考古與文物，1983 年 4 期。
74. 吳鎮烽，〈陝西商周青銅器的出土與研究〉考古與文物，1988 年 5、6 期。
75. 吳詩池，〈中國的青銅禮器藝術〉，中國文物世界，1993 年 8 期。
76. 呂文郁，〈西周采邑制度述論〉，歷史研究，1991 年 3 期。
77. 宋健，〈關于西周時期的用鼎問題〉，考古與文物，1983 年 1 期。
78. 岑仲勉，〈何謂生霸死霸〉，東方雜誌 41 卷 21 號，1945 年。
79. 岑仲勉，〈金文中所見之吉凶宜忌日〉，東方雜誌 42 卷 10 號，1946 年。
80. 李丰，〈黃河流域西周墓出土青銅禮器的分期與年代〉，考古學報，1988 年 4 期。
81. 李元星，〈旅順博物館在廢銅中發現周代銅器「小臣宅毀」〉，文物參考資料，1955 年 3 期。
82. 李仲操，〈史墻盤銘文試釋〉，文物，1978 年 3 期。
83. 李仲操，〈再論墻盤年代、微宗國別——兼與黃盛璋同志商榷〉，社會科學戰線，1981 年 1 期。
84. 李仲操，〈釋利毀銘文兼談西周月相〉，考古與文物，1992 年 2 期。
85. 李仲操，〈京室基址辨〉，文博，1993 年 6 期。
86. 李仲操，〈再論周昭王在位年數年——兼與張國王同志商榷〉，人文雜志 1995 年 2 期。
87. 李仲操，〈西周共和國前諸侯年紀追溯：爲紀念司馬遷誕辰二千一百四十周年而作〉，文博，1995 年 4 期。
88. 李先登，〈試論中國古代青銅器的斷代與分期〉，天津師大學報，1989 年 6 期。
89. 李先登，〈中國古代青銅器學研究的對象與任務〉，天津師大學報，1993 年 4 期。
90. 李先登，〈西周井叔青銅器年代的初步研究〉，《西周史論文集》，西安：陝西人民教育出版社，1993 年。
91. 李自智，〈建國以來陝西商周考古評要〉，考古與文物，1988 年 5、6 期。

92. 李克能，〈鄂東地區西周文化分析〉，東南文化，1994 年 3 期。
93. 李亞農，〈「長由盉銘釋文」注解〉，考古學報，1955 年 9 期。
94. 李忠、鄭志，〈河南出土的西周青銅禮器的研究〉，中原文物，1993 年 2 期。
95. 李長慶，〈陜西長安斗門鎮發現周代文物〉，文物參考資料 1955 年 2 期。
96. 李修松，〈淮夷探論〉，東南文化 1991 年 2 期。
97. 李峰，〈強家一號墓的時代特點〉，文博 1989 年 3 期。
98. 李純一，〈中原地區西周編鐘的組合〉，文物天地，1990 年 5 期。
98. 李零，〈文王稱王、昭王伐楚及其他——關於史墻盤銘文中若干西周史實與文字辭例的考證〉，華夏文明第二輯，北京：北京大學，1990 年。
99. 李學勤，〈論史墻盤及其意義〉，考古學報，1978 年 2 期。
100. 李學勤，〈西周中期青銅器的重要標尺——周原莊白、強家兩處青銅窖藏的綜合研究〉，中國歷史博物館館刊，1979 年 1 期。
101. 李學勤、唐雲明，〈元氏銅器與西周的邢國〉，考古，1979 年 1 期。
102. 李學勤，〈從新出土青銅器看長江下游文化的發展〉，文物，1980 年 8 期。
103. 李學勤，〈郭沫若同志對青銅器研究的貢獻〉，考古與文物，1980 年 2 期。
104. 李學勤、張亞初，〈周原卜辭選釋〉，古文字研究第四期，北京：中華書局，1980 年。
105. 李學勤，〈中亞歐美澳紐所見所拓所摹金文彙編〉選釋，四川大學學報叢刊第十輯〈古文字研究論文集〉，1982 年。
106. 李學勤，〈穆公簋蓋在青銅器分期上的意義〉，文博，1984 年 2 期。
107. 李學勤，〈宜侯夨簋與吳國〉，文物，1985 年 7 期。
108. 李學勤，〈怎樣辨識青銅器的制作年代〉，文物天地，1985 年 3 期。
109. 李學勤，〈祭公謀父及其德論〉，齊魯學刊，1988 年 3 期。
110. 李學勤，〈班簋續考〉，古文字研究第十三輯，北京：中華書局，1996 年。
111. 李學勤，〈論長安花園村兩周墓青銅器〉，文物，1986 年 1 期。
112. 李學勤，〈世俘篇研究〉，史學月刊，1988 年 2 期。
113. 李學勤、艾蘭，〈鮮簋的初步研究〉，中國文物報 1990 年 2 月 22 日；修改後又見李學勤、艾蘭《歐洲所藏中國青銅器遺珠》，北京：文物出版社，1995 年。
114. 李學勤，〈多友鼎的「卒」字及其他〉，李學勤《新出青銅器研究》，北京：文物出版社，1990 年。
115. 李學勤，〈先秦人名的幾個問題〉，歷史研究，1991 年 5 期。
116. 李學勤，〈中國青銅器及其最新發現〉，煙臺師範學院學報，1995 年 3 期。

117. 李學勤，〈靜方鼎考釋〉，第三屆國際中國古文字學研討會論文集，香港中文大學中國文化研究所、中國語言及文學系，1997 年。
118. 杜迺松，〈史墻盤銘文幾個字詞的解釋〉，文物，1978 年 7 期。
119. 杜迺松，〈「陝西出土商周青銅器（二）」介紹〉，考古，1981 年 3 期。
120. 杜迺松，〈青銅器的分期與斷代〉，故宮博物院院刊，1982 年 4 期。
121. 杜迺松，〈青銅饕餮紋〉，紫禁城，1985 年 5 期。
122. 杜迺松，〈談江蘇地區商周青銅器的風格與特徵〉，考古，1987 年 2 期。
123. 杜迺松，〈青銅器與金文書目簡述〉，故宮博物院院刊，1987 年 3 期。
124. 杜迺松，〈金文中的鼎名簡釋——兼釋尊彝、宗彝、寶彝〉，考古與文物 1988 年 4 期。
125. 杜迺松，〈簡論青銅器的年代鑒定〉，文物研究，1989 年 5 期。
126. 杜迺松，〈商周青銅器銘文研究〉，考古與文物，1993 年 5 期。
127. 沈雲長，〈宜侯夨簋銘文與相關歷史問題的重新考察〉，人文雜志，1993 年 4 期。
128. 汪受寬，〈謚法的產生和謚號的種類〉，文史知識，1986 年 9 期。
129. 周文康，〈武王伐紂年代考〉，徐州師院學報，1983 年 4 期。
130. 周永珍，〈懷念陳夢家先生〉，考古，1981 年 5 期。
131. 周法高，〈陝西省岐山縣董家村西周銅器的年代問題〉，大陸雜誌 53 卷 3 期，1979 年。
132. 周金，〈「陝西出土商周青銅器（一）」簡介〉，考古，1980 年 6 期。
133. 周厚強，〈湖北西周陶器的分期〉，考古，1992 年 3 期。
134. 周原扶風文管所，〈扶風齊家村七、八號西周銅器窖藏清理簡報〉，考古與文物，1985 年 1 期。
135. 周原扶風文管所，〈陝西扶風強家一號西周墓〉，文博，1987 年 4 期。
136. 周聰俊師，〈卺器考〉，大陸雜志，89 年 1 期。
137. 周蘇平、張懋鎔，〈中國古代青銅器紋飾淵源試探〉，文博，1986 年 6 期。
138. 周瑗，〈矩伯、裘衛兩家族的消長與周禮的崩壞——試論董家青銅器群〉，文物，1979 年 6 期。
139. 季旭昇師，〈利簋銘文彙釋〉，國立臺灣師範大學國文學系鐘鼎文課堂講義，1993 年。
140. 季旭昇師，〈增訂《甲骨文字根總表》〉，容庚先生百年誕辰紀念文集，廣州：廣州人民出版社，1998 年。
141. 尚志儒，〈西周金文中的井國〉，文博，1993 年 3 期。
142. 屈萬里，〈西周史事概述〉，中研院史語所集刊第 42 本 4 分，1971 年。

143. 林澐，〈豊豐辨〉，古文字研究第十二輯，北京：中華書局，1985 年。
144. 林澐，〈王、士同源及相關問題〉，容庚先生百年誕辰紀念文集，廣州·廣州人民出版社，1998 年。
145. 松建新，〈論戎族〉，西北史地，1984 年 1 期。
146. 河北省文管處，〈河北元氏縣西張村的西周遺址和墓葬〉，考古，1979 年 1 期。
147. 社科院考古所，〈1967 年長安張家坡西周墓葬的發掘〉，考古學報，1980 年 4 期。
148. 社科院灃西發掘所，〈1984 年長安普渡村西周墓葬發掘簡報〉，考古，1988 年 9 期。
149. 社科院灃西發掘隊，〈長安張家坡西周井叔墓發掘簡報〉，考古，1986 年 1 期。
150. 社科院灃西發掘隊，〈長安張家坡 M183 西周洞室墓發掘簡報〉，考古，1989 年 6 期。
151. 社科院灃西發掘隊，〈陝西長安張家坡 M170 號井叔墓發掘簡報〉，考古，1990 年 6 期。
152. 社科院灃西發掘隊，〈1987、1991 年陝西長安張家坡的發掘〉，考古，1994 年 10 期。
153. 邱瑞中，〈商周饕餮紋更名立體龍首紋說〉，內蒙古師大學報，1989 年 4 期。
154. 長水，〈岐山賀家村出土的西周銅器〉，文物，1972 年 6 期。
155. 姚孝遂，〈㫚鼎銘文研究〉，吉林大學社會科學學報，1962 年 2 期。
156. 姚孝遂，〈再論古漢語的性質〉，古文字研究第十七輯，北京：中華書局，1989 年。
157. 段紹嘉，〈陝西藍田縣出土弭叔等彝器簡介〉，文物，1960 年 2 期。
158. 段渝，〈論周楚早期的關係〉，社會科學研究，1986 年 5 期。
159. 段熙仲，〈扶風出土微器墻盤初探〉，南京師範學報，1978 年 1 期。
160. 洪家義，〈墻盤銘文考釋〉，南京大學學報，1978 年 1 期。
161. 洪家義，〈從古代職業世襲看青銅器中的徽號〉，東南文化，1992 年 3 期。
162. 科學院考古所，〈關於長安縣張家坡銅器群山土情況的說明〉，考古學報，1962 年 1 期。
163. 胡家聰，〈小臣考辨〉，中國歷史文獻研究（二），上海：華中師範大學出版社，1998 年。
164. 胡瑕，〈釋群舒〉，歷史地理，1986 年 4 期。
165. 胡蝦，〈群舒史迹鉤沈〉，安徽史學，1986 年 6 期。

166. 唐蘭，〈周王㝬鐘考〉，故宮博物院年刊，1936 年 7 期；亦收入《唐蘭先生金文論集》，北京：紫禁城出版社，1995 年。
167. 唐蘭，〈五省出土重要文物展覽圖錄序言〉，五省出土重要文物展覽圖錄卷首；亦收入《唐蘭先生金文論集》，北京：紫禁城出版社，1995 年。
168. 唐蘭，〈西周銅器斷代中的「康宮」問題〉，考古學報，1962 年 1 期；亦收入《唐蘭先生金文論集》，北京：紫禁城出版社，1962 年。
169. 唐蘭，〈伯𢦚三器銘文的譯文和考釋〉，文物，1976 年 12 期；亦收入《唐蘭先生金文論集》，北京：紫禁城出版社，1995 年。
170. 唐蘭，〈用青銅器銘文來研究西周史——綜論寶雞市近年發現的一批青銅器的重要歷史價值〉，文物，1976 年 6 期；亦收入《唐蘭先生金文論集》，北京：紫禁城出版社，1995 年。
171. 唐蘭，〈略論西周微史家族窖藏銅器群的重要意義——陝西扶風新出墻盤銘文解釋〉，文物，1978 年 3 期；亦收入《唐蘭先生金文論集》，北京：紫禁城出版社，1995 年。
172. 夏之民，〈西周銅器分期研究中的曆象方法〉，中原文物，1992 年 2 期。
173. 夏之民，〈西周銅器分期研究中的銘文方法〉，文物季刊，1993 年 4 期。
174. 夏爰陵，〈探尋應國歷史——應國 84 號墓發掘側記〉，文物天地，1994 年 5 期。
175. 夏鼐，〈郭沫若同志對於中國考古學的卓越貢獻——悼念郭沫若同志（1892-1978）〉，文物，1978 年 4 期。
176. 孫言誠，〈郭沫若同志在古文字學上的貢獻〉，學習與思考，1982 年 6 期。
177. 孫致中，〈穆王西征與穆天子傳〉，齊魯學刊，1984 年 2 期。
178. 孫常敘，〈曶鼎銘文淺釋——曶鼎銘文通釋前篇〉，吉林師大學報，1977 年 4 期。
179. 孫稚雛，1989 年，〈長由盉銘文匯釋〉，古文字研究第十三輯，北京：中華書局。
180. 容庚，〈弭叔簋及訇簋考釋的商榷〉，文物，1960 年 8、9 期。
181. 容庚，〈懷念郭沫若同志〉，（廣東）學術研究，1978 年 4 期。
182. 師寧，〈論生稱謚及謚法起源問題〉，首都師範大學學報，1994 年 6 期。
183. 徐中舒，〈禹鼎的年代及其相關問題〉，考古學報，1959 年 3 期。
184. 徐中舒，〈西周墻盤銘文箋釋〉，考古學報，1978 年 2 期。
185. 徐中舒，〈西周史論述（上）〉，四川大學學報（社會科學），1979 年 3 期。
186. 徐中舒，〈西周史論述（下）〉，四川大學學報（社會科學），1979 年 4 期。
187. 徐少華，〈鄂國銅器及其歷史地理綜考〉，考古與文物，1984 年 2 期。
188. 晁福林，〈墻盤斷代再議〉，中原文物，1989 年 1 期。

189. 郝鐵川，〈西周中央官的演變〉，河南大學學報，1985 年 4 期。
190. 郝鐵川，〈論周朝的禮制〉，江海學刊，1987 年 4 期。
191. 陝西周原考古隊，〈陝西扶風莊白一號西周青銅器窖藏發掘簡報〉，文物，1987 年 3 期。
192. 陝西周原考古隊，〈陝西扶風縣雲塘、莊白二號西周銅器窖藏〉，文物，1978 年 11 期。
193. 陝西周原考古隊，〈陝西扶風齊家十九號西周墓〉，文物，1979 年 11 期。
194. 陝西周原考古隊，〈扶風雲塘西周墓〉，文物，1980 年 4 期。
195. 陝西省文管會，〈長安張家坡西周遺址的重要發現〉，文物參考資料，1956 年 3 期。
196. 陝西省文管會，〈長安普渡村西周墓的發掘〉，考古學報，1957 年 1 期。
197. 陝西省文管會，〈陝西岐山、扶風周墓清理記〉，考古，1960 年 8 期。
198. 陝西省文管會，〈西周鎬京附近部分墓葬發掘簡報〉，文物，1986 年 1 期。
199. 陝西省博物館等，〈陝西岐山賀家村西周墓〉，考古，1976 年 1 期。
200. 馬世之，〈應國銅器及相關問題〉，中原文物，1986 年 1 期。
201. 馬承源，〈記上海博物館新收集的青銅器〉，文物，1964 年 7 期。
202. 馬承源，〈關於翏生盨和者減鐘的幾點意見〉，考古，1979 年 1 期。
203. 馬承源，〈商周青銅雙音鐘〉，考古學報，1981 年 1 期。
204. 馬承源，〈西周金文中月相的研究〉，王國維學術研究論集（一），1983 年。
205. 馬承源，〈西周金文一月四分月相再證〉，上海博物館集刊，1986 年 3 輯。
206. 馬承源，〈長江下游土墩墓出土青銅器的研究〉，上海博物館集刊，1987 年 4 期。
207. 高次若、劉明科，〈寶雞茹家莊發現銅器窖藏〉，考古與文物，1990 年 4 期。
208. 高西省，〈西周早期甬鐘比較研究〉，文博，1995 年 1 期。
209. 高西省，〈論㦅毁〉故宮文物月刊第十四卷六期，1996 年。
210. 高西省，〈論關中出土的西周青銅方鼎〉，故宮文物月刊第 171 期，1997 年。
211. 高明，〈建國以來商周青銅器的發現及研究〉，文物，1959 年 10 期。
212. 高崇文，〈兩周時期銅壺的形態學研究〉，考古類型的理論與實踐，北京：文物出版社，1989 年。
213. 崔恒升，〈關于古徐國九個問題的辨正〉，安徽大學學報，1987 年 2 期。
214. 常任俠，〈永念考古學家郭沫若先生〉，考古，1982 年 6 期。

215. 張平徹，〈關于周人的㠯——古史新説之三〉，西北師大學報，1995 年 5 期。
216. 張玉芳，〈我國古代青銅爵的演變〉，河洛春秋，1993 年 2 期。
217. 張玉哲、張培瑜等，〈殷周天象和征商年代〉，人文雜志，1985 年 5 期。
218. 張仲操，〈西周年代標尺的運用〉，西周史論文集，西安：陝西人民教育出版社，1993 年。
219. 張光裕，〈金文中冊命之典〉，香港中文大學中國文化研究所學報第 10 卷下冊，1979 年。
220. 張光遠師，〈西周重器毛公鼎〉，故宮季刊第七卷二期，1972 年。
221. 張光遠師，〈西周七件長銘的銅器〉，故宮季刊第九卷一期，1974 年。
222. 張光遠師，〈鼎形器的方位與銘文位置的關係〉，故宮季刊第十卷四期，1976 年。
223. 張光遠師，〈周初征東夷戰史——小臣誺簋（上）〉，故宮文物月刊第十期，1984 年。
224. 張光遠師，〈周初征東夷戰史——小臣誺簋（下）〉，故宮文物月刊第十一期，1984 年。
225. 張光遠師，〈西周中期服方尊〉故宮文物月刊第十七期，1984 年。
226. 張光遠師，〈西周中期邢季䮨尊〉，故宮文物月刊第十八期，1984 年。
227. 張光遠師，〈商代晚期「人面紋年方鼎」釋解〉，故宮文物月刊第一六三期，1986 年。
228. 張光遠師，〈周成王時睘尊〉，故宮文物月刊第六十一期，1988 年。
229. 張光遠師，〈故宮新藏西周作旅鼎考説〉，故宮文物月刊第七十一期，1989 年。
230. 張光遠師，〈周穆王時「作旅鼎」考——兼爲「旅器」説解〉故宮學術季刊第七卷一期，1989 年。
231. 張光遠師，〈商代金文爲正體字甲骨文爲簡體字説〉，故宮文物月刊第一四一期，1994 年。
232. 張汝舟，〈西周考古〉，華夏文明，1990 年 2 期。
233. 張汝舟遺著整理組，〈對金文對號法述評一文的意見〉，江漢論壇，1990 年 3 期。
234. 張亞初，〈對商周青銅盉的綜合研究〉，中國考古學研究——夏鼐先生考古五十年紀念論文集二集，1986 年。
235. 張亞初，〈商周卣壺考述〉，容庚先生百年誕辰紀念文集，廣州：廣州人民出版社，1998 年。
236. 張昌平，〈噩國與噩國的銅器〉，華夏考古，1995 年 1 期。

237. 張長壽，〈關于井叔家族墓地——1983 年～1986 年灃西發掘資料之一〉，考古學研究（陝西），1994 年。
238. 張振林，〈毛公𣪘鼎考釋〉，容庚先生百年誕辰紀念文集，廣州：廣州人民出版社，1998 年。
239. 張培瑜，〈西周天象和年代問題〉，西周史論文集，西安：陝西人民教育出版社，1993 年。
240. 張聞玉，〈西周七銅器歷日的推算及斷代〉，社會科學戰線，1987 年 2 期。
241. 張聞玉，〈西周銅器斷代研究三題〉，史學月刊，1990 年 6 期。
242. 張聞玉，〈小盂鼎非康王器〉，人文雜志，1991 年 6 期。
243. 張聞玉，〈西周銅器曆日斷代條例〉，西周史論文集，西安：陝西人民教育出版社，1993 年。
244. 張肇武，〈河南平頂山市出土西周應國青銅器〉，文物，1984 年 12 期。
245. 張懋鎔，〈金文所見西周世族政治〉，人文雜志，1986 年 6 期。
246. 張懋鎔，〈西周南淮夷稱名與軍事考〉，人文雜志，1990 年 4 期。
247. 張懋鎔，〈周人不用族徽說〉，考古，1995 年 9 期。
248. 張筱衡，〈井伯盉考釋〉，人文雜志 1957 年創刊號。
249. 戚桂宴，〈董家村西周衛器斷代〉，山西大學學報，1980 年 3 期。
250. 戚桂宴，〈厲王銅器斷代問題〉，文物，1981 年 11 期。
251. 曹淑琴，〈盉器初探〉，江漢考古，1993 年 2 期。
252. 曹瑋，〈周原西周銅器的分期〉，考古學研究（二）（北京），1994 年。
253. 曹瑋、魏京武，〈西周編鐘的禮制意義〉，南方文物 1994 年 2 期。
254. 盛冬鈴，〈西周銅器銘文中的人名及其對斷代的意義〉，文史十七，1983 年。
255. 莫非斯，〈西周銅器中之宮廟及由之考訂其年代〉，考古社刊 6 期，1937 年。
256. 逢振鎬，〈東夷土著民族論〉，東岳論叢，1995 年 1 期。
257. 郭克煜，〈微國史考略〉，齊魯學刊，1982 年 4 期。
258. 郭宗信，〈周代祭祀初論〉，中國史研究，1986 年 2 期。
259. 郭沫若，〈長甶盉釋文〉，文物參考資料，1955 年 2 期。
260. 郭沫若，〈輔師嫠簋考釋〉，考古學報，1958 年 2 期。
261. 郭沫若，〈弭叔簋及訇簋考釋〉，文物 1960 年 2 期。
262. 郭沫若，〈長安縣張家坡銅器群銘文匯釋〉，考古學報，1962 年 1 期。
263. 郭沫若，〈班毀再發現〉，文物，1972 年 9 期。

264. 郭沫若，〈關於古文字研究給容庚的信〉，(廣東) 學術研究，1978 年 4 期。
265. 陳公柔、張長壽，〈殷周青銅容器上鳥紋的斷代研究〉，考古學報，1984 年 3 期。
266. 陳公柔、張長壽，〈殷周青銅容器上獸面紋的斷代研究〉，考古學報，1990 年 2 期。
267. 陳世輝，〈墻盤銘文解說〉，考古，1980 年 5 期。
268. 陳仲玉，〈青銅盉形器的研究〉，大陸雜誌第四十八卷第四期，1974 年。
269. 陳全方，〈陝西青銅文化概說〉，文博，1987 年 2 期。
270. 陳佩芬，〈上海博物館新收集的西周青銅器〉，文物，1981 年 9 期。
271. 陳佩芬，〈青銅器辨僞〉，上海博物館集刊，1987 年 3 期。
272. 陳昭容師，1998 年，〈說「玄衣滰屯」〉，中國文字新廿四期。
273. 陳直，〈長甶盉釋文並說明〉，西北大學，1957 年 1 期。
274. 陳直，〈讀金日札〉，社會科學戰線，1980 年 1 期。
275. 陳秉新，〈讀徐器銘文札記〉，東南文化，1995 年 1 期。
276. 陳初生，〈殷周青銅器銘文制作方法平議〉，《容庚先生百年誕辰紀念文集》，廣州：廣州人民出版社，1998 年。
277. 陳美蘭，〈金文札記二則——「追劉」、「淖淖列列」〉，中國文字新廿四期，1998 年。
278. 陳偉，〈古徐國故城新探〉，東南文化，1995 年 1 期。
279. 陳夢家，〈西周銅器斷代（一）〉，考古學報，1955 年 9 期。
280. 陳夢家，〈西周銅器斷代（二）〉，考古學報，1955 年 10 期。
281. 陳夢家，〈西周銅器斷代（三）〉，考古學報，1956 年 1 期。
282. 陳夢家，〈西周銅器斷代（四）〉，考古學報，1956 年 2 期。
283. 陳夢家，〈西周銅器斷代（五）〉，考古學報，1956 年 3 期。
284. 陳夢家，〈西周銅器斷代（六）〉，考古學報，1956 年 4 期。
285. 彭明瀚，〈銅與青銅時代中原王朝的南侵〉，江漢考古，1992 年 3 期。
286. 彭林，〈周代禘祭平議〉，《西周史論文集》，西安：陝西人民教育出版社，1993 年。
287. 曾憲通，1998 年，〈容庚先生的學術貢獻及治學特色〉，《容庚先生百年誕辰紀念文集》，廣州：廣州人民出版社。
288. 賀雲翱，〈徐國史研究綜述〉，安徽史學，1986 年 6 期。
289. 黃光武，〈金文子孫稱謂重文的釋讀及啓發〉，中山大學學報，1992 年 4 期。

290. 黃奇逸，〈甲金文中王號生稱與謚法問題的研究〉，中華文史論叢，1983年1期。
291. 黃盛璋，〈關於詢簋的制作年代與虎臣的身分問題〉，考古，1961年6期。
292. 黃盛璋，〈西周微家族窖藏銅器群的研究〉，社會科學戰線，1978年3期。
293. 黃盛璋，〈釋初吉〉，歷史研究，1958年4期。
294. 黃盛璋，〈班簋的年代、地理與歷史〉，考古與文物，1981年1期。
295. 黃盛璋，〈玁狁新考〉，社會科學戰線，1983年2期。
296. 黃盛璋，〈關於壺的形制發展與名稱演變考略〉，中原文物，1983年2期。
297. 黃盛璋，〈彔伯㦰銅器及其相關問題〉，考古與文物，1983年5期。
298. 黃盛璋，〈銅器銘文宜、虞、夨的地望及其與吳國的關係〉，考古學報，1983年3期。
299. 黃盛璋，〈長安鎬京地區西周墓新出銅器群初探〉，文物，1986年1期。
300. 黃盛璋，〈穆世標準器——鮮盤的發現及其相關問題〉，《徐中舒先生九十壽辰紀念文集》，成都：巴蜀書社，1990年。
301. 黃盛璋，〈西周征伐東夷、東國的銅器年代地理及其相關問題綜考〉，《河洛文明論文集》，1994年。
302. 黃懷信，〈關於西周月相紀日法〉，《西周史論文集》，西安：陝西人民教育出版社，1993年。
303. 楊文中，〈邢國封建考〉，河北學刊，1989年5期。
304. 楊向奎，〈宜侯夨簋釋文〉，文史哲，1987年6期。
305. 楊希枚，〈論周初諸王之生稱謚〉，殷都學刊，1988年3期。
306. 楊亞長，〈青銅器銘文所見西周時期的對外戰爭〉，文博，1993年6期。
307. 楊樹達，〈關涉周代史實之彝銘五篇〉，歷史研究，1954年2期。
308. 楊樹達，〈耐林廎金文說〉，歷史研究，1954年6期。
309. 楊寶成，〈西周紀年議析〉，史學月刊，1988年6期。
310. 楊寶成、劉森淼，〈商周方鼎初論〉，考古，1991年6期。
311. 楊寶成，〈鄂器與鄂國〉，《洛陽考古四十年——一九九二年洛陽學研討會論文集》，北京：科學出版社，1996年。
312. 溫廷敬，〈沇子簋銘訂釋〉，中山大學文史學研究所月刊第3卷3期，1935年。
313. 萬全文，〈商周王朝南進掠銅論〉，江漢考古，1992年3期。
314. 董作賓，〈「四分一月」說辨正〉，華西大學中國文化研究所輯刊，1943年。
315. 董作賓，〈西周年曆譜〉，歷史語言研究所集刊23本下冊，1952年。

316. 董蓮池，〈殷周禘祭探眞〉，人文雜志，1994 年 5 期。
317. 裘士京，〈先秦時期長江流域青銅文化初探〉，東南文化，1991 年 2 期。
318. 裘錫圭師，〈「錫朕文考臣自厥工」解〔盂簋〕〉，考古，1963 年 5 期。
319. 裘錫圭師，〈說玄衣朱襮裣——兼釋甲骨文虣字〉，文物，1976 年 12 期。
320. 裘錫圭師，〈史墻盤銘解釋〉，文物，1978 年 3 期。
321. 裘錫圭師，〈解放以來古文字資料的發現和整理〉，文物，1979 年 10 期。
322. 裘錫圭師，〈甲骨文中的幾種樂器名稱——釋庸、豐、鞀〉，中華文史論叢，1980 年 2 期。
323. 裘錫圭師，〈甲骨文中的視與見〉，《甲骨文發現一百周年學術討論會論文集》，臺北：國立臺灣師範大學、中央研究院歷史語言研究所，1998 年。
324. 鄒衡、徐自強，〈郭寶鈞先生考古活動述略〉，考古，1981 年 2 期。
325. 榮孟源，〈試談西周紀年〉，中華文史論叢，1980 年 1 期。
326. 趙世超，〈周文化的時代特徵和文化交叉現象〉，陝西師大學報，1995 年 5 期。
327. 趙光賢，〈武王克商與西周諸王年考〉，《西周史論文集》，西安：陝西人民教育出版社，1993 年。
328. 趙康民，〈臨潼南羅西周墓出土青銅器〉，文物，1982 年 1 期。
329. 劉韵叶，〈西周時期周王室與周邊各族的關係〉，河南大學學報，1987 年 4 期。
330. 劉士莪，〈周原青銅器與西周文明〉，西北大學學報，1989 年 3 期。
331. 劉雨，〈金文初吉辨析〉，文物，1982 年 11 期。
332. 劉雨，〈西周金文中的射禮〉，考古，1987 年 12 期。
333. 劉雨，〈商周金文中的祭祖禮〉，考古學報，1989 年 4 期。
334. 劉雨，〈西周金文中的饗與燕〉，大陸雜誌第八十三卷二期，1991 年。
335. 劉昭瑞，〈爵、尊、卣、鍪的定名和用途雜議〉，文物，1991 年 3 期。
336. 劉昭瑞，〈宋代著錄金文校釋〉，文物季刊，1993 年 3 期。
337. 劉翔，〈周夷王經營南淮夷及其與鄂之關係〉，江漢考古，1983 年 3 期。
338. 劉啓益，〈微氏家族銅器與西周銅器斷代〉，考古，1978 年 5 期。
339. 劉啓益，〈西周金文中月相詞語的解釋〉，歷史教學，1979 年 6 期。
340. 劉啓益，〈西周厲王時期銅器與「十月之交」的時代〉，考古與文物，1980 創刊號。
341. 劉啓益，〈西周金文中所見的周王后妃〉，考古與文物，1980 年 4 期。
342. 劉啓益，〈西周夷王時期銅器的初步清理〉，古文字研究第七輯，北京：中華書局，1982 年。

343. 劉啓益，〈西周紀年銅器與武王至厲王的在位年數〉，文史第十三輯，1983年。
344. 劉啓益，〈西周金文中的月相與共和宣幽紀年銅器〉，古文字研究第九輯，北京：中華書局，1984年。
345. 劉啓益，〈西周康王時期銅器的初步清理〉，出土文獻研究，北京：文物出版社，1985年。
346. 劉啓益，〈西周武成時期銅器的初步清理〉，古文字研究第十二輯，北京：中華書局，1986年。
347. 劉啓益，〈西周昭王時期銅器的初步清理〉，出土文獻研究續集，北京：文物出版社，1989年。
348. 劉啓益，〈西周穆王時期銅器的初步清理〉，古文字研究第十八輯，北京：中華書局，1992年。
349. 劉啓益，〈西周懿王時期銅器的初步清理〉，文史第三十六輯，1992年。
350. 劉啓益，〈西周夷王時期銅器續記〉，紀念于省吾教授百年誕辰記念文集，長春：吉林大學出版社，1996年。
351. 劉淵臨，〈武王伐紂的新資料〉，國立編譯館館刊第八卷第二期有關；西周史論文集，西安：陝西人民教育出版社，1979年。
352. 劉敦愿，〈周穆王征犬戎「得四白狼四白鹿以歸」解——兼論寶雞茹家莊出土青銅車飾族屬問題〉，人文雜志，1987年4期。
353. 劉節，〈兩周金文辭大系商兑〉，北平圖書館館刊6卷3號，1932年。
354. 劉興，〈試論東南地區青銅器特點〉，中國歷史博物館館刊，1986年。
355. 璋，〈容庚、張維持著「殷周青銅器通論」〉，考古，1959年2期。
356. 蔣定穗，〈試論陝西出土的西周鐘〉，考古與文物，1984年。
357. 鄭杰文，〈穆天子傳知見版本述要〉，文獻，1994年2期。
358. 鄭師許，〈沈子它敦蓋新解〉，中山大學文史學研究所月刊第1卷5期，1933年。
359. 鄭憲仁，1998年，〈周厲王㝬簋綜合研究〉，第九屆中國文字學會全國學術研討會論文集，國立臺灣師範大學、中國文字學會。
360. 盧連成，〈周都淢鄭考〉，古文字論集（一），1983年。
361. 盧連成，〈庠地與昭王十九年南征〉，考古與文物，1984年6期。
362. 戴家祥，〈墻盤銘文通釋〉，上海師範大學學報，1979年2期。
363. 韓小忙，1996年，〈玁狁與戎考論〉，漢學研究，第14卷第2期。
364. 龐懷清、吳鎮烽等，〈陝西岐山縣董家村西周銅器窖穴發掘簡報〉，文物，1976年5期。
365. 羅西章、吳鎮烽等，〈陝西扶風出土西周伯㦰諸器〉，文物，1976年6期。

366. 寶雞市博物館，〈寶雞竹園溝等地西周墓〉，考古，1978 年 5 期。
367. 顧孟武，〈有關淮夷的幾個問題〉，中國史研究，1986 年 3 期。
368. 龔維英，〈周昭王南征史實索隱〉，人文雜志，1984 年 6 期。

（二）外籍學者

1. 樋口隆康，〈西周銅器の研究〉，京都大學文學部研究紀要第七本；樋口隆康主編、蔡鳳書譯《中國考古學研究論文集》，香港：東方書店，1990 年。
2. 白川靜，〈西周彝器斷代小記〉，歷史語言研究所集刊 36 本上册，1965 年。
3. 夏含夷，〈試論卜辭⊕字——兼論周代貞卜之性質〉，古文字研究第十七輯，北京：中華書局，1989 年。
4. 松丸道雄，〈西周後期出現的變革萌牙〉，華夏文明，1990 年 2 期。
5. 成家徹郎，〈武王克商的年代〉，《西周史論文集》，西安：陝西人民教育出版社，1993 年。
6. 伊藤道治，〈周原出土金文和西周王朝的歷史意義〉，《考古學研究（陝西）》，1994 年。
7. 松井嘉德，〈1992 年日本的中國史研究回顧與展望（殷周、春秋）〉，中國史研究動態，1995 年 6 期。

附　圖

第三章第一節

附圖一　魯厌獄鬲

第三章第二節

附圖一　遹段器形及紋飾拓片

第三章第二節

附圖二　遹段銘文拓片

附圖三　無曩段

附圖四　散伯段

第三章第二節

附圖五　獸面紋方罍

附圖六　登屰方罍

附圖七　呂姜作毀

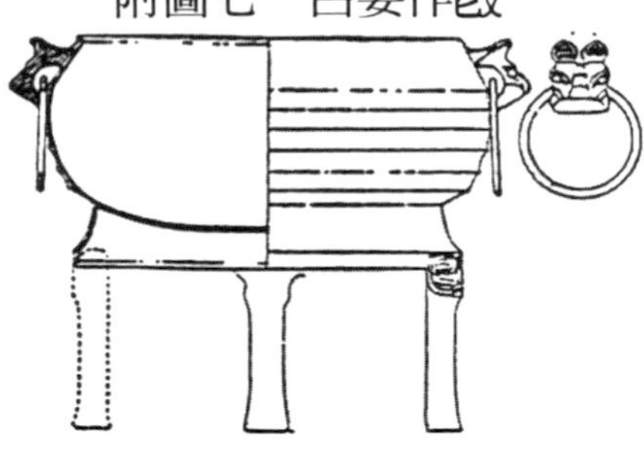

附圖九　九象尊

九象尊底部銘文拓片

第三章第二節

附圖八　五年師旋𣪘

第三章第三節

附圖一　剌鼎照片

附圖二　剌鼎銘文拓片

第三章第三節

附圖三　堇鼎

第三章第三節

附圖四　五祀衛鼎

附圖五　十五年趞曹鼎

第三章第四節

附圖一　長囟盉器形

附圖十一　長囟盉紋飾

蓋沿

頸

流

第三章第四節

附圖二　長囟盉銘文拓片

附圖三　二里頭封頂銅盉

第三章第四節

附圖四　婦好盉

附圖五　龍紋盉

附圖六　伯寰盉

第三章第四節

附圖七　陳仲玉：器身曲底盉形器的演變系統

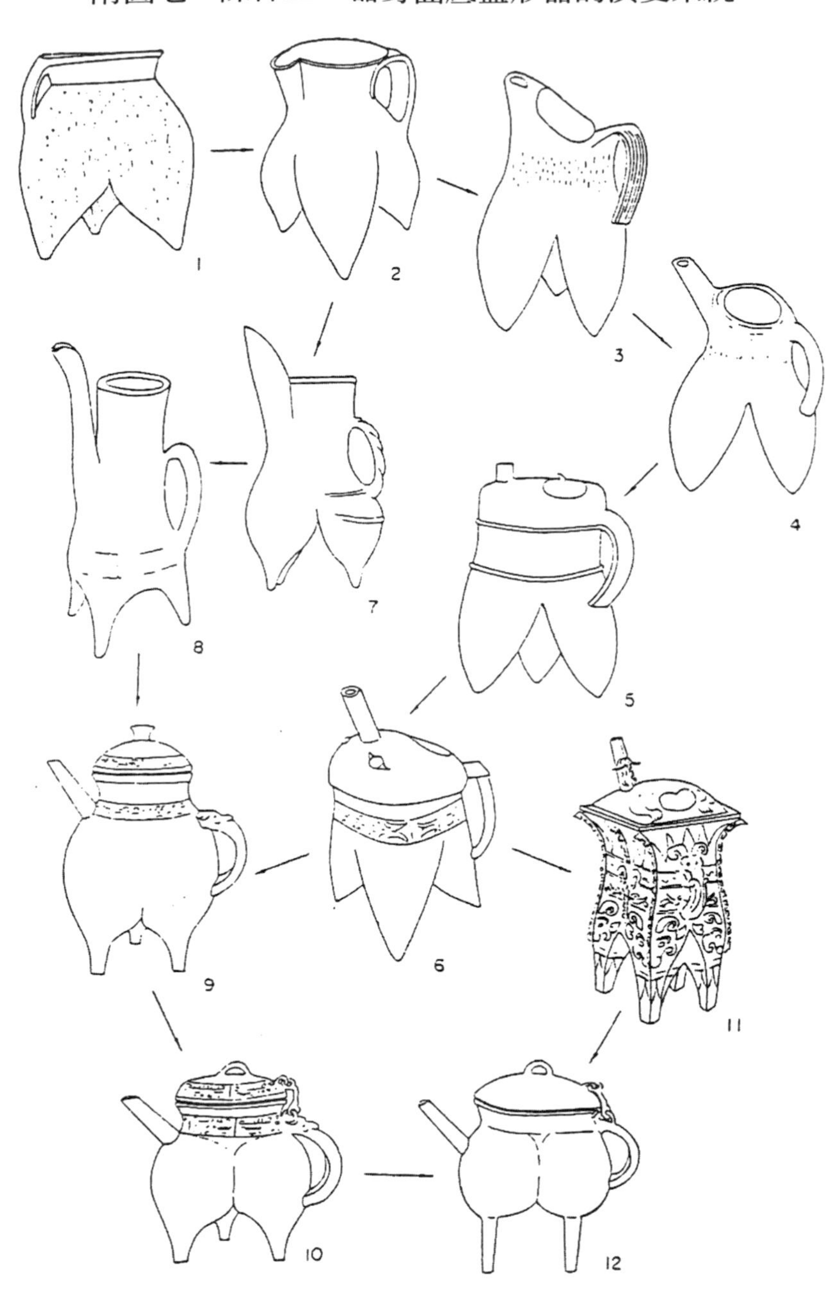

第三章第四節

附圖八　陳仲玉：器身圜底盉形器的演變系統

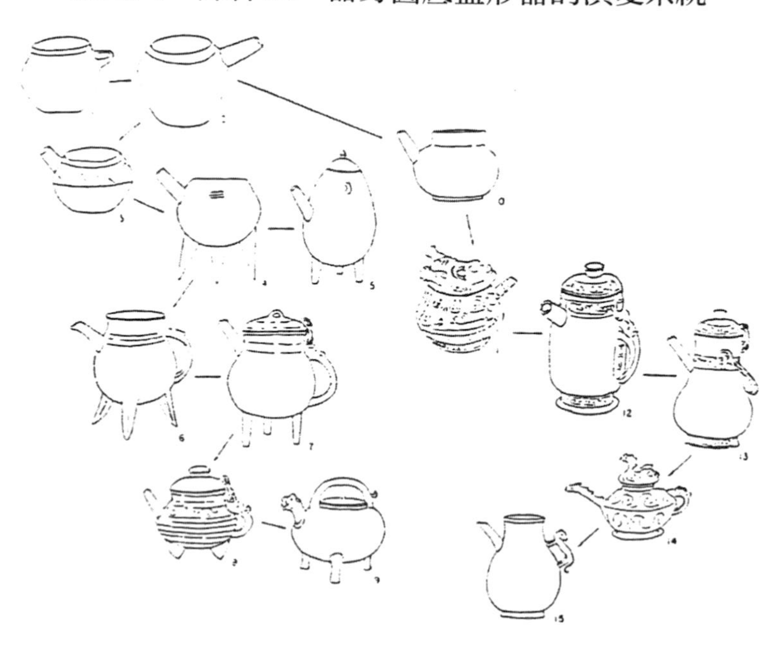

附圖九　克盉

第三章第四節

附圖十　䣄父盉

附圖十三　長囟毁器形

第三章第四節

附圖十四　長囟毀銘文

蓋

底

附圖十二　衛盉

第三章第四節

附圖十五　長囟餿紋飾

蓋沿

附圖十六　長囟餿器底

附圖十八　長囟盤銘文

附圖十七　長囟盤器形

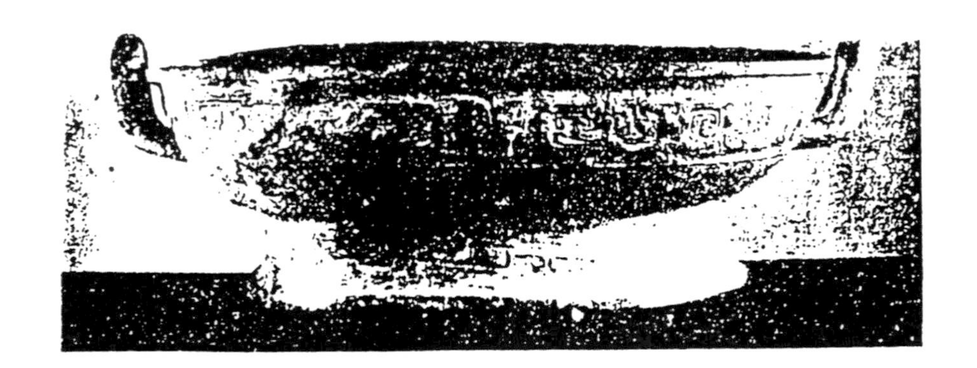

附圖十九　長囟盤花紋

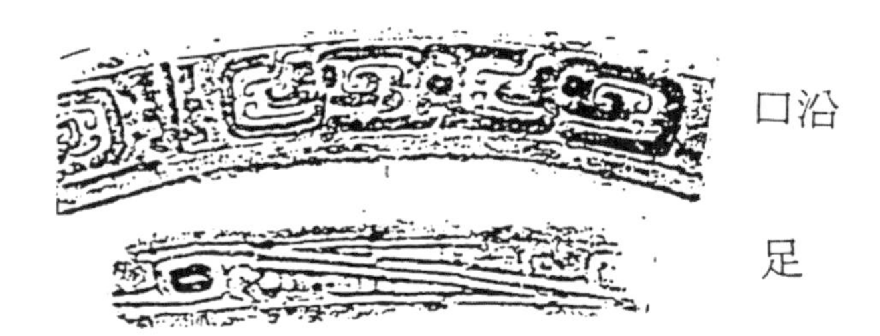

口沿

足

第三章第四節

附圖二十　長囟盤器底

第三章第五節

附圖一　鮮簋照片

第三章第五節

附圖二　鮮㲃銘文照片

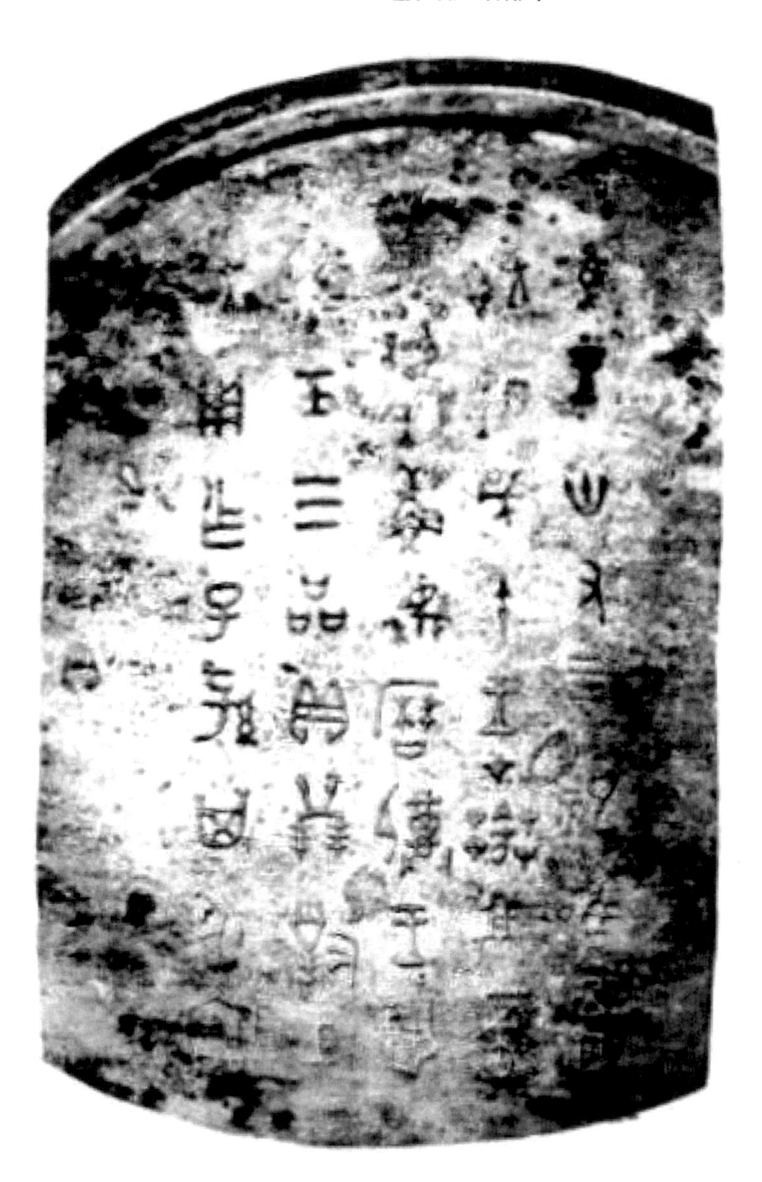

第三章第五節

附圖三　鮮毀銘文拓片

附圖四　庚贏鼎刻本

附圖五　靜毀

第三章第五節

附圖六　伯𢦚𣪕

附圖七　燕侯盂之器形

第三章第五節

腹部花紋照片

腹部花紋拓片

第三章第五節

附圖八　麥尊器形摹繪

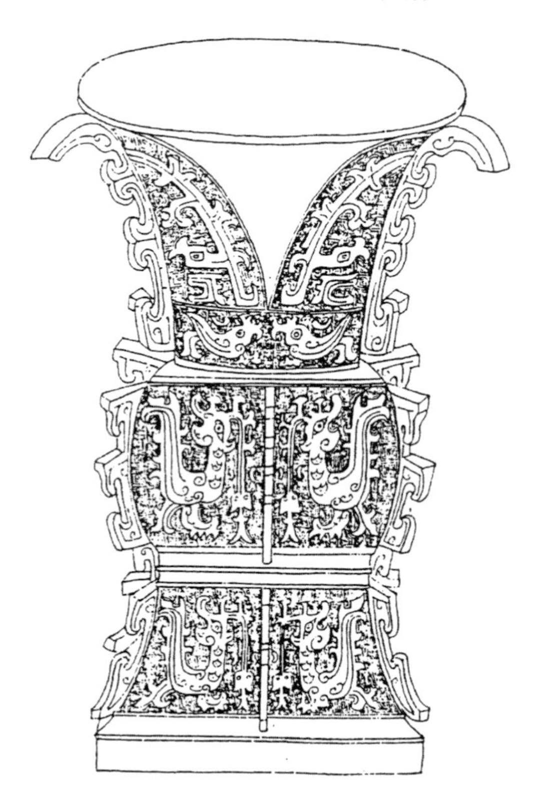

附圖九　子父丁卣圈足紋飾

第五章

附圖一　□作父庚鼎銘文

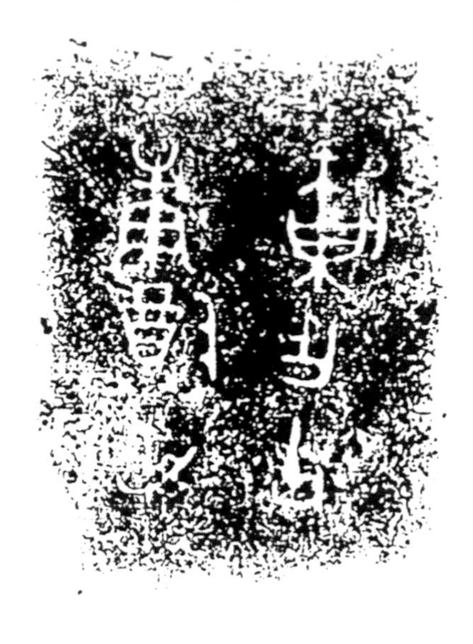

附圖二　呂齋銘文

附圖三　長安普渡村長囟墓　鐘

2號

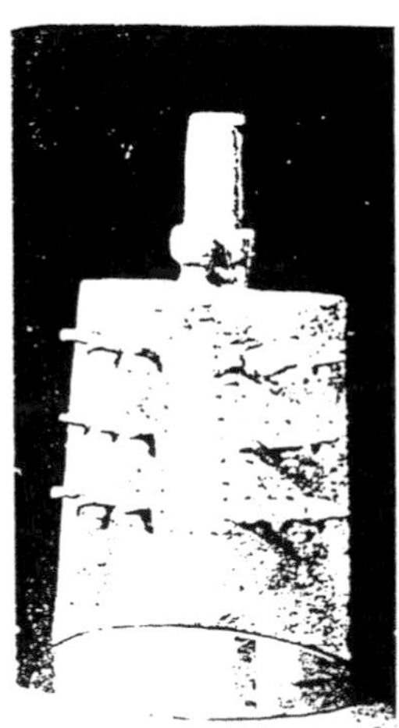

3號照片一

4號

第五章

3 號照片二

2 號篆間

4 號鐘幹

4 號篆間

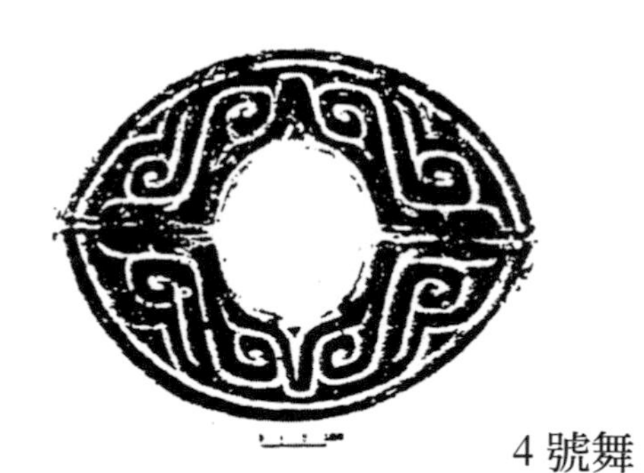

4 號舞

4 號鼓面

附圖四　長安普渡村長囟墓　縶罍

肩

腹

第五章

䌛罍

附圖五　長安普渡村長囟墓　鼎

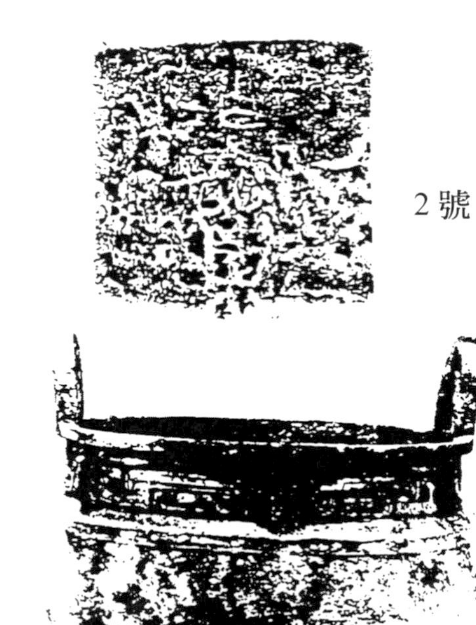

2 號

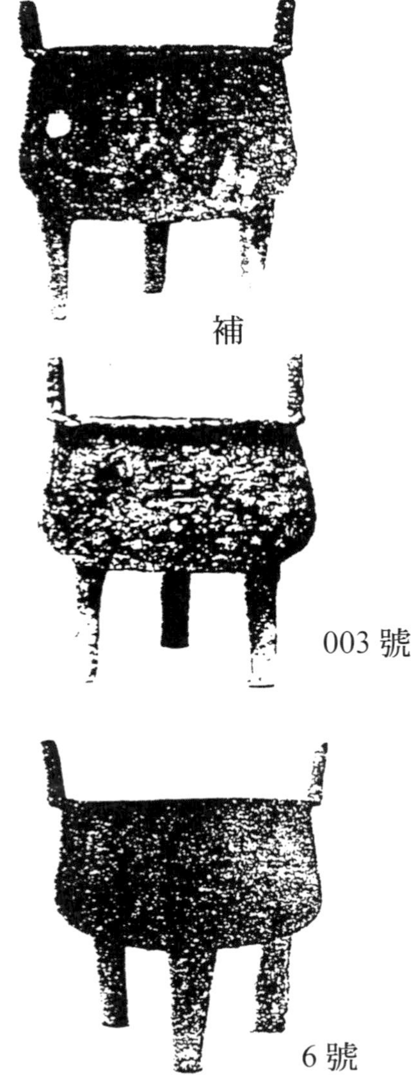

補

003 號

6 號

第五章

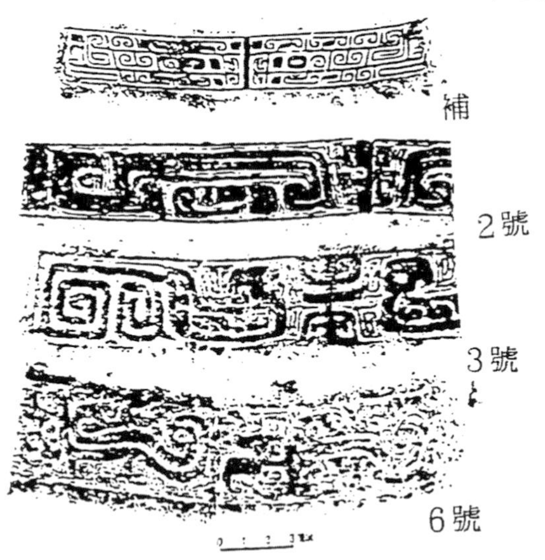

附圖七　長安普渡村長囟墓　白盦卣

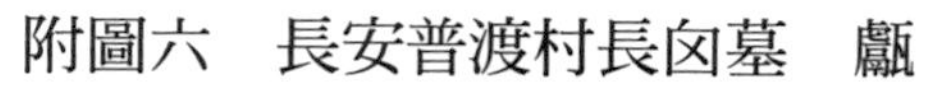

附圖六　長安普渡村長囟墓　甗

附圖八　長安普渡村長囟墓　白盦爵

第五章

附圖九　長安普渡村長囟墓　□辛亞觚　附圖十　長安普渡村長囟墓　壺

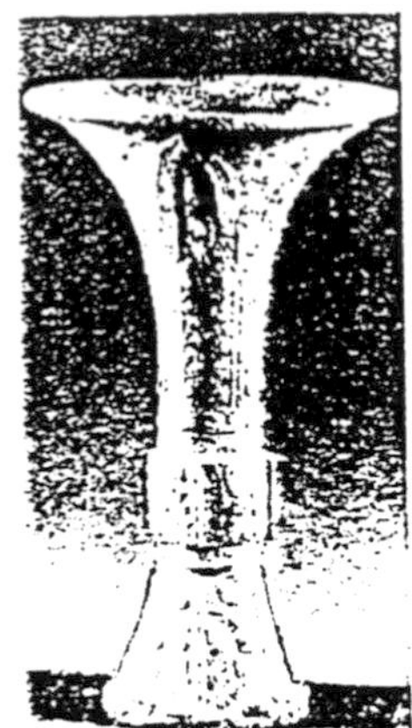

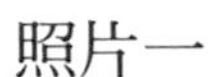

照片一

照片二

附圖十一　長安普渡村長囟墓　鬲

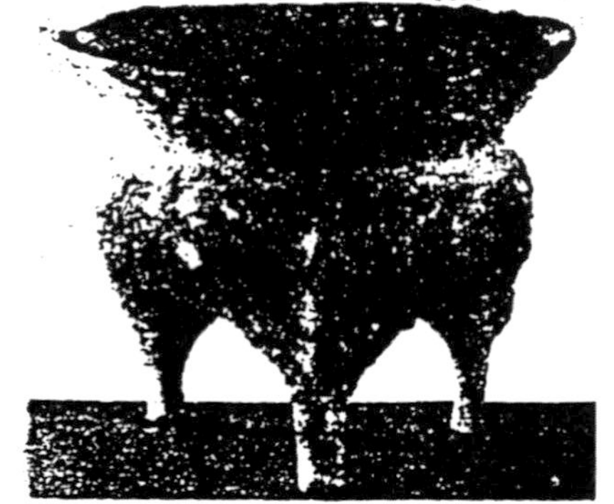

9 號

13 號

照片一

照片二

第五章

附圖十二　長安普渡村二號墓　弔乍旅鼎

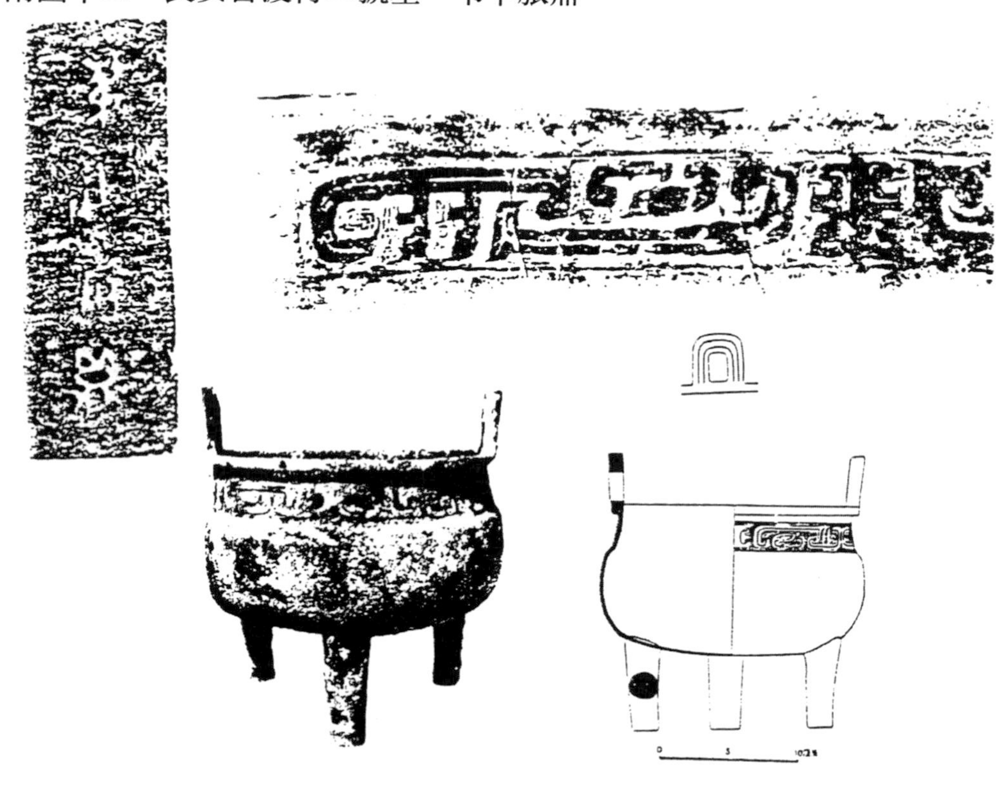

附圖十三　長安普渡村二號墓　[illegible]毁

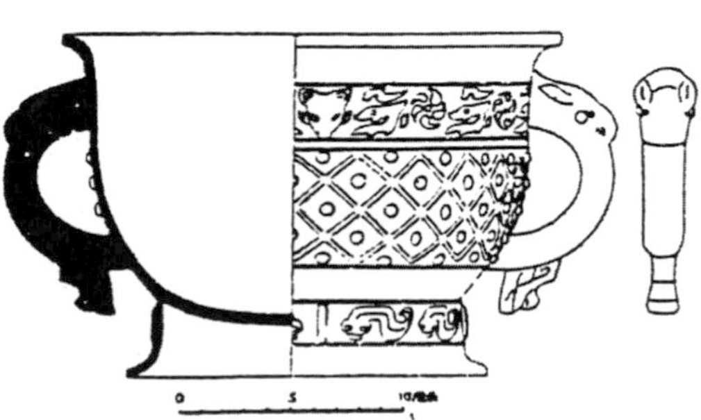

第五章

𣪘頸飾

附圖十四　長安普渡村二號墓　茀且辛爵

28號

圖片一

圖片二

第五章

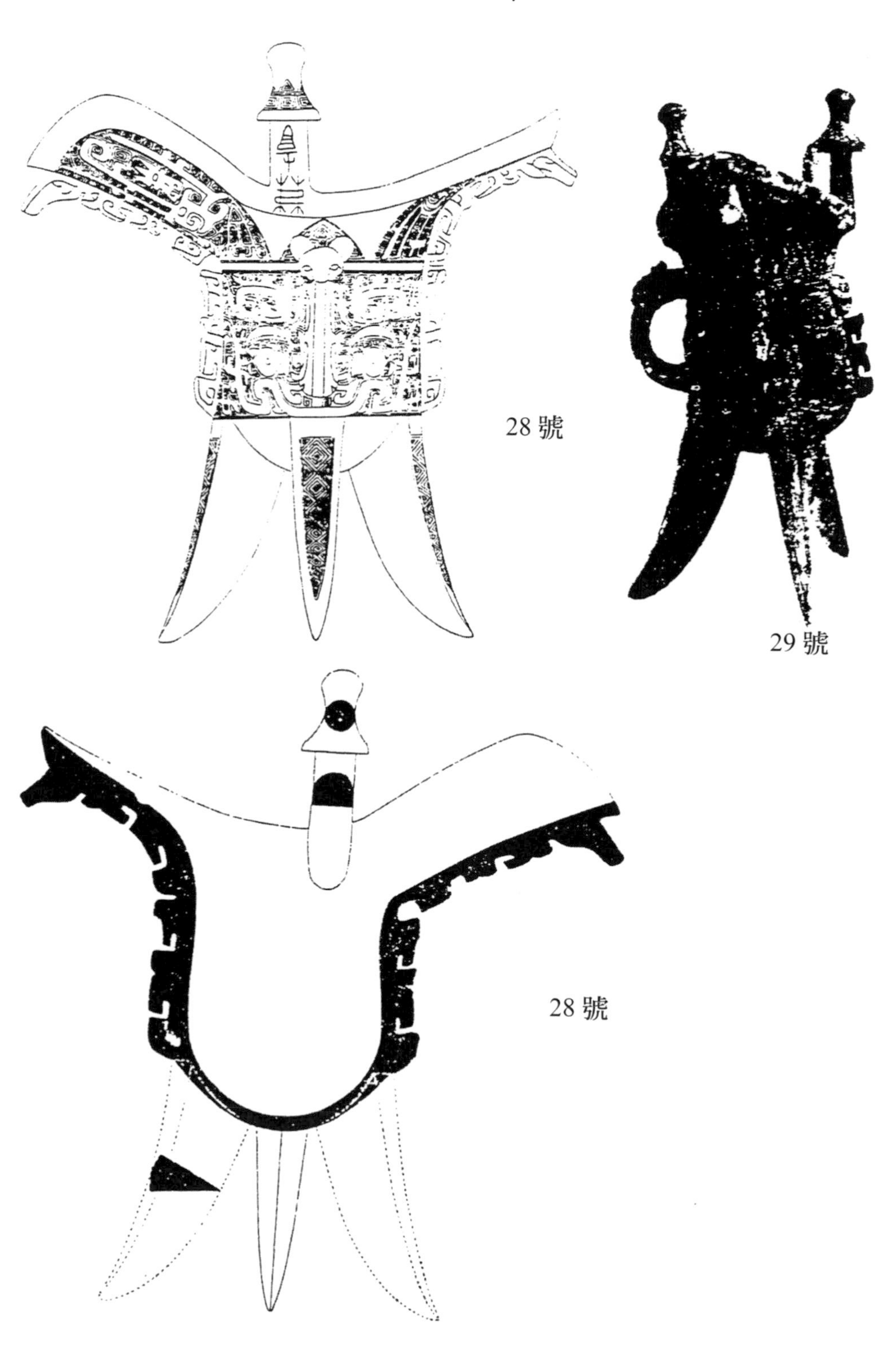

28 號

29 號

28 號

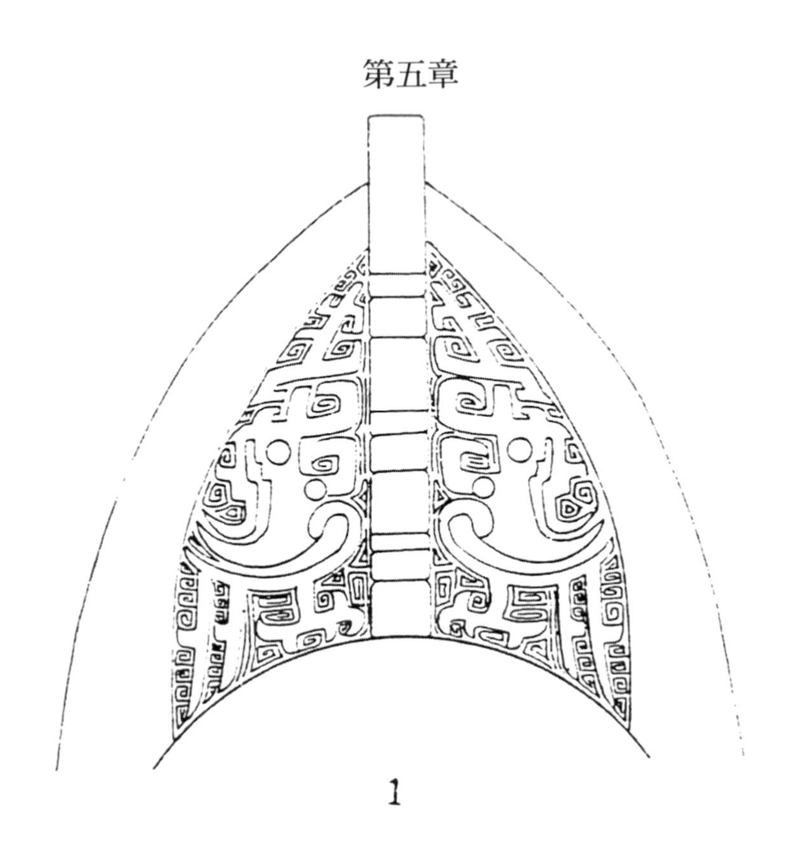
第五章
1

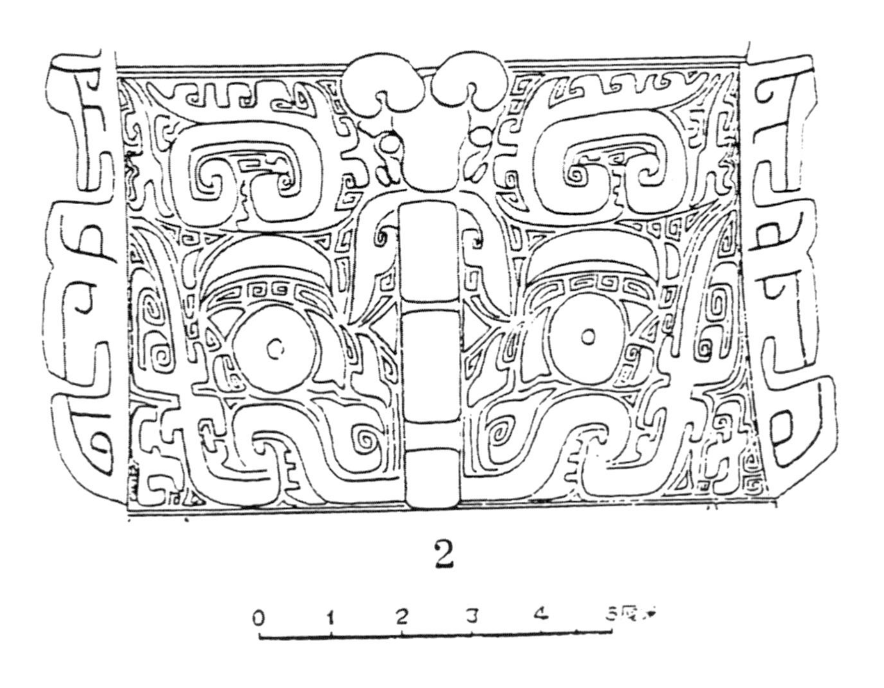
2
0 1 2 3 4 5厘米

第五章

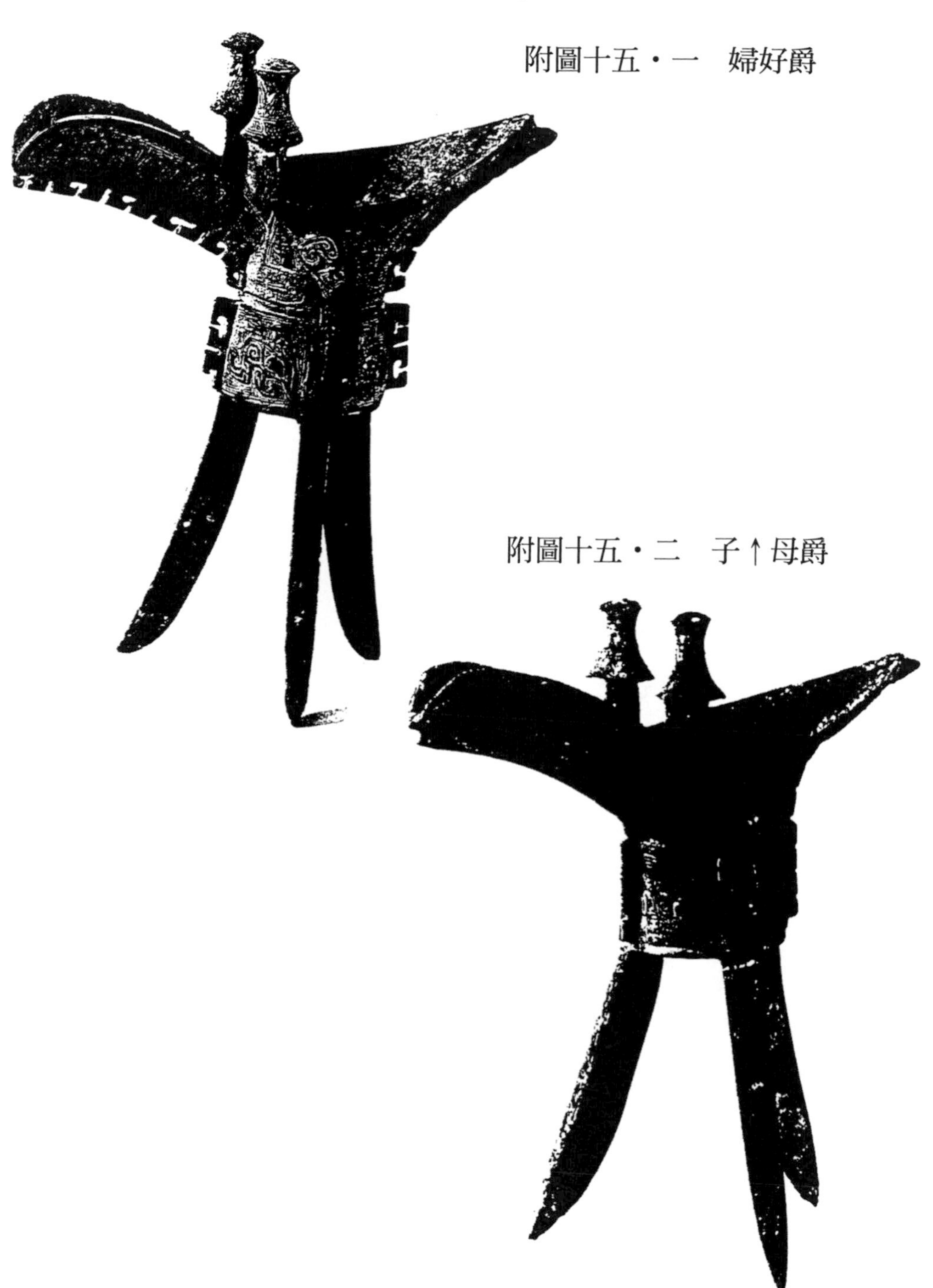

附圖十五・一　婦好爵

附圖十五・二　子↑母爵

第五章

附圖十六　臨潼南羅墓　中甗

附圖十七　臨潼南羅墓　真盤

附圖十八　臨潼南羅墓　鼎

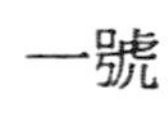

一號

二號

第五章

四號

三號

附圖十九　臨潼南羅墓　鬲

附圖二十　臨潼南羅墓　𣪘

附圖二十一　臨潼南羅墓　盉

附圖二十二　扶風齊家十九號墓　乍旅鼎

第五章

附圖二十三　扶風齊家十九號墓　乍旅毁

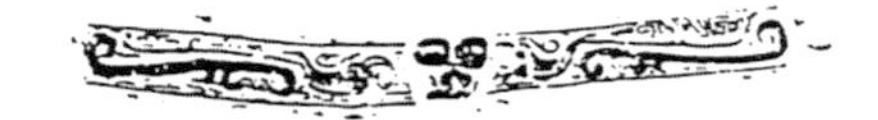

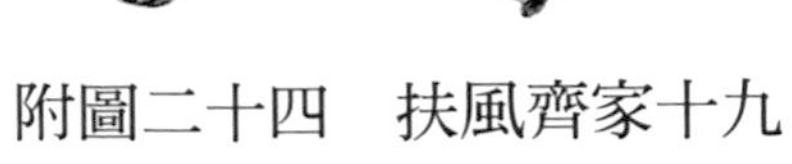

附圖二十四　扶風齊家十九號墓　父乙甗

附圖二十五　扶風齊家十九號墓　尊

第五章

扶風齊家十九號墓尊

附圖二十六　扶風齊家十九號墓　卣

蓋

頸

附圖二十七　扶風齊家十九號墓　爵

附圖二十九　陝西扶風召李村
一號墓　觶

第五章

附圖二十八　扶風齊家十九號墓　觶

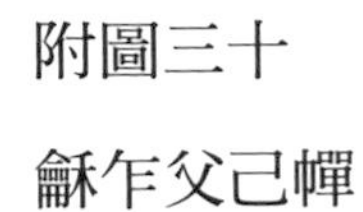

附圖三十

穌乍父己幝

附圖三十一　父庚幝

附圖三十二　扶風齊家十九號墓　盉

第五章

附圖三十三　寶雞茹家莊二號墓　彊乍井姬鼎

附圖三十五

寶雞茹家莊二號墓

彊乍井姬方鼎

附圖三十四

寶雞茹家莊二號墓

彊白乍井姬穸鼎

第五章

附圖三十六　寶雞茹家莊二號墓　𢐗白乍丼姬鼎

M2：2

M2：2頸

M2：3

M2：3

附圖三十七　寶雞茹家莊二號墓　鬲

M2：13

第五章

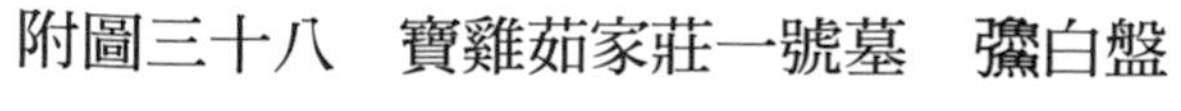

附圖三十八　寶雞茹家莊一號墓　㺇白盤

鬲

M2：14

M1乙：1

M1乙：2

M1乙：1

M1乙：2

附圖三十九

寶雞茹家莊
一號墓　壺

第五章

附圖四十　寶雞茹家莊一號墓　編鐘

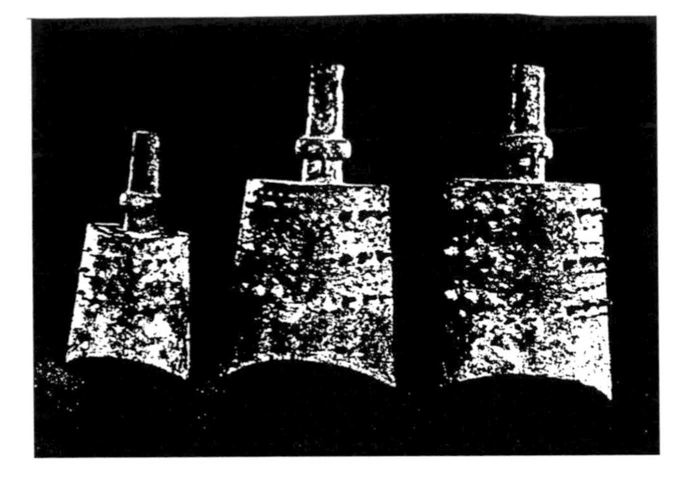

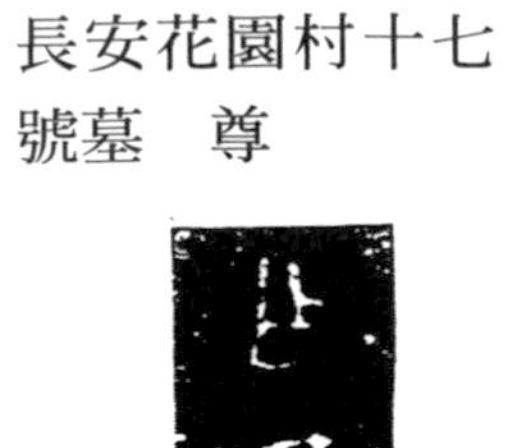

附圖四十二

長安花園村十七號墓　尊

附圖四十一　長安花園村十七號墓　白姜鼎

附圖四十三

長安花園村十七號墓　卣

第五章

附圖四十四　長安花園村十五號墓　戎珮尊

附圖四十六

長安花園村

十五號墓　麃父尊

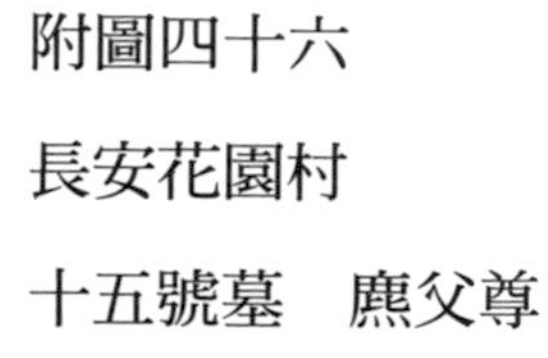

附圖四十五　長安花園村十五號墓　戎珮卣

蓋

附圖四十七

長安花園村

十五號墓　麃父卣

蓋

麃父卣　戎珮卣

第六章

附圖一　班段

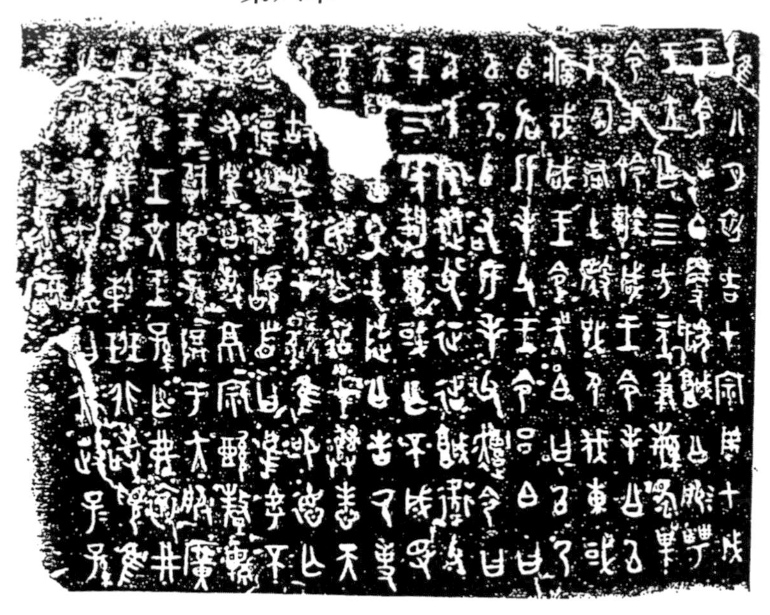

附圖二　西清古鑑—班段

第六章

附圖三　班毀未修復時原貌

第六章

附圖四　毛公肇鼎

附圖五　孟𣪘

第六章

附圖六　⿱穴卩鼎

附圖七　呂白毀

第六章

附圖八　靜段

附圖九　靜卣

附圖十　小臣靜彝

第六章

附圖十一　豐尊

附圖十二　豐卣

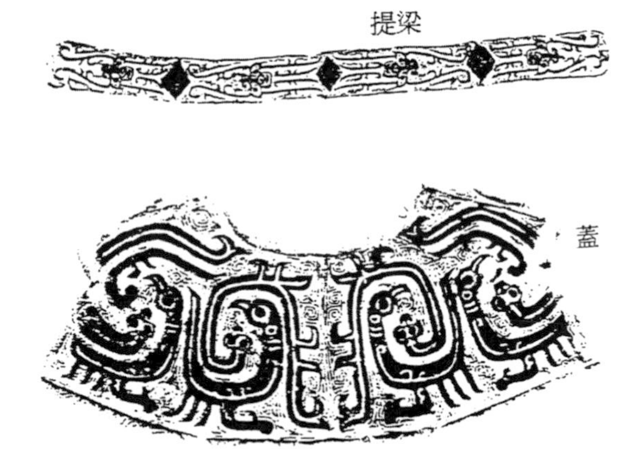

第六章

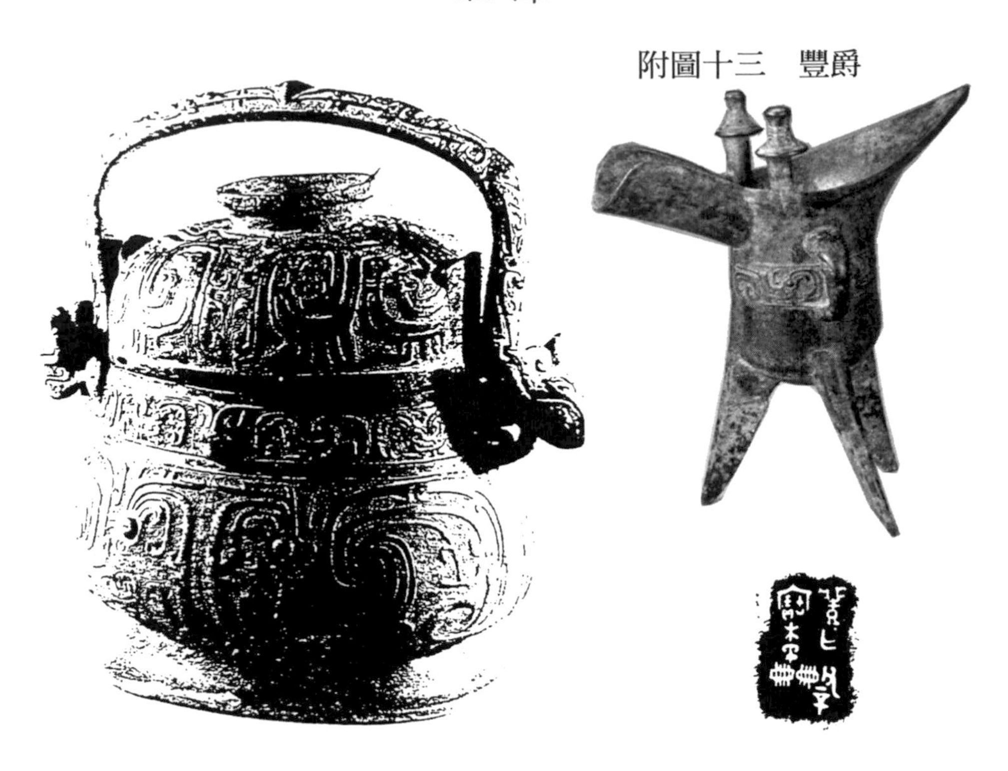

附圖十三　豐爵

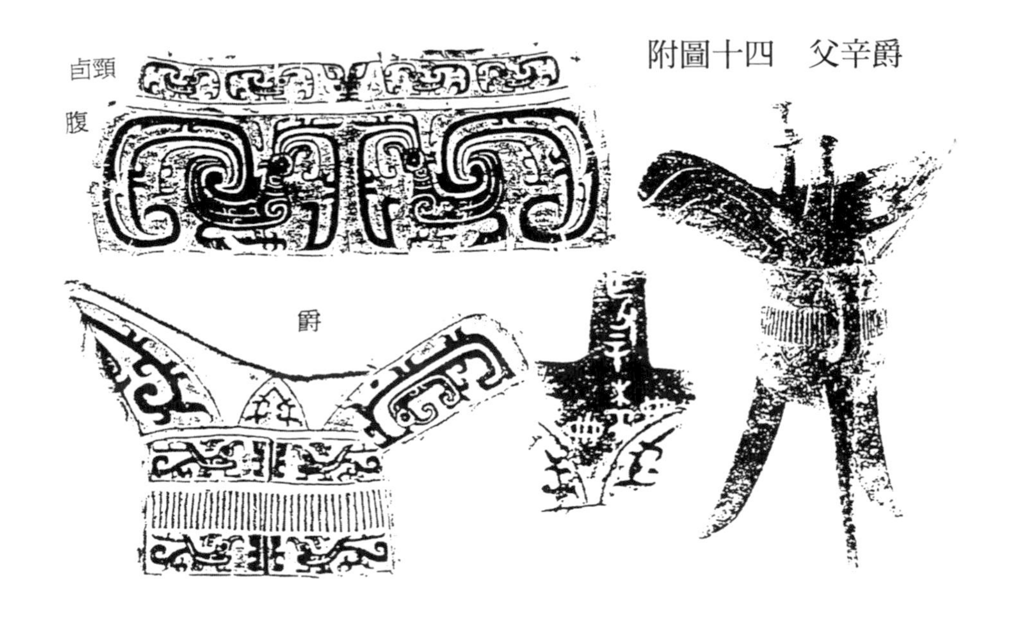

附圖十四　父辛爵

第六章

附圖十五　鳥紋爵

附圖十六　鳥紋觚、鳥紋觶

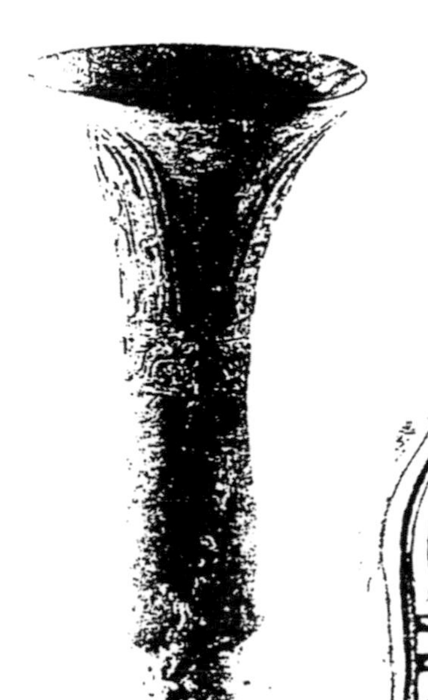

觶

觚

第六章

龠幝

附圖十八　㦸方鼎一

附圖十七　貫耳壺

第六章

附圖十九　𢦏方鼎二

鼎

附圖二十　𢦏鼎

附圖二十一

白𢦏作旅鼎

段

第六章

附圖二十二　𢦚毀一

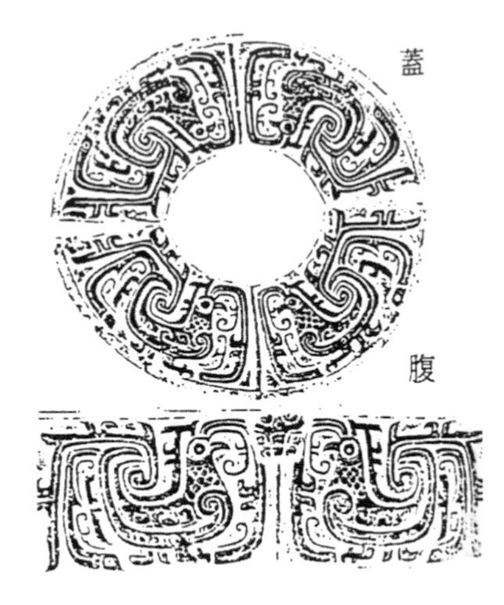

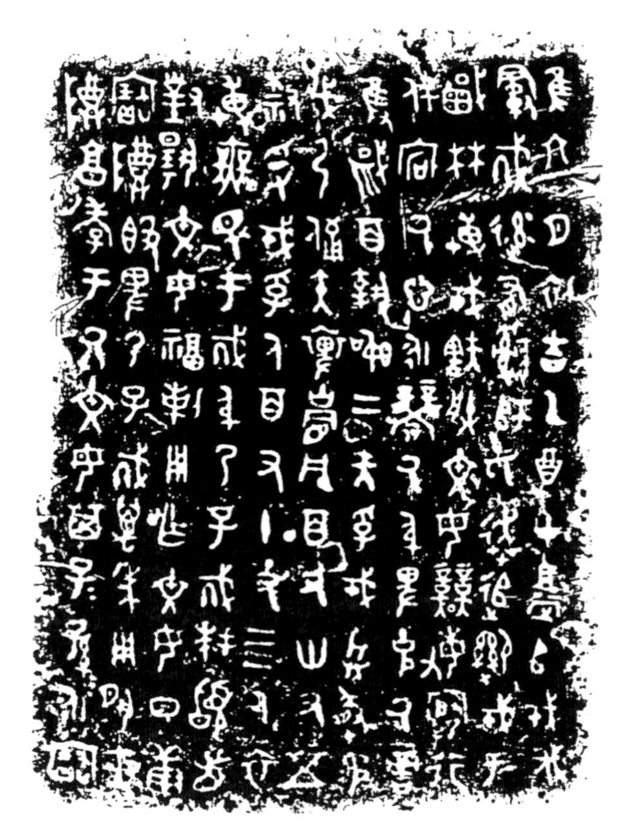

附圖二十三　𢦚甗

第六章

附圖二十四　白彧飲壺甲

附圖二十五　白彧飲壺乙

附圖二十六　西周的杯

附圖二十七　彔卣

附圖二十八　彔𣪘一

附圖二十九　彔𣪘二

附圖三十　彔𣪘三

第六章

附圖三十一　白雝父盤

附圖三十二　白㦰𣪘

附圖三十三　㦰𣪘二

第六章

附圖三十四　彔白𢦏毁

附圖三十五　𢦏鼎一

附圖三十六　遇甗

第六章

𤮊銘

附圖三十七　𥡴卣

器

蓋

附圖三十八　𪔂鼎二

附圖三十九　寓卣

第六章

附圖四十　䟽尊

附圖四十一　乍冊寓鼎

第六章

附圖四十二　中𡩋𣪕

附圖四十三　競卣一

附圖四十四　競卣二　蓋

器

第六章

附圖四十五　競段

附圖四十六　競尊

附圖四十七　白遲父鼎

第六章

附圖四十八　縣改段

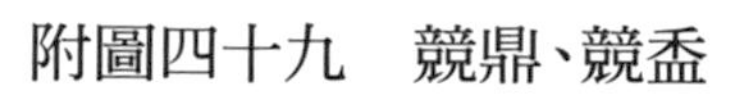

附圖四十九　競鼎、競盉

第六章

附圖五十　庚贏鼎

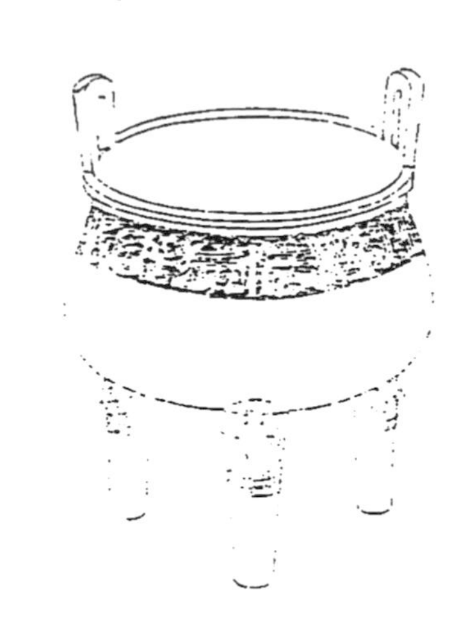

附圖五十一　庚贏卣

蓋

器

第六章

附圖五十二　貉子卣

第六章

附圖五十三　己医貉子毁蓋

第六章

附圖五十四　師遽方彝

蓋

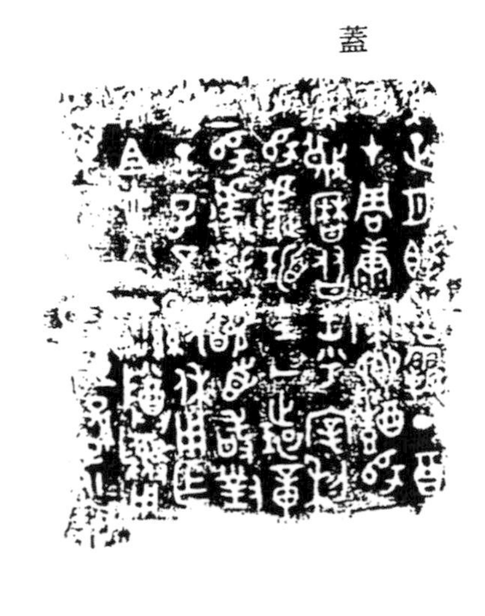

器

附圖五十五　徒毀

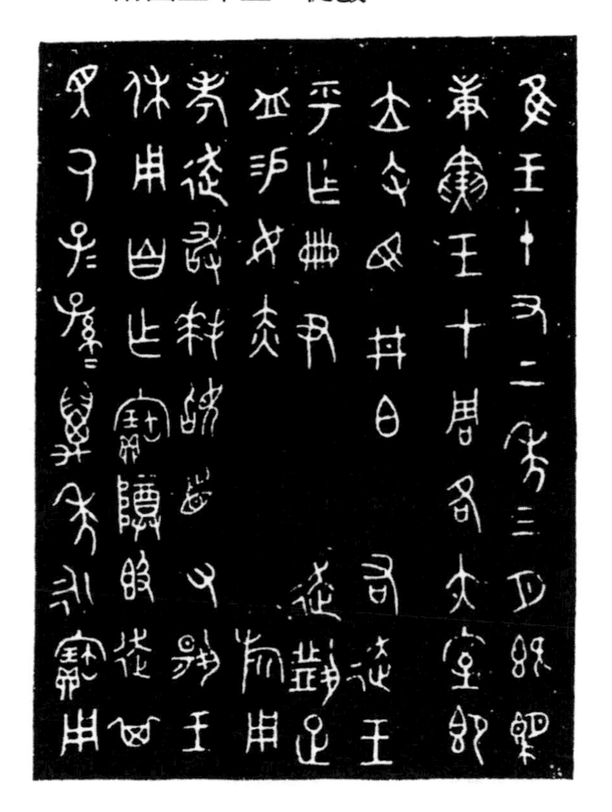

第六章

附圖五十六　𠳳壺蓋

附圖五十七　利鼎

附圖五十八　利毀

第六章

附圖五十九　小臣謎毀

附圖六十一　呂壺

附圖六十　師旂鼎

第六章

附圖六十二　沈子也𣪘蓋

附圖六十三　盠尊

第六章

附圖六十四　小臣宅毀

附圖六十五　御正衛毀

第六章

附圖六十六　免設

附圖六十七　免匿

附圖六十八　免尊

第六章

附圖六十九　免盤

附圖七十　史懋壺蓋

附圖七十一　弭弔鬲

第六章

附圖七十二　弭弔盨一

附圖七十三　弭弔盨二

附圖七十四　弭白匜

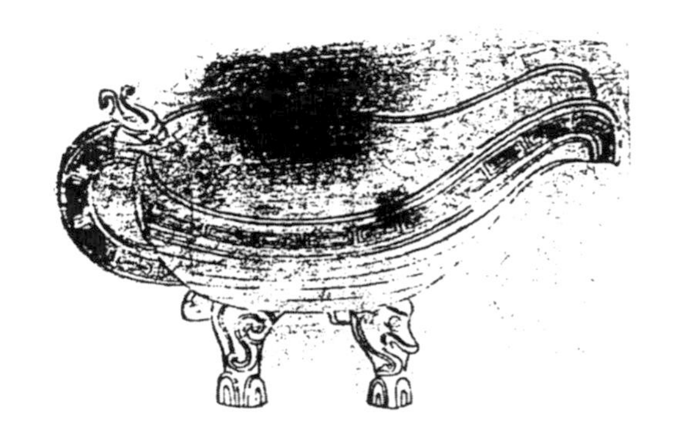

第六章

附圖七十五　弭弔師耒毀

附圖七十六　守宮鳥尊

附圖七十七

守宮卣一

附圖七十八

守宮卣二

第六章

附圖七十九　守宮盤

附圖八十　守宮觥

附圖八十一　守宮爵

第六章

附圖八十二　雁公方鼎

附圖八十三　雁公毁

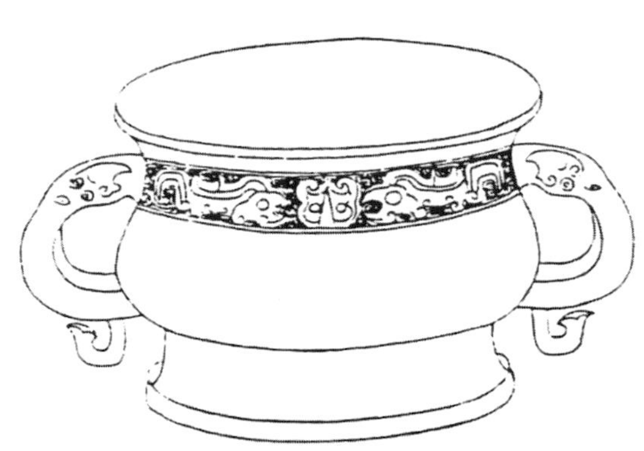

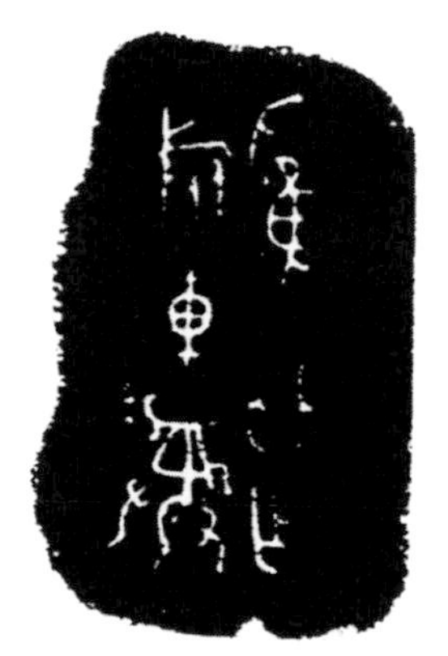

附圖八十四　雁公卣

第六章

附圖八十五　雁公觶

附圖八十六　效父𣪘

附圖八十七　效尊

第六章

附圖八十八　效卣

附圖八十九　卸父方鼎

第六章

附圖九十　井季㚤尊

附圖九十一　井季㚤卣

附圖九十二　季㚤毁

附圖九十三　噩医作王姑毁

第六章

附圖九十四　噩医駿方鼎

附圖九十五

趞弔吉父盨

第六章

附圖九十六　趞弔鼎

附圖九十八　眉□王毁

附圖九十八　眉□王鼎

第六章

附圖九十九　白戏盤

附圖一百　白戏盨

附圖一〇一　呂齋

附圖一〇二　緐卣

第六章

附圖一〇三　廿七年衛毀

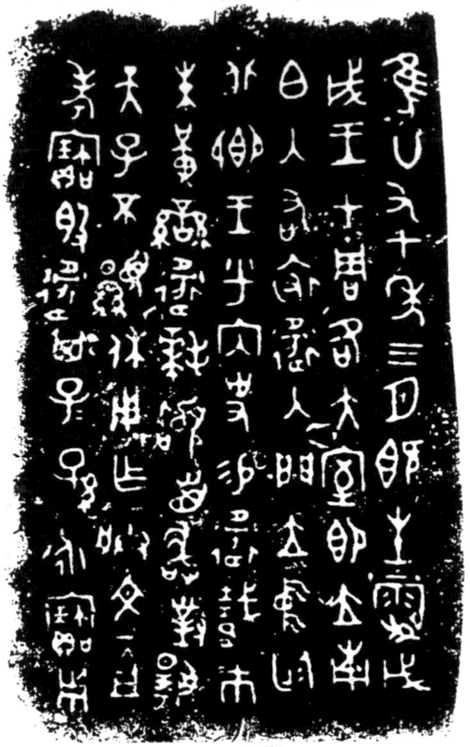

附圖一〇四　乍冊大方鼎

蓋

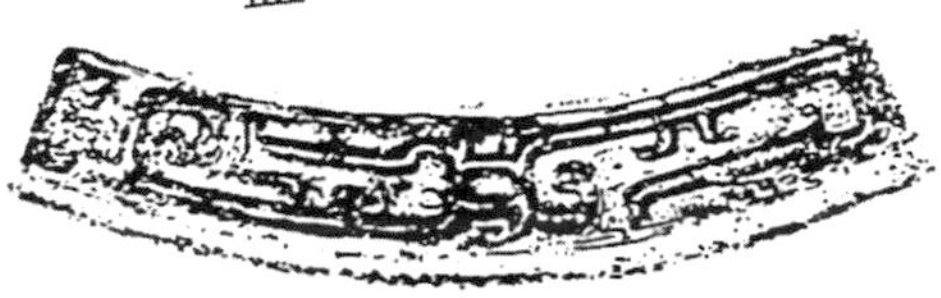

頸

第六章

附圖一〇五 趞𣪘

附圖一〇七 𪓐𣪘

附圖一〇六 不壽𣪘

第六章

附圖一〇八　善鼎

附圖一〇九　[illegible]父盉

附圖一一〇　宜医夨段

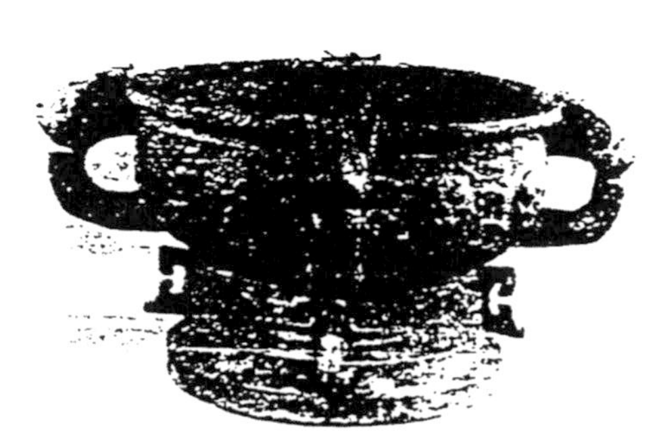

第六章

附圖一一一

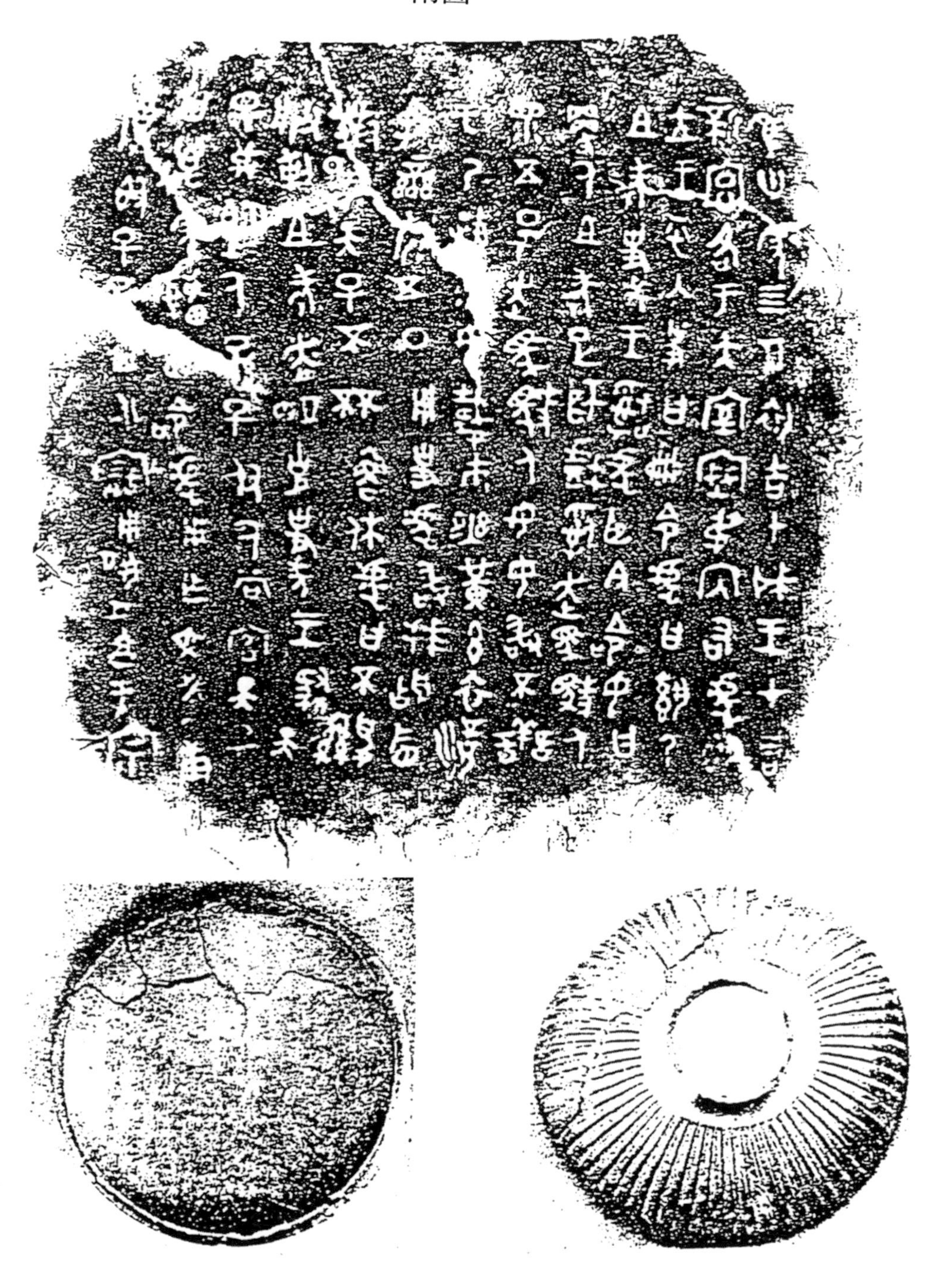

第六章

附圖一一二　遊乍父癸方彝蓋

附圖一一三　乍冊虩卣

附圖一一四　命毁

附圖一一五　井鼎

第六章

附圖一一六　𩫏白㪤毁

附圖一一八　小臣傳卣

附圖一一七　師隹鼎

附圖一一九　豦毁

附圖一二〇　鼓𦉜𣪘

第六章

附圖一二一　𣪘𣪘

附圖一二二　大乍大中𣪘

第六章

附圖一二三　段毁

附圖一二四　農卣

附圖一二五　孴毁

第六章

附圖一二六　服方尊

附圖一二七　牧𣪘

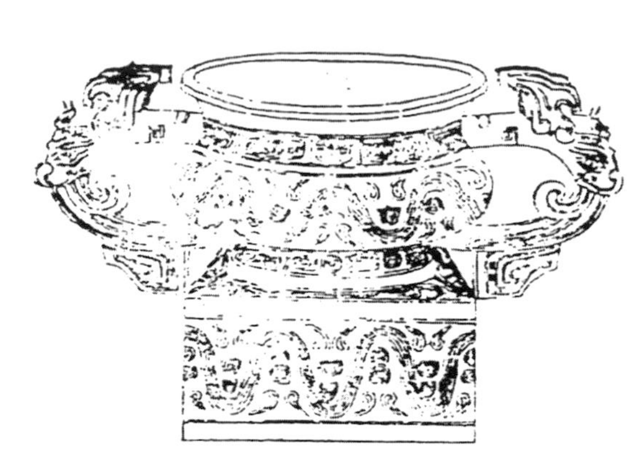

第六章

附圖一二八　輔師嫠𣪕

附圖一二九　休盤

附圖一三〇　此𣪘、此鼎

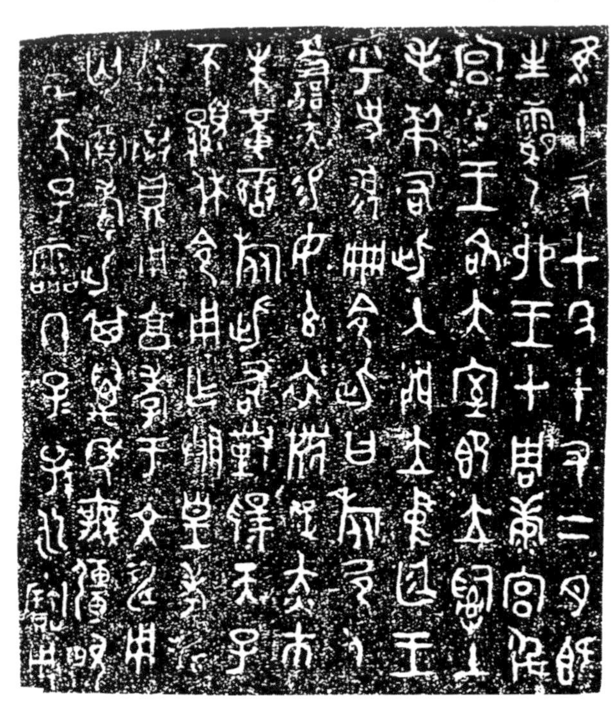

附圖一三一　望𣪘

第六章

附圖一三二　吳方彝蓋

附圖一三三　白克壺

第六章

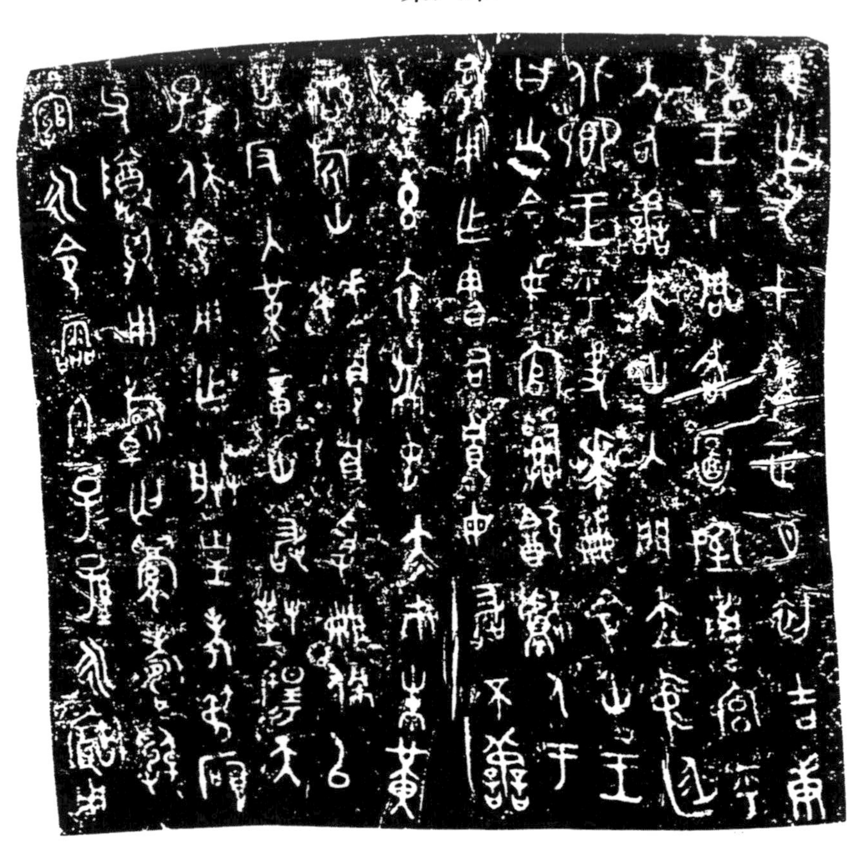

附圖一三四　譱夫山鼎

第七章

附圖一　鳥紋圖譜（陳公柔及張長壽先生作）

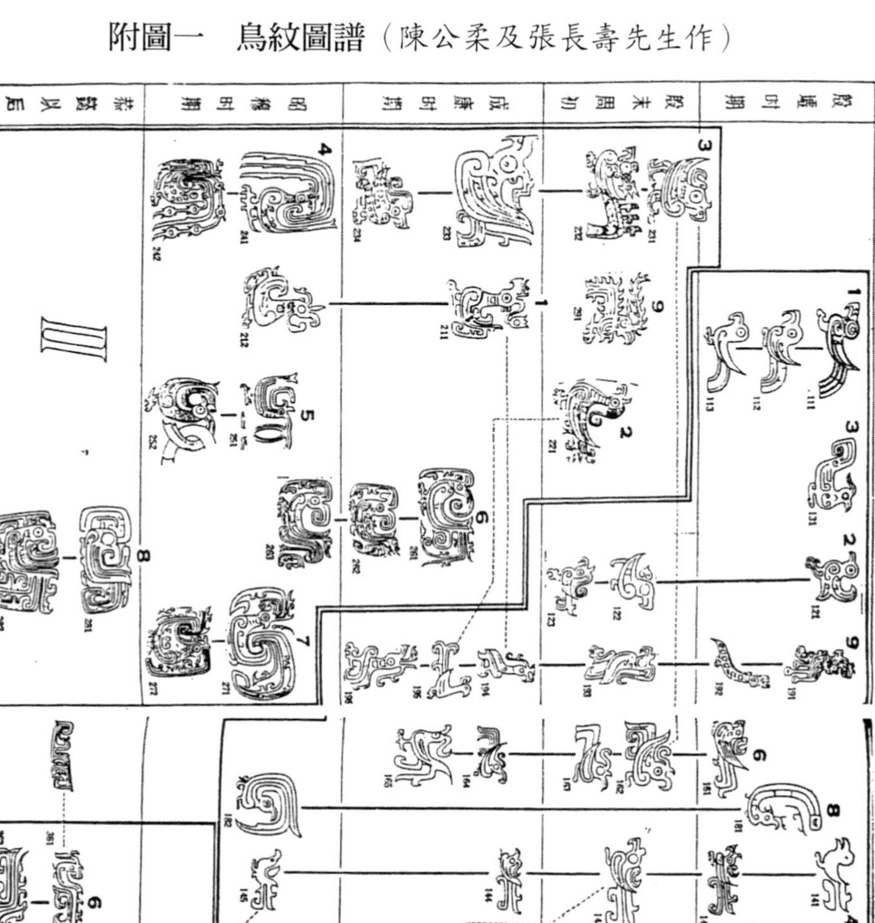

第七章

附圖二　鳥紋斷代表（陳公柔及張長壽先生作）

		殷墟时期	殷末周初	成康时期	昭穆时期	恭懿以后
I	1					
	2					
	3					
	4					
	5					
	6					
	7					
	8					
	9					
II	1					
	2					
	3					
	4					
	5					
	6					
	7					
	8					
	9					
III	1					
	2					
	3					
	4					
	5					
	6					
	7					

附圖三　淳化大鼎

第七章

附圖四　龍紋毀

附圖五　攸毀

附　表

第三章第三節

附表一　商周彝器賜貝表

時　代	器號（集成、總集、邱集）、器名	貝　數	銘　文	賞賜原因
殷	0741・1503・1627 御鬲	貝	王光□賞御貝	不明
殷	2594・1101・1194 戊寅作父丁方鼎	貝	戊寅王[illegible]馬酌、賜貝	酌
殷	2648・1158・1261 小子睪鼎	貝	子賜小子[illegible]，王賞貝	不明
殷	2709・1208・1312 邐方鼎	貝	王饗酌、尹光邐、唯各、賞貝	饗酌
殷	2710・1210・1317 寢農鼎	貝	作冊友史賜[illegible]貝	省田
殷	未見・2373・2571 始休簋	貝	始休賜氐瀕吏貝	不明
殷	3861・2446・2643 亞古作父己簋	貝	己亥王賜貝	不明
殷	3904・2515・2719 小子𠭯簋	貝二百	乙未卿旋賜小子𠭯貝二百	不明
殷	3941・2525・2729 寢敄簋	二朋	辛亥、王在□，賞寢敄□貝二朋	不明
殷	3975・2546・2754 聖簋	二朋	辛巳、王飲多亞……，賜貝二朋	飲
殷	3990・2544・2752 亞䣄父乙簋	貝	王光賞䣄沚貝	不明
殷	未見・2599・2808 宰甫簋	五朋	王饗酒，光宰甫貝五朋	狩畢饗酒

殷	未見・2654・2863 𠭯作文父丁簋	十朋	癸巳、□賞小子□貝十朋	伐夷方
殷	4144・2676・2891 旅𦘤作父乙簋	貝	弜師賜𦘤𡴄、[illegible]貝	遘
殷	5353・5445・6037 寓卣	貝	辛卯子賜寓貝	不明
殷	5367・5453・6050 𡦹卣	朋	丙寅王賜𡦹貝朋	不明
殷	5380・5460・6059 馭卣	八貝	王賜馭八貝一具	不明
殷	5394・5471・6073 小子省卣	五朋	甲寅子賞小子省貝五朋	不明
殷	5412・5491・6039 亞獏二祀𠭰其卣	五朋	王令𠭰其兄[illegible]于夆田，[illegible]賓貝五朋	祭祀
殷	5413・5492・6094 亞獏四祀𠭰其卣	貝	王曰，尊文武帝乙宜……王在梌，𠭰其賜貝	祭祀
殷	5417・5494・6096 𠭯𥁕作母辛卣	二朋	子光賞𥁕貝二朋	以人于堇
殷	5965・4842・0000 啓作文父辛尊	貝	子光□啓貝	不明
殷	5967・4847・0000 小子夫父巳尊	二朋	㚸賞小子夫貝二朋	不明
殷	5990・4866・0000 小臣俞尊	貝	王省夒且，王賜小臣俞夒貝，維王來正夷方	省
殷	9100・4239・4609 天黿坒作父癸角	貝	子賜坒貝	不明
殷	9101・0000・0000 宰魚爵	貝	辛卯，王賜宰魚貝	不明
殷	9102・4241・4610 箙亞作父癸角	貝	丙申王賜葡亞[illegible]奚貝	不明
殷	9105・4242・4611 宰椃角	五朋	庚申、王在闌，王各、宰椃从，賜貝五朋	不明
殷	9249・4343・4734 小臣邑斝	十朋	癸巳王賜小臣邑貝十朋	不明
殷帝乙辛	2694・1192・1295 戍[illegible]鼎	二朋	王賞戍[illegible]貝二朋	遀省
殷晚	2708・1219・1327 戍[illegible]貝廿朋	廿朋	王賞戍[illegible]貝廿朋	不明

殷－周早	未見・2452・2655 女𡢁簋	二朋	母𡢁堇于王、癸日，賞𡢁貝二朋	覲王
殷－周早	2425・0961・1041 乙未鼎	貝	王賞貝始	不明
殷－周早	2434・0984・1066 龔姛方鼎二	貝	龔姛賞賜貝于司	不明
殷－周早	2579・1089・1179𡢁方鼎	二朋	賞𡢁貝二朋	覲王
周早	2455・0997・1078[illegible]父鼎一	貝	休王賜[illegible]父貝	不明
周早〔1〕	2506・1092・1115 𪓑作且乙鼎	貝	王賜𪓑貝	不明
周早〔2〕	2625・1117・1213 豊作父丁鼎	二朋	王賞宗庚豊貝二朋	不明
周早〔3〕	2674・1172・1274 征人鼎	貝	天君賞厥征人斤貝	饗酒
周早	2763・1260・1370 我方鼎	五朋	我作禦[illegible]且乙……咸，䓝遣福二，[illegible]貝五朋	禦
周早	4042・2606・2816 易[illegible]作父丁簋	三朋	易[illegible]曰，[illegible]弔休于小臣貝三朋、臣三家	休☐
周早	4097・2645・2855 周客簋	五朋	克𠂤師眉廌王爲周客，賜貝五朋	爲周客
周早	4169・2724・2941 鄘白馭簋	十朋	維王伐逨魚，……賜鄘白馭貝十朋	燎
周早	5352・5439・6034 小臣豐卣	貝	賞小臣者貝	不明
周早	5374・0000・M126圞卣	貝	王㚖于成周，王賜圞貝	㚖
周早	5383・0000・M030 剛劫卣	貝	王征𧊒，賜岡劫貝朋	征𧊒
周早	5956・4837・5301 鬲作父甲尊	貝	鬲賜貝于王	不明
周早	5975・4848・0000𡉚作父乙尊	貝	公賜𡉚貝	不明
周早	5984・4862・0000 能匋尊	五朋	能匋賜貝于𠂤智公矢[illegible]五朋	不明
周早	5987・0000・0000 臣衛父辛尊	四朋	公賜臣衛宋[illegible]貝四朋	不明
周早	9094・4198・4563 望作父甲爵	貝	公賜望貝	不明
周早	10580・2363・2565 保攸母旅簋	貝	保攸母賜貝于庚姜	不明
周早	2791・0000・0000 伯姜鼎	百朋	天子[illegible]宦姜賜貝百朋	不明
周早成王	2504・1037・1122 作冊宙鼎	貝	康侯在㸓自賜作冊宙貝	不明

周早成王	2682・1193・1302 新邑鼎	十朋	王賜貝十朋，用作寶彝	㚇新邑
周早成王	2739・1242・1349 塱方鼎	百朋	維周公于征伐東夷，……公賞塱貝百朋	征東夷
周早成王	2661・1184・1285 德方鼎	廿朋	王賜德貝廿朋	祉福
周早成王	2405・0981・1062 德鼎〔4〕	廿朋	王賜德貝廿朋	祉福
周早成王	2458・0986・1068 中作且癸鼎	三朋	侯賜中貝三朋	不明
周早成王	2505・1046・1130 䧹方鼎	貝	休朕公君匽侯賜䧹貝	不明
周早成王	2507・1058・1144 復鼎	三朋	侯賞復貝三朋	不明
周早成王	2556・1092・1182 小臣[illegible]鼎	五朋	召公建匽，休于小臣[illegible]貝五朋	建匽
周早成王	2626・1135・1236 獻侯鼎	貝	王……賞獻侯[illegible]貝	大𡍓
周早成王	2702・1209・1314嬰方鼎	朋二百	𤼈賞又正嬰嬰貝，才穆、朋二百	不明
周早成王	2703・1191・1294 堇鼎	貝	大保賞堇貝	飴
周早成王	史徵 80　□卿方鼎	貝	王在京宗，賞貝、在安典□卿貝	不明
周早成王	未見・2568・2778 玗簋	五朋	維八月甲申、公中在宗周，賜玗貝五朋	不明
周早成王	未見・0000・2930 作冊般簋	十朋	成王商作冊般貝十朋	宜人方
周早成王	3905・2409・2607 㚸父丁簋	十朋	辛未吏□賜㚸貝十朋	不明
周早成王	3906・2508・2710 攸簋	三朋	侯賞攸貝三朋	不明
周早成王	0689・1485・1610 白矩鬲	貝	匽侯賜白矩貝	不明
周早成王	0935・1657・1786 圉甗	貝	王賜圉貝	𡍓
周早成王	0944・1661・0000 作冊般甗〔5〕	貝	王賞作冊般貝	宜人方
周早成王	3733・2364・2563 德簋	廿朋	王賜德貝廿朋	祉福
周早成王	3942・2526・2730 弔德簋	十朋	王賜弔德臣嬗十人，貝十朋、羊百	不明
周早成王	5977・4850・0000 𤔲劫尊	貝	王征埜，賜𤔲劫貝朋	征埜
周早成王	5978・4853・0000 復尊	貝	匽侯賞復冂衣、臣妾、貝	不明

周早成王	5985・4861・0000 鳴士卿尊	朋	丁巳、王才新邑初餗，王賜鳴士卿貝朋	餗
周早成王	6014・4891・0000 何尊	卅朋	王咸誥，何賜貝卅朋	誥
周早成王	6512・6631・7379 小臣單觶一	貝	王後馭克商、在成自，周公賜小臣單貝	征伐
周早成王	9099・4240・4608 征作父辛角	貝	丁未𢦏賞征貝	不明
周早成王	9103・4203・4568 御正良爵	貝	尹大保賞御正良貝	不明
周早成王	9439・4438・4844 亞㠱侯矣盉	貝	匽侯賜亞貝	不明
周早成王	5404・5479・6081 商卣	卅朋	帝司賞庚姬貝卅朋	不明
周早成王	5997・4870・0000 商尊	卅朋	帝司賞庚姬貝卅朋	不明
周早成康	4238・2760・2982 小臣謎簋	貝	白懋父承王令賜自達征自五[illegible]貝……暨賜貝	征東夷
周早康王	2499・1011・1098𠂤父丁鼎	三朋	尹賞𠂤貝三朋	彭
周早康王	2628・1137・1235 匽侯旨鼎	廿朋	匽侯旨初見事于宗周，王賞旨貝廿朋	見事
周早康王	2728・1234・1336 旅鼎〔6〕	十朋	維公大保……公賜旅貝十朋	伐反夷
周早康王	2748・1248・1357 庚贏鼎〔7〕	十朋	王蔑庚贏曆，賜爵、璋、貝十朋	衣事
周早康王	2749・1249・1359𡨦鼎	貝	侯賜𡨦貝、金	不明
周早康王	9888・4967・0000 弔[illegible]方彝	貝	弔[illegible]賜貝于王始	不明
周早康王	4031・2586・2795 史話簋	十朋	乙亥王誥畢公，迺賜史話貝十朋	誥
周早康王	4088・2626・2837 奢作父乙簋	貝	公始賜奢貝	不明
周早康王	5399・5470・6072 盂卣	十朋	兮公宔盂鬯束貝十朋	不明
周早康王	5426・5504・6106 庚贏卣	十朋	王蔑庚贏曆，賜貝十朋	不明
周早康王	5962・4840・5298 弔[illegible]方尊	貝	弔[illegible]賜貝于王	不明
周早康王	5986・4863・0000 䵼作父乙尊	貝	維公[illegible]于宗周，……賞䵼貝	不明
周早康王	9104・4204・4569 盂爵	貝	維王初桒于成周，王令盂寧鄧白、賓貝	桒

周早康昭	4121・2570・2779 榮簋	百朋	王休賜厥臣父榮鬲，王爵貝百朋	休
周早昭王	2459・0991・1073 交鼎	貝	交從狩逨即，王賜貝	
周早昭王	9895・4976・0000 折方彝	貝	令作冊折兄望土于柜侯，賜金、賜貝	貺土
周早昭王	0949・1668・1808 中甗	貝	賓□貝，日傳□王□休	省南國
周早昭王	3743・2353・2554 保侃母簋	貝	保侃母賜貝于南宮	不明
周早昭王	4300・2814・3042 鳥冊夨令簋	十朋	姜賞令貝十朋	尊宜
周早昭王	4447・4447・4854 士上（臣辰）盉	貝	王令士上暨史寅殷于成周……暨賞卣鬯貝	殷
周早昭王	5385・5462・6063 息伯卣	貝	維王八月、息白賜貝于姜	不明
周早昭王	5400・5474・6076 作冊翻卣	貝	維明保殷成周年，公賜作冊翻鬯、貝	殷
周早昭王	5402・5476・6078 趞卣	五朋	王在庠，賜趞采曰：[illegible]，賜貝五朋	不明
周早昭王	5407・5484・6086 作冊睘卣	貝	王姜令作冊睘安夷白，夷白賓睘貝布	安
周早昭王	5421・5501・6103 士上卣	貝	王令士上暨史黃殷于成周……暨賞卣鬯貝	殷
周早昭王	5989・4867・0000 作冊睘尊	貝	才在、君令余作冊睘安夷白，夷白賓用貝、布	安
周早昭王	5991・4864・0000 作冊翻尊	貝	維明保殷成周年，公賜作冊翻鬯、貝	殷
周早昭王	5992・4868・0000 趞作姞尊	五朋	王在庠，賜趞采曰：[illegible]，賜貝五朋	不明
周早昭王	5999・4873・0000 士上尊	貝	王令士□□寅殷于□，□百生豚、鬯、貝	殷
周早昭王	6002・4875・0000 折尊	貝	令作冊折兄望土于柜侯，賜金、賜貝	貺土
周早昭王	9646・5730・6374 保侃母壺	貝	王始賜保侃母貝	不明

周早－中	5974・4846・0000 蔡尊	十朋	王在魯，蔡賜貝十朋	不明
周早－中	6509・0000・0000 厝觶	貝	[illegible]賜貝[illegible]公中，用作寶隮彝	不明
周早－中	6510・0000・0000 庶觶	十朋	公中賜庶貝十朋	不明
周早－中	未見 6775・7536[illegible]仲作父丁盤	貝	弔皇父賜中貝	不明
周中〔8〕	2735・1235・1343 不栺方鼎一	十朋	王在上侯㕉，華祼，不栺賜貝十朋	華祼
周中	4159・2693・2910䨓簋	五朋	䨓造公，公賜䨓宗彝一肆，賜鼎二、賜貝五朋	造
周中	4191・2704・0000 穆公簋	廿朋	王呼宰□賜穆公貝廿朋	饗醴
周中	5981・4856・0000 �尊	二朋	敄休于[illegible]季，受貝二朋	休
周中穆王	9890・4971・0000[illegible]父癸方彝	貝	癸未王在圃雚京，王賞[illegible]貝	雚京
周中穆王	未見・2655・2869 小臣靜簋〔9〕	五十朋	王竂莾京，小臣靜即事，王賜貝五十朋	竂
周中穆王	未見・4879・0000 彔䧹尊	十朋	白雝父蔑彔曆，賜貝十朋	戍守
周中穆王	2705・1207・1311 師眉鼎	五朋	[illegible]乎師眉[illegible]王爲周客，賜貝五朋	爲周客
周中穆王	2754・1263・1374 呂方鼎	卅朋	王賜呂𩰫三卣、貝卅朋	竂
周中穆王	2776・1272・1383 剌鼎	卅朋	王賜剌貝卅朋	禘卲王
周中穆王	10166・6784・7539 三十四祀盤	廿朋	王執鄆玉三品、貝廿朋	禘卲王
周中穆王	4099・2653・2864 𣪕簋	五朋	白氏宦𣪕，賜𣪕弓矢束、馬匹、貝五朋	宦
周中穆王	5403・5480・6082 豐卣	貝	王在成周，令豐殷大矩，大矩賜豐金、貝	殷
周中穆王	5420・5498・6100 彔䧹卣	十朋	白雝父蔑彔曆，賜貝十朋，彔拜䭫首	戍守
周中穆王	5433・5511・6114 效卣	五十朋	王賜公貝五十朋，公賜乒涉子效王休貝	灌饗

			廿朋	
周中穆王	5996・4871・0000 豐作父辛尊	貝	王在成周，令豐殷大矩，大矩賜豐金、貝	殷
周中穆王	6009・4885・0000 效尊	五十朋	王賜公貝五十朋，公賜乓涉子效王休貝廿朋	灌餐
周中穆王	9714・5785・6437 史懋壺	貝	王……親令史懋路筮、咸，王呼伊白賜懋貝	筮
周中穆王	綴遺 12.1　小臣靜卣	五朋	王賜貝五朋	餮
周中恭王	4214・2736・2956 師遽簋	十朋	王呼師朕賜師遽貝十朋	正師氏
周中懿王	4323・2837・3065 敔簋〔10〕	五十朋	王蔑敔曆，吏尹氏受𢼄敔圭鬲，[illegible]貝五十朋	征南淮夷
周中孝王	2435・0969・1049 從鼎	卌朋	白姜賜從貝卌朋	不明
周晚	4130・2665・2880[illegible]弔簋	十朋	[illegible]弔[illegible]于西宮，嗌貝十朋	不明
周晚	4328・0000・2867[illegible]弔簋	五朋	[illegible]弔[illegible]福于大廟，賜貝五朋	福

〔說明〕

〔1〕2506・1029・1115《𠮷作且乙鼎》銘末有「田告亞」的族號，《殷金文》第七七號以為是帝乙、帝辛時的人物，所以認為此器是殷器。但《集成》認為是西周早期器，茲從《集成》。

〔2〕2625・1117・1213《豊作父丁鼎》有庚豊、父丁二人，《殷金文》第十五號以為與《殷金文》第十四號的豊彝同為一人之作，時代在帝乙、帝辛。

〔3〕2674・1172・1274《征人鼎》，《史徵》附件一第四四〇頁列為共王時器。

〔4〕《德鼎》、《史徵》七二頁以為是和《德方鼎》同時作的。

〔5〕0944・1661《作冊般甗》，赤塚忠《殷金文》以為是殷帝乙、帝辛時器。但《彙編》4.236（154）的《作冊般簋》有「維正月初吉戊辰，王宜人方無敄，成王賞作冊般貝十朋」的記載，可見這應該是西周早期器。

〔6〕2728・1234・1336《旅鼎》，《史徵》卷四第二一五頁列為昭王時器。

〔7〕2748・1248・1357《庚嬴鼎》,《史徵》附件一第三八八頁列爲穆王時器。

〔8〕2735・1235・1343《不指方鼎》,《史徵》卷四下第二六六頁列爲昭王時器:《銘文選》第三冊第二〇五頁列爲孝王時器。

〔9〕2655・2869《小臣靜簋》,《斷代・三》第八十頁以爲康王時器,而《大系》第五六葉、《史徵》三二頁以爲穆王時器。

〔10〕4323・2837・3065《敔簋》,各家歧見稍多,《集成》列在周晚、《大系》以爲是周中夷王時器、《史徵》以爲是周中穆王時器、《銘文選》以爲是周晚厲王時器。

附表二　商周彝器賜貝數量表（爲方便計，介於二王之間的列入前一王）

貝數	殷	殷周	周早	成王	康王	昭王	早中	周中	穆王	恭王	懿王	孝王	周晚
貝	16	2	10	15	6	14	2		4				
八貝	1												
朋	1	2		1									
二朋	5		1					1					
三朋			1	3	1								
四朋			1										
五朋	4		3	2		2		1	3				1
十朋	2		1	4	5	1	2	1	2	1			1
廿朋	1			3	1			1	1				
貝二百	1												
卅朋				3					2			1	
五十朋									3		1		
百朋			1	1	1								
朋二百				1									
總次數	31	4	18	33	14	17	4	4	15	1	1	1	2

附錄：西周銅器斷代研究上的幾點意見

（原文發表於「第四屆先秦學術研討會」2001 年 7 月高雄師範大學舉辦）

摘　要

研究銅器及銘文，必須確立其時空座標，時間的座標便有賴於斷代的研究。關於銅器的研究，起始不可謂晚，但是快速成長，卻是近代的事，王國維先生對銅器斷代有了較好的示範，郭沫若先生《兩周金文辭大系》更正式地開啓了銅器斷代研究的大門，其後投入銅器斷代的學者迭有新的創見，本文以西周銅器斷代爲範圍，回顧歷來學者研究的成果，並針對西周銅器斷代的研究提出幾點意見：

第一、對以曆法爲斷代方法的質疑與建議：以曆法斷代肇始於宋人，而民國以來吳其昌先生更有專著，近人以張聞玉先生最爲投入，本文指出此斷代方法上的缺失，並對馬承源先生與劉啓益先生在曆法的應用方面提出意見。

第二、銘文分級：銘文的時代判定常爲史學家引用，然而若在時代上誤斷，則史學家又將此結論引爲古史探討，則以訛傳訛，其害甚大，本文提出將銘文依其時代確定性分爲四級，其第一、二級爲標準器，而第三級爲相關器，第四級爲可能器。

第三、人名繫聯準則的探討：本人以「[illegible]與刺」、「龠父與作冊龠」、「白懋父」爲例，探討人名繫聯的方式與限制。

對於銅器斷代的探尋早在漢武帝時已見記載，〔註 1〕到了宋代，隨著金石

〔註 1〕《漢書・武帝記》載李少君斷定一件武帝左右不能識的銅器爲「齊桓公十年陳于柏寢」之器，但是既然左右都不能識，必李少君始能斷，則「已而按其刻，果齊桓公器，一宮盡駭，以爲少君神，數百歲人也」，就令人疑惑了，不

學發展，才有明確的進展。宋代金石學家對於銅器已由銘文、器形與花紋做爲考察的指標，也考慮了出土的地點，對於某些器乃以曆法推其精細年代，但是由於當時古文字學遠不如今日，加上對於鑄造技術、器形學各方面都未能有系統地研究，以致在斷代方面難免產生不少失誤，甚而穿鑿附會。此外，宋人對於銅器的斷代或粗略地僅分爲三代及漢，較細者或分成夏、商、周、漢四大類，間有小類，這樣的時代劃分仍嫌過大。到了清代樸學大興，金石學也有更大的進展，乾嘉以來的學者對文字學有較深的探究，加上對於銘文的喜好，金文的研究有了新的成果，但在斷代的探究上，並未有明顯突破。清人爲避免宋人附會之弊，或直稱「商周」、「三代」，在各種著錄中，對於器物時代皆未能仔細地交代。

民國以後，銅器斷代的研究有飛快的進展，王國維先生對於銅器時代漸有論及，郭沫若先生發表劃時代的著作——《兩周金文辭大系》，從此這個領域的研究更臻進步，投入研究的學者也更多，加上科學考古的建立，新的成果不斷發表，銅器斷代成了專門的課題，也推動了古史及相關學術的進步。中國大陸的學者在 1995 年開展「夏商周斷代工程」，對於銅器斷代的研究再向前進入一個重要的里程。

《兩周金文辭大系》問世至今，將近七十年，不少銅器的斷代經學者的反覆論辯後，得到較可信的答案，不過在這個過程中，也有些不正確的斷代意見，已被不斷的引用和傳播。例如〈㝬鐘〉(〈宗周鐘〉)曾有學者認爲是昭王時代器，使得上古史的學者、從事銅器器形學的學者依據這些錯誤的斷代意見爲材料，再從而進行其他加工地研究，就不免因被誤導而產生更多錯誤的見解。

本文乃就當前西周銅器斷代的研究情形，提出三點意見：

一、對以曆法為斷代方法的質疑與建議

以曆法論定銅器時代，宋代學者已發其端，如呂大臨《考古圖》以曆法推定〈散季敦〉爲武王時代器，〔註 2〕其後清代學者亦留意於此，惜囿於材料

知如何能證明李少君所言不虛，既是左右之人皆不能識，則按其刻者又何人，史載不詳，李少君定其爲齊桓公器是否正確也只能存疑，然而就此事的層面而言，確屬斷代的議題。另外，宣帝時張敞鑒定〈尸臣鼎〉則較爲可信，所言之銘文與今日所見金文文法同，是張敞能識銘文，雖稱得上研究銅器，然此非銅器斷代之事。

〔註 2〕呂大臨《考古圖》(卷三，頁 3～4)，所稱的〈散季敦〉當正名爲〈散季𣪘〉，

及天文認知，成果不大。民國以後，劉師培先生著《周代吉金年月考》亦就曆法推定銅器的時代，不過附會及錯誤過多。以曆算斷代而取得較好成果的學者，首推王國維先生，王先生作〈生霸死霸考〉以曆算推得〈師虎毀〉、〈虢季子白盤〉、〈吳尊〉、〈兮甲盤〉、「頌器」爲「宣世之器」，此文對於研究風氣甚具影響，吳其昌先生爲其學生，乃擴而以長曆爲斷代之學。吳先生著《殷周之際年厤推證》、《金文厤朔疏證》、《金文厤朔疏證續編》、〈金文疑年表〉等，自述其方法：

> 如能于傳世古彝數千器中，擇其年、月、分、日，全銘不缺者，用四分、三統、諸曆推算六、七十器，碻定其時代。然後更以年、月、分、日，四者記載不全之器，比類會通，考定其時代，則可得百器外矣。然後更以此百餘器爲標準，求其形制、刻鏤、文體、書勢，相同似者，類集而參綜之，則無慮二、三百器矣。然後更就此可知時代之群器，籀繹其銘識上所載記之史實，與經傳群籍相證合，則庶乎宗周文獻略可取徵于一二矣。〔註3〕

由引文可以看出，吳先生以曆法爲主軸，集出銘文中「年月分日」完整的器，定出其時代，再推及記時不完整的器，參考銘文形制等條件定出更多銅器的時代來。至於在月相方面，他採用王國維先生〈生霸死霸考〉的意見；在取

又呂氏考定其時代的論證如下：

以太初曆推之，文王受命歲在庚午，九年而終，歲在己卯。《書》曰：「惟九年大統未集。」（武王以明年改元，十三年壬午伐紂，實）〔以上十五字，刻本無，容庚據《籀史》上十三補，今據以補入，參容庚《商周彝器通考》，頁33。〕武王即位之四年。敦文曰「惟王四年」，蓋武王也。是年一月辛卯朔。《書》曰「推一月壬辰旁死魄」，旁死魄，二日也。是歲二月後有閏，自一月至八月小盡者四。故八月丁亥朔，與敦文合。武王之時散氏惟聞散宜生，季疑其字也。

此推論漏洞甚多：漢人流傳之曆法不只太初曆，而各曆法所推得時代則有出入；其次西周王年至今爭論未止，而呂氏遽能定此器時代爲武王四年，則其說已甚可疑；第三，西周置閏是否如其說在二月後，仍待考議；第四，由散季便認定作器者爲散宜生，顯然牽強。其文云「惟聞」二字正說明資料的不足；第五，也是最重要的是在形制方面，西周中期的〈散車父毀〉與此器器形近似，況且西周早期毀亦不作此形。呂說忽略了古代曆法所存在的問題，並且對器形未能一併探討，結論自然是不正確的。當然在那個時代，呂大臨的論證仍是有其時代意義，在學術史上也是有一定地位的。

〔註3〕吳其昌《金文厤朔疏證》第一冊（國立武漢大學叢書，上海：商務印書館，1936年12月），〈卷首〉，頁3。

材上，選擇了八本著錄：《嘯堂集古錄》、《鐘鼎彝器款識法帖》、《攈古錄》、《愙齋集古錄》、《周金文存》、《貞松堂集古遺文》、《綴遺齋彝器款識考釋》、《善齋吉金錄》，再以其他著錄爲輔，得到三百一十二器，並分爲五類：

> 銘詞中凡年、月、分、日四者俱備者
>
> 銘詞中凡年、月、分、日四者之中，止備其三而缺其一者
>
> 銘詞中凡年、月、分、日四者之中，僅列其二，而缺其二者
>
> 銘詞中凡年、月、分、日四者之中，僅存其一而缺其三者
>
> 銘詞中于年、月、分、日四者俱缺，無可推算；然其人名、地名、記事、記史之文，有可以直接或閒接攷證，碻實可任者〔註4〕

他希望由曆法做主軸，輔以銘文、形制等條件，架構出一個西周銅器斷代的體系來。然而年月分日資料完整的器畢竟有限，因此不得不對有「缺憾」的材料提出補充方法，如對於缺少紀年的器，吳先生自述其方法：

> 即於此組諸器中，求其姓、氏、名、次相同，碻爲一人一時之所鑄者。按：一人同年所鑄之器，或上下年所鑄之器，所銘「月」、「分」、「日」，如二器不同，則二器麻朔可通之月，皆可以多至無限；各引而長之，則爲二條不同的過程之綫。在此二條不同的過程之綫上，求得一互同之交點，則知此二器，必爲此交點上之一年，或其上下年之所鑄也。……惟在某一年中，或上下年中，其「月」、「分」、「日」，與同時所鑄之甲乙二器所銘之麻朔，皆能適合而無牾，則知此甲乙二器者，必爲此某年，或某上下年之所鑄也。〔註5〕

吳先生這裡所說的正是他的輔助辦法，也就是以銘文中所載人物做爲條件，將相同的人物各器所載之朔曆分別製成一線，求其交點。這樣的方法看來是很科學的，但是對於各王在位年數這一先決條件，並未能有所突破，以致於用了很多心力而不免受人非議。譬如，在初次發表時，他將恭王定爲十二年，郭沫若先生批評：

> 吳於周初之年曆攷定頗勤，初著〈殷周之際年曆推證〉，據劉歆三統曆以譜出宗周自文王十三年至幽王十一年之曆朔。繼著《金文曆朔疏證》，即以其所製之曆譜以推步彝銘。驟視之頗驚其成績之浩大，然夷考其實，實大有可議。蓋周初曆法迄未確知，即宗周列王之年

〔註4〕同上註，頁5～9。

〔註5〕同上註，頁13～14。

代亦多有異說。例如恭王言，《太平御覽》第八十五引《帝王世紀》云在位二十年。《通鑑外記》則云在位十年，又引皇甫謐說在位二十五年。《皇極經世》復推算爲十二年，世多視爲定說。吳氏《曆譜》中所採者即此十二年說。然今存世有〈趞曹鼎〉第二器，其銘曰：「隹十又五年五月既生霸壬午，龏王在周新宮，王射于射盧。」……由此器可知恭王有「十又五年」，彼二十五年說與二十年說雖未知孰是，然如十二年說與十年說，則皆非也。吳譜所採者爲十二年說，又其《疏證》於〈趞曹鼎〉亦有論列，因於「龏」字未細心辨案，又誤認「壬午」爲「壬寅」，遂定爲厲王十五年五月十一日所作之器……今得識龏字，吳說可謂徒費氣力矣。〔註6〕

後來吳其昌先生在民國二十一年的〈金文疑年表〉一文中已接受郭沫若先生的批評，而將恭王年數修正爲二十年，〔註7〕吳先生在銘文釋讀也造成了斷代上的錯誤，尤其誤認干支就更難取信於人了。郭沫若先生在批評中指出的「周初曆法迄未知」、「宗周列王之年代亦多異說」，正好點出了以曆法定器之年代的關鍵疑點，容庚先生對於這方面也指出：

案：《漢書・律歷志》云：「三代既沒，五伯之末，史官喪紀，疇人子弟分散，或在夷狄，故其所記有黃帝、顓頊、夏、殷、周及魯歷。」杜預《春秋釋例》云：「劉子駿造三統曆以修《春秋》。《春秋》日有食之，有甲乙者三十四。而三統曆惟得一日食，歷術比諸家既最疏，又六千餘歲輒益一日。凡歲當累日爲次而無故益之，此不可行之甚者。班固前代名儒，而謂之最密。非徒班固也，自古以來，諸論《春秋》者，多違謬，或造家術，或用黃帝以來諸歷以推經傳朔日，皆不得諧合。」黃帝等歷且不足據，遑論後起劉歆所作之三統曆；以推《春秋》且多謬誤，遑論西周。且也吳氏所編《曆譜》，自武王滅殷以至幽王凡三百五十二年，《史記・周本紀・集解》引《汲冢紀年》凡二百五十七年，相差至九十五年。又《曆譜》自武王滅殷以至穆王凡一百七十七年，《晉書・束皙傳》據《紀年》云「自周受命至穆

〔註6〕郭沫若〈毛公鼎之年代〉，《金文叢考・器銘考釋》（北京：人民出版社，1952年），頁280～281。

〔註7〕吳其昌〈金文疑年表〉，《國立北平圖書館館刊》第六卷第五號，1932年9、10月。

王百年」，相差至七十七年。此兩問題不解決，則其所推算之曆朔等于空中樓閣。〔註8〕

容先生又對長曆斷代的研究表示不能同意：

周初有無一定的曆法，當時所行的是什麼曆法，及西周各王的年數，是不大清楚的。就是周初所採用的月相也大不明確，徒以後人製作的標準作主觀的忖測，故致異說紛紜。〔註9〕

郭沫若先生甚至痛批編長曆的風習：

彝銘中多年月日的記載，學者們又愛用後來的曆法所制定的長曆以事套合，那等於是用著另一種尺度任意地作機械的剪裁。在二、三十年以前的舊人僅僅就一二例以作嘗試，其結果倒也無足輕重，近一、二十年來的新人們更擴大規模作整套的安排，大表長編，相沿成爲風習。作俑者自信甚強，門外者徒驚其浩瀚，其實那完全是徒勞之舉。周室帝王在位年代每無定說，當時所用曆法至今尚待考明，斷無理由可以隨意套合的。〔註10〕

在西周年代上一直存在著很多異說，郭、容二位先生對吳先生的質疑皆能正中吳說的致命點，歸此二家的評議主要爲「西周列王之年未定」、「西周時代總年數未定」、「傳世曆書未能準確推算古代紀年」三個要點。雖然 1976 年 3 月上旬，陝西臨潼縣零口公社西段大隊發現〈利毀〉，其銘文載明做器時代爲武王，記事爲周人克殷，並記其日爲甲子，星相爲「歲鼎」(有異說)，〔註11〕學者們與古書相對照，並由歲星在鶉首（長蛇 α 星）等條件推測武王伐商之年，雖然如此，說法仍是各家紛紜。〔註12〕是武王克殷之年由出土之器提供資訊，猶有爭議之處，武王以下更是無可奈何。由此可見，欲以曆法定銅器

〔註 8〕容庚《商周彝器通考》(臺北：文史哲出版社，1985 年 1 月)，頁 38～39。

〔註 9〕容庚、張維持《殷周青銅器通論》(臺北：康橋出版事業有限公司，1986 年 5 月)，頁 15。

〔註10〕郭沫若《青銅時代・青銅器時代》收於《郭沫若全集・歷史編》第一卷（北京：人民出版社，1982 年 9 月)，頁 603。

〔註11〕對於〈利毀〉的「歲鼎」二字，說法相當分歧，爭議也最多，或以爲歲鼎和星象無關。

〔註12〕依據北京師範大學國學研究所編《武王克商之年研究》(北京：北京師範大學出版社，1997 年 11 月）一書所統計，對於武王克商之年有三十七種說法，美國學者倪德衛及夏含夷，中國學者周法高及趙光賢四位先生皆主公元前 1045 說，本文認爲此一推測較優。

之年，其可議之處至今猶未能解決。

郭沫若先生檢討了當時以紀年曆朔作爲斷代主要依據的說法，他認爲曆朔是「消極之副證」，這是很正確的意見。他入手處爲「就彝銘器物本身以求之」，參驗了「文字之體例、文辭之格調、器物之花紋」，最後再考慮曆朔之記載，他曾以曆朔證明某些器非同一王世，在運用上，他主張的是在較小的時段上去推，而不主張編長曆。

容庚先生檢討了自宋人至民國學者在斷代上所做的研究，他認爲用長曆的推斷法以考定年代是「徒增加問題的渾沌」，〔註13〕對於郭沫若先生的標準器比較法提出「關鍵在於所謂標準器要絕對正確，不然就無從比較」〔註14〕的意見，這些看法都是很正確的。

吳其昌先生之後，對西周長曆進行研究的學者不乏其人，如董作賓先生有〈西周年曆譜〉發表，進行了長曆的排列，繫以銅器年代。〔註15〕又如黎東方先生《西周青銅器銘文中之年代學資料》對於西周各王年數對應公元年代，以及銅器年代的擬定，皆有探究。〔註16〕另外，丁驌先生〈西周王年與殷世新說〉對銅器王年考訂也一一條列。〔註17〕其他專對西周各王在位年數探討的文章更不勝枚舉，不過在這麼多學者的探討之後，西周各王年數仍然眾說紛紜，而在這樣的情形下，排列西周長曆也就難以取得共識。

這幾年來在以曆算研究銅器斷代方面較値得注意的是以馬承源先生爲主的上海博物館學者群與劉啓益、張聞玉兩位先生。

馬承源先生在〈西周金文和周曆的研究〉一文〔註18〕中檢討了月相解釋的異同，並對新城新藏、吳其昌、董作賓三位學者關於西周時代的曆表做了檢驗，三家之曆表皆不能與銅器器群相合，所以選用張培瑜先生《晚殷西周冬至合朔時日表》並加以修改，在《商周青銅器銘文選》第三冊〔註19〕附了

〔註13〕容庚、張維持《殷周青銅器通論》（臺北：康橋出版事業有限公司，1986年5月），頁16。

〔註14〕同上註。

〔註15〕董作賓〈西周年曆譜〉，《中央研究院歷史語言研究所集刊》第二十三本下冊，1952年7月。

〔註16〕黎東方《西周青銅器銘文中之年代學資料》，臺北：學生書局，1975年。

〔註17〕丁驌〈西周王年與殷世新說〉，《中國文字》新四期，1981年7月。

〔註18〕馬承源〈西周金文和周曆的研究〉，《上海博物館建館三十周年特輯》，1982年。

〔註19〕馬承源主編《商周青銅器銘文選（三）》，北京：文物出版社，1986年。

〈西周青銅器銘文年曆表〉，以此做爲銅器年代推擬的基礎。

劉啓益先生則有不少關於西周銅器斷代的文章，值得留意的是〈西周紀年銅器與武王至厲王的在位年數〉一文以「排比朔日干支」的方法檢驗某些銅器是否爲同一王世，這方法郭沫若等學者曾使用過，劉先生則加以推廣，他的看法是：

> 一件銅器只要確定了一個月的朔日干支，一年（包括上下相近的年份）十二個月的朔日干支，大體上是可以推算出來的。如果兩件紀年銅器是一個王世制作的，它們的朔日干支就應該是相銜接的，至少應該是相鄰近的（所謂相鄰近是指干支相差一個或者兩個，因爲，當時的曆法不可能推算得十分準確，一、二天之內的差誤是允許的）；反之，如果兩件銅器不是一個王世制作的，它們的朔日干支就應該是不相銜接的，或者說相距較遠（所謂相距較遠是指干支相差在三個，或者三個以上）。按照這個道理，我們就可以利用紀年銅器朔日干支之間的關係，來檢驗前人所定銅器的時代了。〔註20〕

劉先生這樣的意見是可行的，在銘文研究的基礎上，將能確定王世的銅器中擇出年、月、月相、干支皆具或年、月、干支具備的器，在同一王世小範圍的時間內（年數不宜跨得太大）來推曆朔，則可減小誤差。劉先生的一系列研究中，較具爭議的地方在於他將月相的跨度定爲三天左右，而初吉亦視爲月相。

張聞玉先生以曆法斷代著名，先後在各期刊中發表多篇關於銅器斷代的文章，集結於《西周王年論稿》、〔註21〕《銅器曆日研究》〔註22〕二書中。如〈西周銅器斷代研究三題〉一文中再強調曆法斷代的重要性，批評標準器比較法不可靠，因而想由銅器曆日校比實際天象的方法來解當前銅器斷代的瓶頸，他由銘文中所載曆日校定了其師張汝舟先生《西周考年》中的〈西周經朔譜〉，而成〈西周朔閏表〉，這表也參考了張培瑜先生《中國先秦曆表》。依張先生自述他這方法是「充分體現銅器、典籍與天象『三證合一』的研究手段」。〔註23〕雖然他也強調以形制、字體、人名及史實來輔助斷代，〔註24〕可

〔註20〕劉啓益〈西周紀年銅器與武王至厲王的在位年數〉，《文史》第十三輯（北京：中華書局，1983年3月），頁2。

〔註21〕張聞玉《西周王年論稿》，貴陽：貴州人民出版社，1996年9月。

〔註22〕張聞玉《銅器曆日研究》，貴陽：貴州人民出版社，1999年5月。

〔註23〕張聞玉〈西周銅器斷代研究三題〉，《西周王年論稿》（貴陽：貴州人民出版社，

惜在文章中他對形制、紋飾、字體等的輔助並不常見，在面對與曆日差池時，他仍以曆日做為「正確的取捨」。事實上，曆日的問題不僅是他所提的周期與誤字、奪字而已，在曆日和天象的結合上也有很多層面必須考量。周期的問題可以由形制、紋飾、銘文字體等加以覈校，但在月相、閏月、王年的處理上，若有失誤，則常導致一連串的差錯，這也是為何郭沫若、容庚等學者對長曆質疑之由。張先生對於月相堅持「定點說」，認為必定於一日，不可有兩三天以上的活動，這一點和當前多數學者的意見是分歧的，〈晉侯穌編鐘〉的公布，學者們對於月相定點說更為質疑，馬承源、〔註 25〕張培瑜〔註 26〕等學者皆提出支持四分月說的看法，是這方面，張先生的堅持有待考驗。張先生對於形制、紋飾不加留意，而只醉心於曆日，故所論多為異說。

由上面的探討，筆者認為由曆算進行西周銅器斷代有四個問題必須解決：

第一是西周各王在位年數的確定：

第二是關於月相的解釋：

第三是西周置閏問題的探討：

第四是武王克商之年的確定：

這四個問題中，以第二個問題目前較有共識，四分月說比定點說更適合銅器月相干支的記錄，至於其他三個問題討論者甚多，而仍乏共識。

筆者認為曆算非不可用，而是在各王年數不定的情形下，只能用在輔助判斷某兩件器或幾件器是否在相近的年代。小範圍的時間易於控制置閏（一年中最多僅有一閏，且十九年中有七閏，跨的年度在五年內應可控制干支之差在三十、六十之數，多不至於九十日，且其數當接近三十或六十）及月相的跨度（依一月四分說，一月相可有六至八天的差距），那麼這樣的推曆是可以加以運用的。欲以長曆為西周銅器斷代之主軸，不如以人物事件分組來得可靠，筆者認為將銘文中人物及事件分出組別，就器形、紋飾、字體、考古情境以定其相對先後時代，這還是最可行的方式。

二、銅器銘文分級

「標準器」的概念由郭沫若先生提出之後，成了從事斷代的學者所運用

1996 年 9 月），頁 27。

〔註 24〕同上註，頁 30。

〔註 25〕馬承源〈晉侯穌編鐘〉，《上海博物館館刊》第 7 期（1996 年 9 月），頁 14。

〔註 26〕參考張培瑜在〈晉侯蘇鐘筆談〉（《文物》1997 年第 3 期），頁 62 中的意見。

的主要方法，郭先生自豪地說標準器觀念的提出對於銅器斷代的研究有「鑿破渾沌」〔註 27〕的成就，不過他並未特別對「標準器」下定義，但陳述「標準器研究法」時曾說到：

> 我是先選定了彝銘中已經自行把年代表明了的作爲標準器或聯絡點。〔註 28〕

郭先生所謂的「標準器」便是銘文中自己把年代標明的器，這個定義的前提是「王名生稱」。王國維先生在〈遹敦跋〉中提出〈遹毀〉三次稱穆王皆號而非謚的看法，〔註 29〕郭先生加以推闡，寫成〈謚法之起源〉〔註 30〕一文，雖然文中有些意見至今仍有爭論，但銅器銘文中「王名生稱」的現象是可以肯定的。

筆者認爲將銅器分成標準器與一般器是過於粗略的，標準器應再分級，即將標準器細分爲「一級標準器」與「二級標準器」，所謂的一級標準器乃指「銘文中清楚交待王世者」，如〈天亡毀〉銘文記載「不〔丕〕顯考文王」，可知爲武王時代器，此清楚交待王世便可定爲一級標準器。所謂的二級標準器乃指「銘文中記載重要事件或非其時代之王名，然由文獻或銘文考釋得其王世者」，如〈鮮毀〉記載了禘祭昭王，由銘文禘祭的研究可知此王爲穆王，學者乃定爲穆王器，此即爲二級標準器。

一級標準器在時代上最爲清楚，學者間的意見也較爲一致；二級標準器則需經由「推定」的過程，在準確性方面比一級器稍小，這樣的差別便是「直接」與「間接」的不同，但由器形、花紋、銘文內容與風格上皆足以佐證，亡有不合。

至於銘文中未直接載及王世、王名的器，則需藉由人物與事件比對傳世文獻，以推定其時代，在過程上，更需考訂的功夫，這些器本文稱爲「相關器」。「相關器」和「二級標準器」的差別在於：二級器的銘文提供了推定其時代的主要條件，而相關器對傳世文獻的依存度較高，由於銘文的可信度較

〔註 27〕郭沫若先生批評了以長曆做爲斷代研究的方法，認爲「以錯誤的方法從事考定，愈考定，愈增加問題的渾沌」，而自豪此一渾沌現象被他的方法所鑿破，這方法就是標準器斷代法。參郭沫若《青銅時代·青銅器時代》（收錄在《郭沫若全集》第一卷，北京：文物出版社，1982 年），頁 604。

〔註 28〕同上註。

〔註 29〕王國維《觀堂集林·遹敦跋》（臺北：河洛圖書出版社，1975 年 3 月），頁 895。

〔註 30〕此文收在郭沫若所著《金文叢考》（北京：人民出版社，1952 年）一書中，頁 89～101。

傳世文獻爲高，所以二級器自然比相關器在斷代的推定上更爲準確。

相關器在王世器中居二級器之後，故可稱之爲三級器。如〈魯医獄鬲〉（圖一），其銘文爲「魯医〔侯〕獄乍〔作〕彝，用亯〔享〕𩱛氒〔厥〕文考魯公。」據《史記・魯世家》所載，伯禽卒後，其子考公酋立，考公四年卒，其弟熙立，即煬公。熙字从臣，而獄字亦从臣，獄應即是魯煬公之名，故此鬲時代當在西周早期，古籍或載伯禽在位四十六年，但是成王在位年數及康王在位年數猶未能定，因此在推測魯煬公年代上是存有困擾的，今本《竹書紀年》及《漢書》引《世經》等皆以爲成王在位三十年，若以此推之，則魯煬公可能在康王之世，這個可能性很大，但「可能性」和「準確性」自有差別，所以〈魯侯獄鬲〉定爲康王相關器，即康王時代三級器。又如，與〈長囟盉〉同出的兩件〈長囟段〉與一件〈長囟盤〉爲穆王時代三級器，因爲這三件器銘文中僅有長囟之名，而長囟可能跨及兩個王世，所以就有可能做於穆王時代之前或之後，不過這三件器與同墓所出的〈長囟盉〉在風格上相近同，又有同墓所出、同一作器人的繫聯條件，其在穆王世的可能性是很大的，所以定爲穆世三級器。

相關器之下，又有「可能器」，本文稱爲四級器，這類器在形制、文飾方面可以與學者所斷時代相容，但缺乏明確證據，故列爲「可能器」以爲參考。

依此四等級畫表如下：

<table>
<tr><td rowspan="2">標準器</td><td>一級標準器</td><td>一級器</td></tr>
<tr><td>二級標準器</td><td>二級器</td></tr>
<tr><td colspan="2">相關器</td><td>三級器</td></tr>
<tr><td colspan="2">可能器</td><td>四級器</td></tr>
</table>

若能將西周銅器各器時代上註明其等級，於每個銅器屬於某個王世的可信度有了系統性的分級，那麼其他學門的研究者（如上古史學者或專門從事銅器紋飾藝術的學者等）就有了清楚的時代參考資訊，在研究的取材上就更方便引證了。

三、人名繫聯準則的探討

人名繫聯是銅器分組與斷代的重要方法，例如銅器銘文中出現「白懋父」的幾件器便可以考慮編爲一組（或稱爲「白懋父組器」），再由銘文內容及器形花紋各方面分析，確定其時代，這在銅器斷代的研究上是不可或缺的方法。

在人名的繫聯的應用上，必須留意「不同人可以有同一個名稱來稱呼」的現象，凡是「某伯」、「某公」、「日名」都有可能爲不同人而同名，這例子不僅於如此，私名也有可能是相同的，如利，武王時代的〈利毁〉和西周中期的〈利毁〉、〈利鼎〉作器者都以利爲名，但實爲二人；又如舀，在〈舀壺〉、〈舀鼎〉、〈蔡毁〉有「宰舀」、〈克鐘〉有「士舀」，也都不是同一人。如果不留意這種現象，便很容易將不相干的人物做不正確的繫聯。盛冬鈴先生對於人名繫聯的判斷上提出幾點意見：

一般來說，如果符合下列各項之一，也就可以作肯定的結論了：

1. 官爵和私名都相吻合。如〈禹鼎〉和〈噩侯鼎〉的「噩侯馭方」，〈大師虘毁〉和〈蔡毁〉的「宰舀」。

2. 不僅私名相同，而且出自同一氏族，或有相同的父名、祖名、其他親屬名。……〈鬲从盨〉稱「皇祖丁公、皇考惠公」，〈鬲攸从鼎〉也稱「皇祖丁公、皇考惠公」，鼎銘中的「鬲攸从」正又省「攸」而稱「鬲从」。祖孫三代的名稱都是一致的，兩器爲同人所作絕無疑義……

3. 不僅官爵或私名相同，而且參與同一事件或與同樣的當事人發生聯繫。如〈彔卣〉有「伯雍父」，另〈遇甗〉、〈稛卣〉、〈臤觶〉等有「師雍父」，雖然或稱行第或稱官職，從這四器都記載「戍于[illegible]自」一事可以肯定伯雍父就是師雍父……

4. 同坑同穴所出之器中有相同的人名，也可無條件地斷爲同一個人。……

此外，還可根據其他旁證來判斷。如「[illegible]侲宮」這個很特殊的宮名在全部銘文中只出現了兩次，而有此宮名的〈大鼎〉和〈大毁〉正好都是名「大」者所作。兩器的「大」不大可能會是不同的兩個人。〔註31〕

確實在人名的繫聯上，不可以將人名孤立處理，應當將人、事、地配合著來看。下文試舉三例來說明學者在人名繫聯上的誤植情形：

（甲）例一：[illegible]與剌

〈[illegible]乍父庚鼎〉（圖二）：此器有學者稱爲〈剌作父庚鼎〉，吳鎮烽在《金文人名匯編》中認爲此器與《剌鼎》（圖三）乃同一人所作，〔註32〕由於此器非科學考古發掘，時代屬西周早期器，而〈剌鼎〉爲穆王時代二級標準器，

〔註31〕盛冬鈴〈西周銅器銘文中的人名及其對斷代的意義〉，《文史》第17輯（北京：中華書局，1983年6月），頁51～52。

〔註32〕吳鎮烽《金文人名匯編》（北京：中華書局，1987年），頁167。

二器形制不同，由銘文內容也不足以判斷其作器者為同一人，再者𠟭字與〈刺鼎〉的剌（刺）字寫法差異甚大，因此這兩件器實在不應在人名上繫聯。

（乙）例二：䎭父與作冊䎭

1975 年陝西省扶風縣法門公社莊白村出土〈䎭父盉〉（圖四），同出器有〈㦽方鼎〉、〈㦽段〉等，然而由同出器銘中未能提供䎭父與㦽的關係。

劉啓益先生定〈䎭父盉〉為穆王時代器，其主要理由為「〈䎭父盉〉除耳及蓋鈕外，其餘形制與〈長由盉〉相似」，〔註 33〕事實上〈長囟盉〉（圖五）的腹部鼓出處較近於腹部中央，而〈䎭父盉〉鼓出處則偏於腹部上方，可能為恭王時代三級器的〈三年衛盉〉（圖六）的腹部鼓出處也近於上方，只是〈三年衛盉〉分襠較明顯。〈䎭父盉〉腹部造形近於〈三年衛盉〉。就整體而言〈䎭父盉〉和〈長囟盉〉的確如劉先生所言是相似的，至於其腹部鼓出情況則與〈三年衛盉〉較為相近。〈䎭父盉〉的時代當與〈長囟盉〉及〈三年衛盉〉相近，也就是說在穆恭二世，因此本文定之為穆世四級器。《商周青銅器銘文選》定此器於昭王時代，其理由乃是認定〈䎭父盉〉的䎭父就是「作冊䎭」，其時代與〈乍冊䎭卣〉同。〔註 34〕〈乍冊䎭卣〉（圖七）銘文中提到「明保」，所以時代當在西周早期，但是有一個問題是必須先考慮的，〈䎭父盉〉的䎭字寫法和〈乍冊䎭卣〉不同，其次〈䎭父盉〉的器形應在西周中期，而〈乍冊䎭卣〉明顯屬西周早期，所以這兩件器的器形不在同一時代，而且䎭父和乍冊䎭也沒有證據為同一人。

（丙）例三：白懋父的時代問題

銅器銘文中有六件器提到「白懋父」：〈小臣謎段〉兩件、〈師旂鼎〉、〈小臣宅段〉、〈呂壺〉、〈御正衛段〉，本文將這些器稱為「白懋父組器」。這六器銘文的隸定如下：

△〈小臣謎段〉兩件，器蓋同銘，八行六十四字（圖八）

叡！東尸〔夷〕大反，白懋父

目殷自征東尸〔夷〕，唯

十又一月，遣自𩁹自，述

東陕，伐海眉，雩氒復

〔註 33〕劉啓益〈西周穆王時期銅器的初步清理〉（古文字研究第十八輯，北京：中華書局，1992 年），頁 334。

〔註 34〕馬承源主編《商周青銅器銘文選》第三冊，頁 81。

歸才〔在〕牧自。白懋父承
王令易〔錫〕自達征自五
齵貝。小臣謎蔑曆，
易〔錫〕貝，用乍〔作〕寶隮彝。

△〈師旂鼎〉八行七十九字（圖九）
唯三月丁卯，師旂眾僕不
從王征于方。䣂吏〔使〕氒友引
已告于白懋父，才〔在〕莽，白懋
父迺罰得䓁由三百寽，令弗
克氒罰。懋父令曰：「義〔宜〕𢽾〔播〕！
𢦏！氒不從氒右征，今毋〔毋〕𢽾〔播〕，
㫷〔其〕又內〔納〕于師旂。」引已告中
史書。旂對氒賀于隮彝。

△〈小臣宅毁〉六行五十二字（重文一：子）（圖十）
隹〔唯〕五月壬辰，同公才〔在〕豐
令宅事白懋父，白易〔錫〕
小臣宅畫毌、戈九、易、
金車、馬兩、䫉〔揚〕公、白休，
用乍〔作〕乙公隮彝，子=孫
永寶，其萬年用卿王𠂇入。

△〈呂壺〉四行二十一字（圖十一）
唯三月，白懋父
北征，唯還，呂行
𢦏，爰𩡧〔馬〕，〔註35〕用
乍〔作〕寶隮彝。

△〈御正衛毁〉四行三十三字（圖十二）
五月初吉甲申，
懋父賫〔賞〕卬〔御〕正衛
馬匹自王，用乍〔作〕
父戊寶隮彝。

〔註35〕此字或以爲「貝」（馬承源主編《商周青銅器銘文選（三）》，頁59）。

就銘文內容的時代來看，有幾點可留意：

1. 白懋父是否見於古籍
2. 東夷大反的可能時代
3. 地名䖒自、東陕、海眉、牧自、五（五齵）
4. 白懋父曾北征
5. 王曾親征

這個王世的戰事應是很多，王親征之外白懋父征了東夷和北方，王親征的于方，據郭沫若先生的考釋是「盂方」：

> 于方當即卜辭所屢見之盂方，其地當在今河南睢縣附近。〔註36〕

陳夢家先生反對將「于方」視爲一名詞，他認爲于是介系詞，王所征的地方是「方」：

> 方是北方名，《詩・小雅・出車》「往城于方」，〈六月〉「侵鎬及方」，鄭箋云「鎬也方也皆方之地名。」武丁卜辭所伐之方，即此方。〔註37〕

唐蘭先生則又做了另一種解釋，他這樣斷句：「師旂眾僕不從王征于方雷，吏氒友……」，並認爲方雷在漢房子縣附近，今元氏縣、新河縣、寧晉縣一帶。〔註38〕

三人的說法不同：郭先生以爲在河南，陳先生以爲在北方，而唐先生則認爲在河北一帶。金文文例未有在伐的對象前加于字的例子，陳先生的說法有問題，而郭先生及唐先生的說法尚不足爲定論，所以實在很難有確切的定說，不過與白懋父相關的銅器銘文中伐東夷佔了很大的比例，本文認爲王所征的地點很可能也在東方。

目前這些器以成王說和穆王說爲主要兩派說法，東夷的戰事在成王和穆王都曾發生，〈小臣謎段〉的地名應在東方，由其記載五齵貝之事，或許到了海邊。然而這些訊息都沒能提供重要的斷代證據。

白懋父更受學者們的關注，郭沫若先生在考釋〈小臣謎段〉時提出白懋父爲文獻上的康伯髦的看法：

> 白懋父亦見〈小臣宅段〉及〈呂行壺〉（憲仁案：即〈呂壺〉），〈宅段〉云隹五月壬辰，同公在豐，令宅事伯懋父。」壺銘云「唯四月，

〔註36〕郭沫若《兩周金文辭大系》（臺北：臺灣大通書局），頁26。
〔註37〕陳夢家〈西周銅器斷代（二）〉，《考古學報》第十冊，1955年12月，頁86。
〔註38〕唐蘭《西周青銅器銘文分代史徵》（北京：中華書局，1986年），頁315～316。

> 伯懋父北征。」同公亦見〈沈子簋〉，乃周初人，則伯懋父亦即周初人也。言「㠯殷八𠂤」者，則其所封在殷舊地可知。《逸周書・作雒解》「周公立相夫子，三叔及殷東徐奄及熊盈以畔。……俾康叔宇于殷，俾中旄父宇于東。」孫詒讓《周書斠補》云「中旄父蓋即康叔之子康伯也。《史記・衛世家》云『康叔卒，子康伯代立。』《索隱》云『《系本》康伯名髡，宋忠云即王孫牟也。』按《左傳》稱王孫牟父是也。牟髡聲相近，故不同耳。梁玉繩據杜氏《春秋釋例・世族譜》衛世系云康伯髦，謂《索隱》引《世本》髡當作髦。其說甚確。蓋髦音近牟，故小司馬云『聲相近』，若作髡則於聲殊遠，其說不可通矣。髦與旄聲類亦同，故此作中旄父也。」今案本銘之白懋父即康伯髦、王孫牟父、中旄父也。中乃字之譌，懋牟髦旄乃聲之通轉，康則康叔之舊封邑也。〔註 39〕

> 器制均當在周初，此毀又言征東夷事，且上文云「以殷八𠂤」，下文云「歸在牧𠂤」，足知牧即殷效牧野，而白懋父必係周初人而封于殷者。《逸周書・作雒解》「俾康叔宇于殷，俾中旄父宇于東」，孫詒讓謂中旄父即康叔之子康伯髦，《左傳》昭十二年之王孫牟父。余謂亦即此白懋父。懋牟髦旄均同紐，而幽宵音亦相近。中蓋字之譌也。中白形近，草書作[illegible]，尤近，故致譌誤。〔註 40〕

郭先生的說法有很大的影響，一直到現在多數研究上古史及古器物學的學者仍採其說。唐蘭先生提出不同的看法，直接撼動這組器的斷代：

> 按《穆天子傳》穆王東征曾至于房，即房子，那末，此器（憲仁案：指〈師旂鼎〉）或是穆初。據此，則伯懋父的活動，可能是昭末穆初，也未必即是康伯髦了。疑伯懋父爲祭公謀父，謀懋聲近。祭父謀父在昭穆之際，時代正合。〔註 41〕

這兩說大體以聲韻證成，並對應古籍，本文認爲企圖將銘文和古籍對應是很好的研究方向，但是若強要達到出土文物和古籍結合而造成牽強的情況，就成了反效果。白懋父是否能在古籍中找到相應的人名很值得商榷。

白懋父除了見於上面所引到的各器外，還見於被認定爲昭王器的〈釁

〔註 39〕郭沫若《金文叢考》（臺北：臺灣大通書局），頁 330～331。
〔註 40〕郭沫若《兩周金文辭大系》（大通：臺灣大通書局），頁 23。
〔註 41〕唐蘭《西周青銅器銘文分代史徵》，頁 317。

尊〉、〈䊢卣〉：

△〈䊢卣〉七行四十六字；〈䊢尊〉亦同，然各行字數稍異，舉卣銘文如下（圖十三）：

唯九月，才〔在〕炎自，甲
午，白懋父賜〔錫〕䊢〔召〕
白〔伯〕馬，每黃𤉲𢾍，用
𣏟不〔丕〕环。䊢〔召〕多用追
于炎不𩏂白懋父
畗，䊢〔召〕萬年永
光，用乍〔作〕團宮𩁹彝。

這個召伯顯然是召公奭的後代，召公長壽一直活到康王時代，第二代的召公〔召白〕繼承時年齡應不小，輩分與成王同，由白懋父錫以馬的情況來看，銘文中的召白至少是第三代的召白了，時代應在昭王，唐蘭先生定〈䊢尊〉及卣爲昭王時代器是很正確的。白懋父活動的時代可能是康昭或昭穆，甚而康昭穆三朝，但主要的活動時期應在昭王。

《商周青銅器銘文選》認爲白懋父的相關器在康王到昭王時期，其說法主要是依據郭沫若先生的意見，又參考了《左傳‧昭十二年》：「昔我先王熊繹，與呂級、王孫牟、燮父、禽父，並事康王。」認爲白懋父爲康王時人。〔註 42〕劉啓益先生則贊同唐蘭先生的看法，認爲白懋父是祭公謀父，將有關白懋父的器定在穆王時期，他在器形做了比對，另一方面也就銘文的內容與文獻繫聯：

> 《書‧呂刑》記載穆王時以金作贖刑，〈師旂鼎〉所記以罰金抵罪，正是以金作贖刑的反映，從這一點來說，它的時代不早於穆王，也是十分明白的。〔註 43〕伯懋父爲文獻中的何許人，眾說紛紜，有人把伯懋父當作中旄父，並說他就是康伯髦和王孫牟父，有人辨明伯懋父不是中旄父，但卻把他當作是康伯髦和王孫牟父。中旄父見於《逸周書‧作雒》，他是武成時人，康伯髦是康叔封的兒子，《史記‧衛世家》索隱引宋忠說他「事康王爲大夫」，並說他就是王孫牟，《左昭十二年》也明記王孫牟爲康王時人，但本組銅器從形制與事類（以

〔註 42〕馬承源主編《商周青銅器銘文選》第三冊，頁 50。
〔註 43〕劉啓益〈西周穆王時期銅器的初步清理〉，頁 346。

罰金抵罪）分析非穆王莫屬，上述人物皆離此較遠，應與此無涉。

我在〈西周康王時期銅器的初步清理〉一文中，把〈召尊〉、〈召卣〉的時代定爲康王，因此，伯懋父的活動經歷了康、昭、穆三個王世，時代包括康王後期至穆王前期。〔註44〕

劉先生在器形及花紋上下了很大的功夫做爲論證，在方法上是很重要的，器形和花紋有助於時代的斷定。至於以罰金抵罪做爲是穆王時代的論據之一，雖文獻有〈呂刑〉之事，不過本文認爲在〈呂刑〉之前，周代一定有一套辦法或傳統習慣專對不遵守制度或命令的行爲做處理，因此穆王作〈呂刑〉也應解釋爲對之前賞罰制度的更改與修正，而非創造。所以要說〈師旂鼎〉的罰金抵罪一定在穆王時代，還有商榷餘地。下面將這幾件器器形和花紋做一說明：

〈小臣謎毀〉：兩件。蓋上有捉手，捉手兩側各有一方形孔、口微侈、頸微束、腹微鼓、兩附耳，最頂部高過口沿、腹下有圈足，圈足下又有三足，作扁狀，足末作圓塊狀。紋飾簡單僅頸部有二道弦紋。造形罕見，難做比對。

〈師旂鼎〉：立耳平沿、束頸、垂腹，腹部比例上寬大於深甚多、三柱足；紋飾方面：頸飾長尾垂冠鳥紋。整個來看，有穆王時代的可能性。

〈小臣宅毀〉：侈口、頸微束、腹下部垂鼓、高圈足、兩半環耳有珥，珥作鉤狀，紋飾簡單，頸有道弦紋，兩面如有一浮雕獸首，耳亦有浮雕獸首，但較爲凸起且較小，耳飾變體獸形紋。器形上可能由西周早期偏後到西周中期。

〈呂壺〉：器今未見，由《西清古鑑》卷十九的圖來看，是貫耳壺，腹作橄欖狀，較接近西周早期的風格。

〈御正衛毀〉：侈口、頸微束、腹下部垂鼓、有圈足、兩半環耳有珥。頸飾一週顧首夔紋，兩耳飾浮雕獸首。

白懋父組器中，以〈師旂鼎〉的形制較近於中期，其他各器在西周早期的可能性較高，此與本文推測白懋父屬康昭時代是相合的，當然不排除跨到穆王，不過〈師旂鼎〉就紋飾來看，可以視爲昭王時代器，所以這五件器本文都不定在穆王時代。

〔註44〕同上註，頁348。

參考書目

（甲）專書與學位論文

1.《觀堂集林》，王國維，臺北：河洛圖書出版社，1975 年 3 月。
2.《西周青銅器分期斷代研究》，王世民、陳公柔、張長壽，北京：文物出版社，1999 年 11 月。
3.《武王克商之年研究》，北京師範大學國學研究所，北京：北京師範大學出版社，1997 年 11 月。
4.《古代中國青銅器》，朱鳳瀚，天津：南開大學出版社，1995 年。
5.《西周諸王年代研究》，朱鳳瀚、張榮明，貴陽：貴州人民出版社，1996 年。
6.《金文厤朔疏證》，吳其昌，上海：商務印書館，1936 年 12 月。
7.《金文人名匯編》，吳鎮烽，北京：中華書局，1987 年。
8.《北宋考古圖》，呂大臨，四庫全書本。
9.《西周青銅器銘文分代史徵》，唐蘭，北京：中華書局，1986 年。
10.《唐蘭先生金文論文集》，唐蘭，北京：紫禁城出版社，1995 年。
11.《商周彝器通考》，容庚，臺北：文史哲出版社，1985 年 1 月。
12.《殷周青銅器通論》，容庚、張維持，臺北：康橋出版事業有限公司，1986 年 5 月。
13.《商周青銅器銘文選（三）》，馬承源主編，北京：文物出版社，1986 年。
14.《中國文物精華大全・青銅器卷》，馬承源主編，臺北：臺灣商務印書館，1994 年。
15.《西周王年論稿》，張聞玉，貴陽：貴州人民出版社，1996 年 9 月。
16.《銅器歷日研究》，張聞玉，貴陽：貴州人民出版社，1999 年 5 月。
17.《金文叢考》，郭沫若，北京：人民出版社，1952 年。
18.《郭沫若全集・歷史編・第一卷》，郭沫若，北京：人民出版社，1982 年 9 月。
19.《周穆王時代銅器研究》，鄭憲仁，臺北：臺灣師範大學國文學系碩士論文，1999 年。
20.《西周青銅器銘文中之年代學資料》，黎東方，臺北：學生書局，1975 年。

（乙）期刊論文

1.〈西周王年與殷世新說〉，丁驌，《中國文字》新四期，1981 年 7 月。
2.〈金文月相的定點析證〉，王文耀，《社會科學戰線》，1989 年 4 期。
3.〈金文月相管見——兼與劉啓益同志商榷〉，王和，《中國史研究》，1987

年 1 期。

4.〈西周的年代與歷法〉，白光琦，《西周史論文集》，西安：陝西人民出版社，1993 年。

5.〈金文疑年表〉，吳其昌，《國立北平圖書館館刊》第六卷第五號，1932 年 9 月、10 月。

6.〈西周金文和周曆的研究〉，馬承源，《上海博物館建館三十周年特輯》，1982 年。

7.〈晉侯穌編鐘〉，馬承源，《上海博物館館刊》第 7 館（1996 年 9 月）。

8.〈西周銅器銘文中的人名及其對斷代的意義〉，盛冬鈴，《文史》第 17 輯，1983 年 6 月。

9.〈西周銅器斷代（二）〉，陳夢家，《考古學報》第十冊，1955 年 12 月。

10.〈西周年曆譜〉，董作賓，《中央研究院歷史語言研究所集刊》第二十三本下冊，1952 年 7 月。

11.〈西周金文中月相詞語的解釋〉，劉啓益，《歷史教學》，1979 年 6 期。

12.〈西周紀年銅器與武王至厲王的在位年數〉，劉啓益，《文中》第十三輯，1983 年。

13.〈西周穆王時期銅器的初步整理〉，劉啓益，《古文字研究》第十八輯，北京：中華書局，1992 年。

附　圖

圖一　〈魯厌獄鬲〉
（圖：史徵器影集；銘文：銘文選）

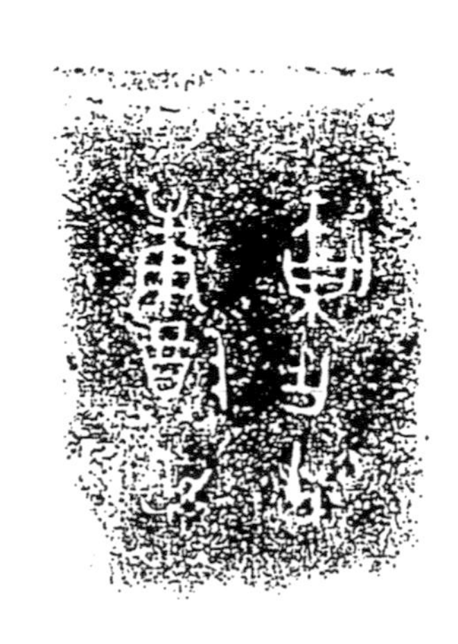

圖二　〈[illegible]乍父庚鼎〉
（銘文：集成）

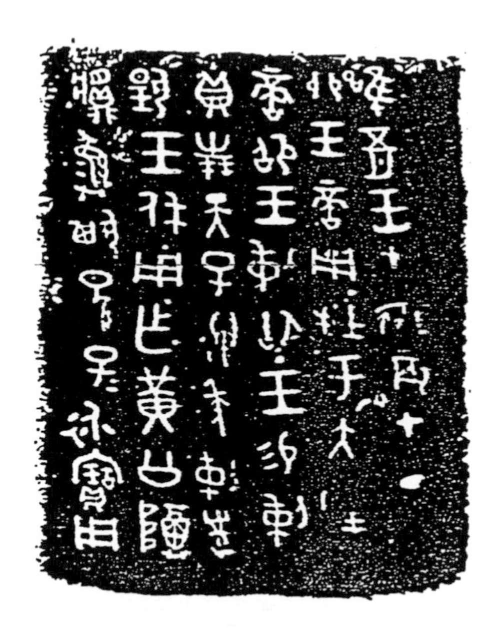

圖三　〈剌鼎〉（圖：精華大全；銘文：銘文選）

圖四　〈䣄父盉〉（圖：精華大全；銘文：銘文選）

圖五 〈長囟盉〉
（圖：精華大全；銘文：集成）

圖六 〈三年衛盉〉
（圖：精華大全；銘文：集成）

圖七 〈乍冊睘卣〉（圖：精華大全；銘文：銘文選）

圖八　〈小臣謎毀〉（圖：史徵器影集；銘文：銘文選）

圖九　〈師旂鼎〉（圖：精華大全；銘文：銘文選）

圖十　〈小臣宅毀〉（圖：史徵器影集；銘文：銘文選）

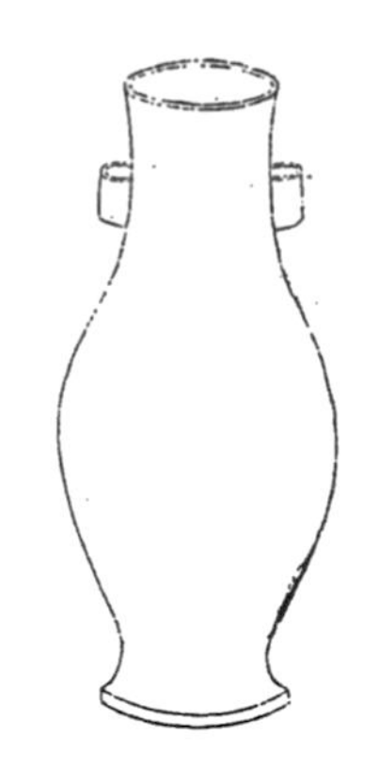

圖十一　〈呂壺〉（圖：西清古鑑；銘文）

圖十二　〈御正衛段〉（圖：史徵器影集；銘文：銘文選）

圖十三〈䰧卣〉（圖：精華大全；銘文：銘文選）